北京市社会科学院法治研究中心　法治研究所 ◎编

北京法治发展论丛
(2023)

STUDIES ON THE RULE OF LAW
IN BEIJING (2023)

马一德 ◎主编

法律出版社
LAW PRESS·CHINA
——北京——

图书在版编目(CIP)数据

北京法治发展论丛. 2023 / 马一德主编 ; 北京市社会科学院法治研究中心,法治研究所编. -- 北京 : 法律出版社, 2023

ISBN 978 -7 -5197 -7838 -5

Ⅰ. ①北… Ⅱ. ①马… ②北… ③法… Ⅲ. ①社会主义法制—北京—2023—文集 Ⅳ. ①D927.1 -53

中国国家版本馆 CIP 数据核字(2023)第 218854 号

北京法治发展论丛(2023)
BEIJING FAZHI FAZHAN LUNCONG (2023)

马一德 主编
北京市社会科学院法治研究中心
法治研究所 编

责任编辑 慕雪丹 章 雯
装帧设计 汪奇峰

出版发行 法律出版社
编辑统筹 法商出版分社
责任校对 赵明霞
责任印制 胡晓雅
经　　销 新华书店

开本 710 毫米×1000 毫米 1/16
印张 21.25 **字数** 303 千
版本 2023 年 12 月第 1 版
印次 2023 年 12 月第 1 次印刷
印刷 北京盛通印刷股份有限公司

地址:北京市丰台区莲花池西里 7 号(100073)
网址:www.lawpress.com.cn
投稿邮箱:info@lawpress.com.cn
举报盗版邮箱:jbwq@lawpress.com.cn
销售电话:010 -83938349
客服电话:010 -83938350
咨询电话:010 -63939796

书号:ISBN 978 -7 -5197 -7838 -5
定价:88.00 元

凡购买本社图书,如有印装错误,我社负责退换。电话:010 -83938349

《北京法治发展论丛》编委会名单

王　洁　北京市社会科学院法治所副所长，副研究员
刘劭君　北京市社会科学院法治所副研究员、法学博士
罗瑞芳　北京市社会科学院法治所副研究员、经济学博士
左袖阳　北京市社会科学院法治所副研究员、法学博士
陈敏光　北京市社会科学院法治所副研究员、法学博士
于雯雯　北京市社会科学院法治所副研究员、法学博士
王伟伟　北京市社会科学院法治所副研究员、法学博士
刘　蕾　北京市社会科学院法治所助理研究员、法学博士
常秀娇　北京市社会科学院法治所助理研究员、法学博士
周净泓　北京市社会科学院法治所助理研究员、传播学博士
周　雨　北京市社会科学院法治所助理研究员、法学博士
万　方　北京市社会科学院法治所助理研究员、法学博士
秦锋砺　北京市社会科学院法治所助理研究员、法学博士

前言 FOREWORD

2022 年 10 月 16 日，中国共产党第二十次全国代表大会在北京人民大会堂开幕，习近平同志代表第十九届中央委员会向大会作了题为《高举中国特色社会主义伟大旗帜　为全面建设社会主义现代化国家而团结奋斗》的报告（以下简称二十大报告）。围绕在法治轨道上全面建设社会主义现代化国家的新形势、新任务，二十大报告专章部署坚持全面依法治国，推进法治中国建设的战略任务，充分体现了以习近平同志为核心的党中央对法治建设的高度重视，更加彰显法治是治国理政的基本方式，是国家治理体系和治理能力的重要依托。二十大报告强调，必须更好发挥法治固根本、稳预期、利长远的保障作用，在法治轨道上全面建设社会主义现代化国家，并针对科学立法、严格执法、公正司法、全民守法等法治领域重点环节，提出了许多新论断、新要求，是新时代法治建设必须遵循的行动指南，也是全面推进"法治中国首善之区"建设的根本遵循。

2022 年，北京市坚持以习近平新时代中国特色社会主义思想为指导，全面贯彻落实党的二十大精神，深入贯彻习近平法治思想，认真落实党中央、国务院关于法治政府建设总体部署，围绕建设法治中国首善之区目标，积极贯彻新发展理念，善于运用法治思维和法治方式推进首都高质量发展，努力解决城市治理顽症难题，从根本上依靠法治提升城市治理效能和服务水平。立法方面，提请市人大常委会审议 8 项法规草案，完成

10 项政府规章立、改、废工作,开展政府规章立法后评估,很好地落实了“加强重点领域、新兴领域、涉外领域的立法工作”的要求。监管执法方面,严格落实行政执法“三项制度”,完善北京市行政处罚案卷标准,全面推广轻微违法免罚和初次违法慎罚制度;持续推动“6 + 4”一体化综合监管体系建设,相关改革经验在全国得到推广。司法方面,紧紧围绕高质量发展提供优质司法服务,针对我市“两区”建设制定23 项服务保障措施;高起点高标准建设北京金融法院和北京互联网法院,将党中央设立两个法院的目标落地落实;建立“多元调解 + 速裁”和诉源治理新机制,推动纠纷解决模式系统性重塑等。随着首都发展进入新的历史方位,北京城市治理任务仍然十分繁重,城市治理方式还需要加快转变,建设国际一流的和谐宜居之都任重道远,这就要求我们一以贯之沿着习近平总书记指明的方向走下去,牢牢把握中国式现代化对法治工作的新要求,更好服务新时代首都发展。

《北京法治发展论丛(2023)》坚持以习近平法治思想为指导,立足首都法治建设的生动实践,及时捕捉首都法治发展的最新动态,分设“首都法治”“诉源治理”“民商法治”“行政法治”“刑事法治”“知识产权”“司法改革”等七大板块,征集编纂的文章突出了首都法治发展的特点,主题涉及各部门法。

“首都法治”板块中的《把握机遇,分类推进　加快中关村新一轮先行先试改革开花结果》一文系统总结了中关村40 年改革创新的历程、经验,针对先行先试改革面临的主要问题,提出政策建议;《首都法治发展的历史使命与战略方向》一文则深入探讨了首都法治发展的历史使命和战略方向。

“诉源治理”板块文章荟萃,既有府院联动机制的探索(《关于府院联动,诉源治理,推动行政争议实质化解的调研报告》),也有立足于具体样本的实证考察(《首都核心区诉源治理发展状况考察报告——以东城区

“和立方”模式为样本》),还有司法主体层面的角色探讨(《人民法院助力市域社会治理体系完善和治理能力提升的思考与实践》),更有乡村振兴背景下的基层研究(《全面推进乡村振兴背景下人民法庭能动参与诉源治理的路径调研——以b市郊区乡村法庭建设为分析样本》)。

“民商法治”板块持续关注前沿数字经济方面的问题,刊载了数字经济的政策化体系、数字技术创新的伦理治理方面的两篇佳作,也对有限合伙派生仲裁的管辖与适用、诚信原则在劳动争议案件中的适用等具体制度进行了探讨。

“行政法治”板块则紧跟金融市场发展变化,聚焦于私募基金的监管现状,探讨完善监管的良策,为私募金融方式更好地服务实体经济发展提供法治化、规范化路径。

“刑事法治”板块聚焦于妨害药品管理行为的刑法规制、监狱戒毒司法执法工作问题,回应司法实践中的热点问题和现实需求,对这两个学界较少关注的议题展开深入研究。

“知识产权”板块也丰富多彩,内容涵盖2022年北京市知识产权法治工作和保护状况、知识产权案件互联网电子证据的认定与运用、我国联合收割机领域的知识产权现状、人工智能医疗企业专利保护策略等。

“司法改革”板块聚焦司法实践中新涌现出的疑难问题,包括已终本执行案件后续办理规范化问题、检察监督视角下的民事审判违法行为程序性责任问题、北京市司法公开问题。其中《司法公开制度理论与实践发展研究——以北京法院为视角》一文结合相关数据对北京法院系统近五年来司法公开改革的实践路径进行分析,梳理了不足与问题,并从制度与规则、考核与监督、技术与反馈、宣传与指导四个方面进行改进并提出了改进的思路。

《北京法治发展论丛》(2023)收录的专题文章既忠实反映了首都法治的最新发展,也为首都法治发展提供了智力支持,可谓献言建策谋发展。

最后,特别感谢参与本卷编撰的中共北京市委政法委、北京市人大常委会法制办、北京市人大常委会内务司法办公室、北京市高级人民法院、北京市人民检察院、北京市公安局、北京市司法局、北京市委市政府办公厅法规室、北京市人民政府信访办、北京政法职业学院、北京市法学会、北京市律师协会、北京仲裁委等编委单位。

《北京法治发展论丛》编辑部

北京市社会科学院法治所

2023年6月

目录 CONTENTS

001 ---------- **首都法治**

003 / 首都法治发展的历史使命与战略方向 / **张真理 陈敏光**

011 / 把握机遇，分类推进 加快中关村新一轮先行先试改革开花结果 / **马一德**

023 ---------- **诉源治理**

025 / 关于府院联动，诉源治理，推动行政争议实质化解的调研报告 / **北京市司法局课题组**

038 / 首都核心区诉源治理发展状况考察报告
——以东城区“和立方”模式为样本
/ **冯晓光 冯 亮**

060 / 完善社会矛盾预防化解机制研究
——以 B 市法院系统收案反映的社会矛盾为切入点 / **张志富 王慧敏 常秀娇**

074 / 人民法院助力市域社会治理体系完善和治理能力提升的思考与实践 / **黄 锋 文 利 樊 仪**

096 / 全面推进乡村振兴背景下人民法庭能动参与诉源治理的路径调研

——以b市郊区乡村法庭建设为分析样本
/谢耀宗　文　利　李雨芊

127 ………… 民商法治

129 / 试析我国数字经济政策的体系化
/栾　群　于雯雯

150 / 铸就数字技术创新伦理治理的法治化轨道
/毕　娟　董丽丽

153 / 公司法修订中董监高责任问题的探讨 / 罗瑞芳

164 / 有限合伙人派生仲裁的管辖与适用问题研究
/付　冰

178 / 诚信原则在劳动争议案件中适用的困境与解决路径
——以社会主义核心价值观融入司法裁判为视角
/李彦宏　冒南君

201 ………… 行政法治

203 / 浅析我国私募基金市场的监管现状
——以《私募投资基金登记备案办法》的出台为视角 / 王　莉

213 ………… 刑事法治

215 / 妨害药品管理行为刑法规制的新发展和司法适用
——以《刑法修正案(十一)》为视角
/岳启杰　徐　点

226 / 关于完善监狱戒毒执法司法法律法规体系研究
/北京市监狱(戒毒)管理局课题组

239 ······ 知识产权

241 / 2022年北京市知识产权法治工作和保护状况报告
/ 北京市知识产权局课题组

251 / 论知识产权案件互联网电子证据的认定与运用
/ 刘　蕾

262 / 我国联合收割机领域的知识产权现状研究
/ 胡建英　王　辉　张　虹

276 / 人工智能医疗企业专利保护策略研究 / 张宪锋

285 ······ 司法改革

287 / 司法公开制度理论与实践发展研究
——以北京法院为视角
/ 北京市海淀区人民法院立案庭课题组

302 / 已终本执行案件后续办理规范化研究 / 高　明

317 / 检察监督视角下的民事审判违法行为程序性责任问题研究 / 杨秀莉　许冬莹　卫　琳

首都法治

首都法治发展的历史使命与战略方向

张真理[*]　陈敏光[**]

党的十八大以来,习近平总书记多次对北京发表重要讲话,深刻回答了"建设一个什么样的首都、怎样建设首都"这一重大时代课题,为做好新时代首都工作提供了根本遵循。在中国特色社会主义新时代,中共北京市委鲜明提出首都发展,目的是牢牢守住首都城市战略定位,强化首都全国政治中心、文化中心、国际交往中心、科技创新中心的功能,更好履行首都职责和使命,实现符合首都功能定位的发展、首都的高质量发展、首都的新发展,使北京的建设发展更加符合党和人民需要。

中央全面依法治国委员会第三次会议强调,"我国社会主义法治凝聚着我们党治国理政的理论成果和实践经验,是制度之治最基本最稳定最可靠的保障"。新思想引领首都发展,首都发展要求更高水平的法治保障。首都法治发展是首都发展的题中应有之义,为此,中共北京市委也提出了"建设法治中国首善之区"的首都法治建设目标。思想是行动的先导,理论是行动的指南。从根本上说,首都法治发展的辩证性反映了中国特色社会主义事业发展的客观需要,体现于我国宪法的明文规定,是探讨首都法治发展历史使命和战略方向的基本前提。首都法治发展的历史使命是首都法治发展辩证性在新时代的总体实践要求,首都法治发展战略方向则是贯彻这一总体

* 张真理,北京市社会科学院法治研究所所长、研究员。

** 陈敏光,北京市社会科学院法治研究所副研究员。

实践要求的具体路径。以习近平新时代中国特色社会主义思想为指导,深刻认识首都法治发展的基本性质,明晰首都法治发展肩负的历史使命,厘定首都法治发展的战略方向,既有利于在首都发展全局中准确把握首都法治发展的基础性作用,深化对首都治理体系和治理能力现代化规律的理论认知,又有利于在实践中以首都法治的现代化为突破点加快首都"率先基本实现社会主义现代化"目标的实现。

一、首都法治发展的辩证性

新时代首都发展,本质上是首都功能的发展,根本要求是高质量发展,出发点和落脚点是要让人民生活幸福,标准就是首善,全部要义就是加强"四个中心"功能建设,提高"四个服务"水平,更好服务党和国家工作大局,更好满足人民群众对美好生活需要。[①] 在这一伟大进程中,首都法治发展的辩证性集中体现为:首都发展是首都法治现代化的内生动力,并为其创造着基本条件,首都法治则为首都发展提供了强基固本的制度条件。

马克思指出:"人们在自己生活的社会生产中发生一定的、必然的、不以他们的意志为转移的关系,即同他们的物质生产力的一定发展阶段相适合的生产关系。这些生产关系的总和构成社会的经济结构,即有法律的和政治的上层建筑竖立其上并有一定的社会意识形式与之相适应的现实基础。"[②]首都发展既是首都法治发展的基本条件,又是首都法治发展的内生动力。一方面,首都法治能否呈现良法善治的优良形态,依赖于首都发展所提供的政治、经济、社会、文化、生态等各方面的条件,依赖于首都治理体系和治理能力现代化的发展进程。首都发展的实践又是检验首都法治的运作是否符合规律的根本标准。当前,首都发展中动能不足、均衡不够、协调不强等问题,对首都法治的改革与完善提出了更迫切的要求。另一方面,当今世

---

① 蔡奇:《在习近平新时代中国特色社会主义思想指引下奋力谱写全面建设社会主义现代化国家的北京篇章——在中国共产党北京市第十三次代表大会上的报告》,载《北京日报》2022 年 7 月 4 日,第 1 版。

② 马克思:《〈政治经济学批判〉序言》,载《马克思恩格斯选集》(第二卷),人民出版社 2012 年版,第 2 页。

界正经历百年未有之大变局，中华民族伟大复兴正处于关键时期，我国已经进入全面建设社会主义现代化国家、向第二个百年奋斗目标进军的新阶段。北京已经提出了“要走在全国前列，率先基本实现社会主义现代化，努力建设好伟大社会主义祖国的首都、迈向中华民族伟大复兴的大国首都、国际一流的和谐宜居之都”的伟大目标。[①] 这就要求首都法治着眼中国特色社会主义发展新的历史方位，瞄准北京率先基本实现现代化的远景目标，全面转型升级，为首都发展提供更加强有力的保障和支撑。

首都法治发展，既是首都发展不可或缺的内生性组成，又对首都发展起着不可替代的基础性保障作用。首都法治内在体现着首都发展的性质、方向和目标。我国《宪法》第 143 条规定：中华人民共和国首都是北京。这一宪法首都条款，缘起于我们党对新中国首都要体现“人民主权”的基本考虑，其入宪生动反映了中国共产党的主张通过法定程序上升为国家意志的过程。因此，“首都”这一概念本身就是对于“北京”这一地理区域的宪法性建构，代表着通过党领导的社会主义人民民主过程而形成的一系列宪制安排，既继承了传统中国“均统四方”的立都原则，又包含着“人民根基”的新中国“立国初心”。首都法治发展的主轴就是在关于首都的基本宪制安排下，党领导人民不断探索首都发展的历史规律和阶段性特征，就首都发展作出战略性、系统性制度安排的历史过程。如《中共中央、国务院关于对〈北京城市总体规划（2016 年—2035 年）〉的批复》中强调“四个服务”的基本职责，并要求“明确首都发展要义，坚持首善标准，着力优化提升首都功能，有序疏解非首都功能，做到服务保障能力与城市战略定位相适应，人口资源环境与城市战略定位相协调，城市布局与城市战略定位相一致”，就是这一历史进程的证明。正如习近平总书记所指出，“建设和管理好首都，是国家治理体系和治理能力现代化的重要内容”。在实践中，为破解北京发展难题，党中央积极推动疏解北京非首都功能、京津冀协同发展的国家战略，创造性地适用中

① 《中共北京市委关于制定北京市国民经济和社会发展第十四个五年规划和二〇三五年远景目标的建议》，载《北京日报》2020 年 12 月 7 日，第 1 版。

央和地方关系的宪法原则,搭建了京津冀三地协商共治的合作框架,从而开创了在中央政府协调下区域地方政府协同治理的公法模式,实现了我国区域发展的治理变革。在这一意义上说,首都法治对首都发展所应发挥的"固根本、稳预期、利长远"作用,不仅是地方法治回应地方发展实际的需要,更是中国特色社会主义法治回应时代问题的需要。

总之,首都发展必然要求首都法治转型升级,而首都法治必将引领与支撑首都发展。

二、首都法治发展的历史使命

当今世界正经历百年未有之大变局,中华民族伟大复兴正处于关键时期,我国进入了新发展阶段。在这一背景下,首都法治发展的历史使命就是要朝着"法治中国首善之区"的目标稳步迈进,即以健全党的领导的制度安排为核心进一步贯彻政治中心功能定位,以充分体现社会主义核心价值观的地方法治体系引领全国文化中心建设,以全球治理观念为指引提升首都涉外法治水平,以新发展理念为指导完善支撑科技创新的政策与规范体系。对于首都法治发展的历史使命,可以从四个维度来理解。

首都法治发展的政治之维。即"看北京首先要从政治上看"的基本要求必须成为首都法治发展的第一原则。首都对于作为国家本质特征的主权具有天然象征和必然实体的意义。北京应以"首都"为其优先宪法地位,以其作为国家组成部分的"地方"为其次要宪法地位。国家得使用必要合理之手段使北京保持适宜承载首都功能的状态,而北京也负有采取必要措施确保适宜状态得以延续的义务。保持北京适宜首都功能的状态是国家利益的核心内容之一。首都法治必须坚定捍卫"两个确立"、坚决做到"两个维护",进一步完善首都法治的原则体系和规范体系,健全相关制度体系,始终在政治立场、政治方向、政治原则和政治道路上同以习近平同志为核心的党中央保持高度一致。在法治轨道上加强党对首都各方面工作的领导,不断提高把方向、管大局、作决策和保落实的能力。坚守以人民为中心的根本立场,坚持法治为了人民、依靠人民,积极回应人民群众新要求新期待,依法保障人民权益。

首都法治发展的文化之维。首都功能定位贯穿着其文化象征意义:首都是国家政权的中心、是国家意志和国家认同的载体,也是国家整体风貌和发展战略的"展示窗口"与"精神象征"。首都必须进一步以完善健全的法治体系将"北京"这一中央政府进行国家政治活动、完成国家最高决策、履行国家职能的中心区域,建设成为体现人民主权观念和统一国家观念的符号场域;必须以系统化的制度安排将已有八百多年历史的巍巍古都,建设成为培育和弘扬社会主义核心价值观,引领全国社会主义文化风向和道德风尚的首善之区,以巩固全国人民对祖国的认同、对中华民族历史文化的认同、对中国特色社会主义道路的认同。

首都法治发展的全球之维。习近平总书记指出:"中国走向世界,以负责任大国参与国际事务,必须善于运用法治。"[①]当前,中国与世界的关系在发生深刻变化,我国同国际社会的互联互动也变得空前紧密。同时,需要特别注意的是,当前一些西方大国频频打破多边经贸框架,以国内法横行于全球,国际法治遭受严重挫折。因此,推动国际经贸法治框架重回正轨的现实需求十分迫切。近年来,北京不断提升国际交往服务能力,成功举办亚太经合组织(Asia - Pacific Economic Cooperation,APEC)第二十二次领导人非正式会议、"一带一路"国际合作高峰论坛等大型国际活动,深化对外交流合作,主动参与"一带一路"建设,国际交往中心地位稳步提升。首都北京对提升我国国际交往的影响力和话语权,增强引领全球资源配置的能力作出了积极贡献。这也迫切要求北京提高涉外法治工作水平,增强应对涉外风险的能力。一方面,要积极吸收人类法治文明的重要成果,加强多边法治对话,积极探索建构合作共赢的经贸规则,在国际交往中彰显法治中国首善之区的创造性和包容性。另一方面,也要坚持底线思维,积极运用法治方式构建完善更高水平的开放型经济新体系,善用法治手段应对外部经济风险、维护国家经济安全。

---

① 习近平:《论坚持全面依法治国》,中央文献出版社2020年版,第225页。

首都法治发展的效能之维。要解决首都经济发展当中存在的一些不平衡、不协调、不可持续问题,实现首都高质量发展,就必须依托法治建设来推进治理体系和治理能力现代化,运用法治手段调整经济关系、规范经济行为、引导经济运行、维护经济秩序、激发经济活力。当前,我国经济发展正处于新旧动能转换的关键阶段,以科技创新驱动高质量发展正在为经济发展注入新动力。北京主动放弃发展“大而全”的经济体系,更加聚焦科技创新和“高精尖”经济结构,既顺应了国内经济提质增效的发展要求,又对首都法治发展提出了新的要求。首都法治不仅要及时转型升级以适应经济条件的变化,还要充分发掘其内在的制度效能以耦合经济的高质量发展,加快形成有利于创新发展的产权制度、产业规划布局、投融资体制和营商环境等,从而使首都在新的产业革命浪潮中占据先机。

三、首都法治发展的战略方向

把握首都法治历史使命,围绕“四个中心”功能建设,需要在以下几个方面进一步强化首都发展的法治保障。

丰富和发展宪法中关于首都的规定,为首都发展提供更完善的法律框架。新时代以来的首都发展实践,如京津冀协同发展、非首都功能疏解、雄安新区建设、北京城市副中心建设等,不照抄照搬国内外经验,辩证地处理“都”与“城”的关系,彰显从中国实际出发,创造性地遵守和贯彻我国宪法精神、原则和规定的实践智慧。可以择机将这些实践做法上升到宪法性法律文件层面进行总结提炼,为与首都相关的规划权分配、区域协同发展、产业结构调整等重大事项提供更为明确的基本法框架,进一步发挥首都法治的确认、保护和调整功能,进一步强化首善意识。

创新法治方式与路径,扎实推进全国文化中心建设。近年来,北京全国文化中心的影响力不断彰显,形成以源远流长的古都文化、丰富厚重的红色文化、特色鲜明的京味文化和蓬勃兴起的创新文化为主要内容的首都文化,构成了北京立于全国乃至世界的独特的精神标识。对首都文化的保护,要以法治方式提供系统性、全面性的解决方案,并以国家强制力保证其实施。

如2021年1月修订通过的《北京历史文化名城保护条例》就全面规定了保护体系、保护规划、保护措施、保护利用、法律责任等内容，有力地解决了保护工作中统筹不够、职权交叉、社会参与度不高、活化利用机制不完善等问题，很好地适应了首都城市战略定位的要求。紧紧围绕全国文化中心“一核一城三带两区”总体框架谋篇布局，充分发挥法治保护与传承文化的作用，以培育和弘扬社会主义核心价值观为引领，深化立法保护，严格执法司法，创新工作机制，全力做好首都文化这篇大文章。

统筹国内法治和涉外法治，加强国际交往中心建设。一方面，要善用法治方式和法治思维集聚国际资源、释放其效能。要进一步优化营商环境，积极探索以合作共赢为导向的高水平自由贸易规则，着力打造数字贸易示范区和国家服务贸易创新发展示范区；试行跨境服务贸易负面清单管理模式，提升利用外资质量和投资贸易便利化水平，并积极探索参与国际执法和司法活动的有效方式，推动首都更高水平开放。另一方面，要牢牢站稳国家利益本位和人类命运共同体立场，坚决维护多边合作体制、积极参与国际规则制定，加快弥补涉外法治短板，应对激增的涉外法律风险。根据我国涉外法治战略布局，北京要积极落实国内法域外适用、企业合规、外商投资国家安全审查、反垄断审查、国家技术安全清单管理、不可靠实体清单等方面的立法执法部署；要敢于先行先试，积极研判外国制裁的风险和可能形态，探索建立有针对性的阻断机制和手段；提升政府服务能力，助力企业更好地走出去，更深入地参与“一带一路”建设。

立足规划和产业政策的进一步法治化，以科技创新驱动高质量发展。以科技创新驱动高质量发展，是贯彻新发展理念、破解当前经济发展中突出矛盾和问题的关键，也是加快转变发展方式、优化经济结构、转换增长动力的重要抓手。目前，与其他世界顶级城市相比，首都世界级领军人才偏少，基础科研成果转化率偏低，关键核心技术和自主知识产权仍不足，“产业链、创新链、价值链”三链融合发展有待深化。这就要求法治以主动回应、前瞻预判的姿态来适应和满足首都高质量发展的需要，通过规划和产业政策的进一步法治化，设计更为完善的利益调整和激励机制，集中优势资源扶持新兴的数字经济和“高精尖”产业发展,完善软硬件基础设施以降低交易成本、鼓励创新,进而实现产业升级和结构优化。一是要注重目的的正当性,紧紧围绕首都城市战略定位,始终立足经济资源更加公平高效的配置,积极回应社会关切。二是要注重机制的科学性,既要运用正当程序和法治手段来保障公众的参与权、表达权和决策权,充分反映民主要求和市场的客观规律,也要通过全方位的监督和合理的问责来有效遏制权力的缺位、越位、错位问题。三是要注重整体的协同性,通过财税、金融、土地、知识产权等方面的经济法律手段具体落实规划和产业政策确立的首都经济社会发展的主要目标、总体要求。如加快研究和建立现代数据产权制度,探索建设高标准的数据交易所,推动全球数字经济标杆城市的建设;以支撑三链融合发展为导向深化首都知识产权保护和运用工作,加大高技术含量知识产权转移转化力度;积极贯彻落实《北京市优化营商环境条例》,进一步完善法治化、国际化、便利化的营商环境等。

把握机遇，分类推进　加快中关村新一轮先行先试改革开花结果

马一德*

习近平总书记在2021年中关村论坛开幕式上宣布，“支持中关村开展新一轮先行先试改革，加快建设世界领先的科技园区”。这是党中央、习近平总书记立足新发展阶段、贯彻新发展理念、构建新发展格局，针对首都发展和中关村改革创新实际作出的重大决策，是党中央赋予北京市的光荣任务和历史责任。市委、市政府认真学习贯彻习近平总书记的重要指示和要求，以强烈的责任感、紧迫感，与国家相关部委沟通协作，围绕做强创新主体、集聚创新要素、优化创新机制等方面开展了一系列先行先试改革，取得了积极成效。

党的二十大提出以中国式现代化全面推进中华民族伟大复兴的战略任务。新征程上，科技创新任重道远、使命光荣，中关村必须全面贯彻习近平总书记关于科技创新和北京工作的重要论述，坚定历史自信、掌握战略主动，深耕改革创新“试验田”，加快建设世界领先科技园区和创新高地，为社会主义现代化强国建设贡献新的力量。

* 马一德，中国科学院大学公共政策与管理学院/知识产权学院二级教授、博士生导师，北京市社会科学院决策咨询专家委员会委员。

一、中关村 40 年改革创新的简要回顾

“惟改革者进、惟创新者强、惟改革创新者胜。”中关村因改革开放而生，因改革开放而兴。40 多年来，从 20 世纪 80 年代的“闯出新路”，到 90 年代成为首都经济增长的新引擎，再到 21 世纪之初成为高新企业迭代升级的“孵化器”，到新时代着眼整体性制度设计，中关村在科技园区管理体制改革、科技体制改革、企业创新服务等方面不断实现着首创性突破，中关村现已成为建设国际科技创新中心的战略支点。

（一）闯新路阶段

中共中央提出“经济建设必须依靠科学技术，科学技术工作必须面向经济建设”，改革拨款制度，放活科技人员和科研机构、培育技术市场。1980 年 10 月 23 日，以中国科学院物理研究所陈春先为首的 7 名科技人员在北京市科协支持下，扔掉铁饭碗、创立了中国第一家直接面向市场的科技企业。这一时期，中关村形成了以“两通两海”为代表的、以“四自”（自筹资金、自由组合、自主经营、自负盈亏）为特征的中国第一代创新创业企业集群，成为享誉全国的“中关村电子一条街”。

（二）产业化阶段

以 1988 年 5 月国务院批复建设北京市新技术产业开发试验区为标志，中关村开始探索一种以园区的形式来发展城市工业经济的模式。实践表明，这种形式已经取得成功并在全国产生巨大影响。

（三）上规模阶段

1999 年 6 月，国务院批复建设中关村科技园区。21 世纪之初，随着国家加入世贸组织，大批留学人员陆续归国创业，带动了我国产业技术水平的不断跃升，中关村汇聚了丰富的创业人才和技术资源，成为我国互联网产业发展的大本营。中关村发展模式也从早期的电子信息产业的集群，转型为侧

重于PC计算机的生产和贸易。

（四）增效益阶段

2009年3月，国务院批复建设中关村国家自主创新示范区。2010年年底，国务院同意支持中关村实施“1+6”系列先行先试新政策。2010年12月31日，中关村创新平台正式成立。2011年5月，中央和国家机关15个部委与北京市联合下发了《关于中关村国家自主创新示范区建设人才特区的若干意见》，支持中关村人才特区在13项特殊政策上先行先试。随着上述政策的落实，整合首都创新资源取得初步成效，“中关村”的概念逐渐突破了园区的范围，实现了新兴产业集群和地区经济相辅相成的创新发展。

（五）新高地阶段

2013年9月30日上午，十八届中央政治局集体学习的课堂第一次走出中南海，搬到了中关村，“实施创新驱动发展战略”成为学习主题。习近平总书记指出：“面向未来，中关村要加大实施创新驱动发展战略力度，加快向具有全球影响力的科技创新中心进军，为在全国实施创新驱动发展战略更好发挥示范引领作用。”在2019年中关村论坛开幕式上，习近平总书记致贺信指出，“中关村正努力打造世界领先科技园区和创新高地”。党的十八大以来的十年，中关村发挥改革“试验田”作用，瞄准世界产业发展制高点，中关村率先提出支持企业开展前沿引领、颠覆性技术创新，支持科技领军企业牵头建设创新联合体，中关村探索出了一条以科技创新引领经济高质量发展的新路子。

中关村的发展历程，每一次创新引领，每一次迭代升级，无不来自党中央的高度重视和关心支持，无不来自对历史机遇的敏锐捕捉和对国家战略任务的主动承担。历经40多年艰苦奋斗、改革创新，中关村已成为我国科技体制改革重要发源地。诚如习近平总书记所说：“发展中关村、建设高新区这步棋是走对了。作为我国第一个高新区，中关村在国家科技经济发展中的作用越来越突出，已经成为我国创新发展的一面旗帜。”

二、新一轮先行先试改革要解决的政策设计和拟解决的主要问题

中关村开展新一轮先行先试改革,是在构建“双循环”新发展格局背景下,中央赋予北京的一项重大战略任务,是中关村创新发展、持续发展、领先发展的重大历史性机遇。国务院相关部委和北京市共同研讨调研论证,提出一系列政策措施。目前来看,本轮改革出台的政策文件主要涵盖科研投入、科研管理、绩效评价、科技金融及出入境管理、海外人才落户等方面,希望通过做强创新主体、集聚创新要素、优化创新机制,加快建设世界领先的科技园区,打造改革先行制度高地。

(一)推动“自上而下”顶层设计和“自下而上”基层首创的有机结合

中关村作为先行先试改革的“试验田”,所涉及的许多事权在国家层面,往往会遇到一系列在地方事权范围内难以或无法解决的问题。鼓励基层在不妨碍基本法律原则的前提下推进改革,形成各级政府、全社会、各类企业和人才多元参与、互动共进的局面。

(二)多方面协同,不能就科技谈科技,就园区谈园区

随着改革进入“深水区”,特别是在探索建立扁平化的科技治理体制过程中,体制性变动会改变和影响许多部门之间的职权配置,牵涉多方利益关系调整,改革的作业面广,流水线长,程序复杂且难度大。这就需要以法治思维和法治方式来确保改革有序推进,化解潜在风险和不稳定因素。

三、目前政策出台落地的工作建议

围绕落实新一轮先行先试改革要求,中关村率先提出引导社保基金等长期资金,加大对创投基金、私募股权基金等的支持力度,支持私募股权基金在北京股权交易中心开展份额转让。先行先试并推广了一批辐射全国的改革政策,政策创新极大地释放了示范区科技创新的活力,国家层面先后支持中关村开展了“1+6”、“新四条”、“新新四条”、两轮人才特区政策、财税

政策等80多项改革措施，出台了促进在京高校、央企科技成果转化实施方案、中关村国际人才20条新政等一系列政策，率先落地公司型创投机构企业所得税、技术转让所得税优惠政策试点，持续开展了投贷联动、设立民营银行、企业境外并购外汇管理、企业外债便利化、建设生物医药国检试验区、创新医疗器械应用推广、强化高价值专利运营等改革试点，已有30多项政策复制推广到全国。

另外，北京市出台了促进在京高校、央企科技成果转化实施方案、中关村国际人才20条新政、高精尖产业“10+3”政策等若干先行先试政策，颁布《北京市促进科技成果转化条例》，制定实施科研经费28条、“科创30条”等政策措施，探索形成“揭榜挂帅”、科研经费包干制等改革新举措。

中关村持续深化先行先试改革，不断优化创新创业生态，加快培育高精尖产业。党的十八大以来，中关村的产业总收入从2012年的2.5万亿元发展到2021年的8.4万亿元，是2012年的3.4倍，实现技术收入2万亿元，较2012年提高10.6个百分点（见图1），对北京市经济增长贡献率在30%以上，成为北京高质量发展的重要引擎。中关村示范区拥有独角兽企业102家，数量居全球城市第2位，培育形成新一代信息技术、生物健康、智能制造与新材料、生态环境与新能源、现代交通、新兴服务业等六大新兴产业集群，正加速向国际一流的科学智慧之城、创新引领之城奋进。

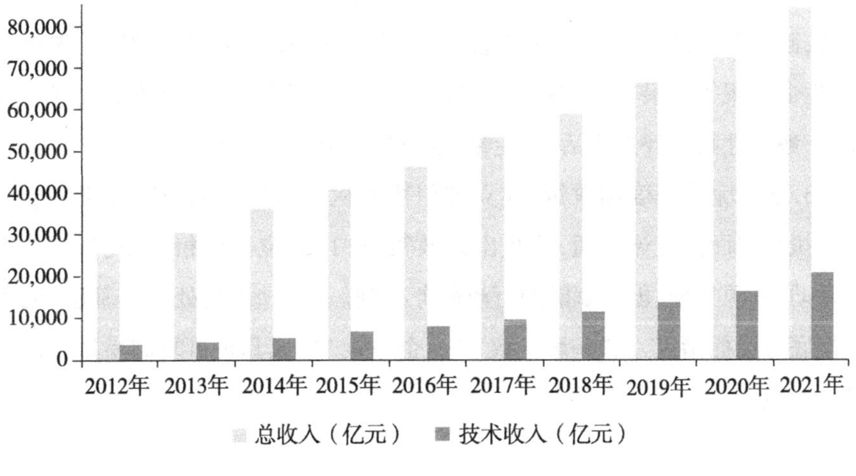

图1　2012年至2021年中关村示范区的产业总收入和技术收入

同时,我们也要看到,中央和北京市出台的多项政策,虽然很多政策已经基本落地,但限于各种原因,部分政策涉及面较广,协调难度较大,部分单位和人员的改革意识不够强烈,导致一些重大改革政策的落实情况不理想;一些深层次制度障碍还没有破除,鼓励基础研究和原始创新的机制有待健全;“条块分割”问题比较明显,相关领域改革协同不足,“三城一区”之间统筹机制和政策之间改革有待形成合力,科技资源优势未能完全转化为创新发展优势,改革协同性亟待提升;与粤港澳大湾区和上海相比,中关村先行先试改革“试验田”优势不明显,亟待在重点领域取得突破性进展。

为推进中关村新一轮先行先试改革,我们提出以下建议。

(一)加强前瞻谋划和统筹协调

1. 统筹科技、教育、人才、发改、财政、工信、商务等部门,优化央地创新政策统筹常态化机制。由市政府官网和客户端增设科技创新政策需求征集平台,确保各类主体创新政策诉求能够直接和及时上报,强化平台归集和提炼多样化政策需求能力,并及时反馈至相关各部委,通过统筹联动、联合论证来实现科学决策和快速反馈,提升政策设计的系统性、前瞻性,一体推进科技创新政策实施、法治政府和营商环境建设。

2. 依照国家和北京“十四五”规划,结合首都高精尖产业布局的要求,制定产业共性技术专项研发规划。对列入计划专项中的项目予以政策和资金支持;瞄准前沿性、战略性、引领性、共性技术需求,围绕人工智能、先进制造、生命健康等前沿领域,深入跟踪梳理企业创新需求,开展前沿技术征集发布、颠覆性技术评选等活动,定期发布产业共性技术指南。

3. 通过完善制度和政策,建立部门协调机制。加强部门间政策制定协商和执行方面的交流沟通,防止出现政策空白、缺位甚至相互掣肘,打造系统联动、资源集聚、创新赋能的行政服务机制。用类似“局处长走基层”的方式彻底打通拥堵点,从“一事一议”“一企一策”变成真正可复制易推广的自动生产线。

（二）细化落实已出台政策，形成一批改革成果和成功案例

1. 对已出台措施细化操作环节，加快落实配套政策开展工作督导。调研显示，企业高度认同相关政策，同时也反映操作过程中还存在政策执行标准不统一、不具体等情况。比如，在科研人员股权转让税收政策适用时就遇到困难。推动科技创新、深化科技体制改革是一个系统工程，落实一项政策尚且需要多个部门密切配合，确保各项政策扎实落地，更需要系统梳理已有政策、突出重点、分解落实，打通从研发到转化以及产业化、市场化的整个创新链。在进一步细化落实的同时，加强对政策实施的跟踪和评估，并在这个过程中及时发现问题、适时进行微调，总结好的经验进行推广。

2. 加强政策宣传，及时总结、发布成功运用创新成果和政策形成的典型案例，特别是利用北京科技人才资源形成核心竞争力，取得应用场景、获得市场认可的成功案例，起到示范作用。场景是科技与经济的结合点，围绕场景开展研发模式探索，能够兼顾关键科技问题发掘和科研成果转化。以应用场景为驱动，推动要素集成，能够实现创新链与产业链精准对接，加快落实《北京市促进科技成果转化条例》中关于统筹制定应用场景建设有关规划和政策，持续发布重大应用场景需求清单，以需求为导向推动重大科技成果转化应用，为重大科技创新提供工程化和产业化的场景，提升原始性知识与产业需求的深度融合速度与成效。优化经济治理基础数据库，加快推动各部门间数据共享交换，制定出台数据共享责任清单。推进政府数据开放共享，推动完善适用于大数据环境下的数据分类分级安全保护制度，加强对政务数据、企业商业秘密和个人数据的保护。坚持科学组织上下联动、系统内外广泛协作、线上线下服务结合，广泛集聚相关业务资源，形成产品化服务。建立政府公开发榜和定向采购机制，完善首台（套）装备、首批次材料、首版次软件应用政策，开展新技术、新产品规模化应用示范。

（三）推动“在途”政策加快落地，努力实现改革预期

中关村新一轮先行先试改革有些政策，既要加大高层协调力度，更要落

实责任制,具体做到"人盯人""人盯事",推动"在途"政策加快落地。"在途"政策实施过程中发现的问题包括:

一是国家部委所属高校、院所推动创新成果转化还有制度障碍,高校和企事业单位亟待扭转"重立项轻应用、重申请轻转化"的科研管理思路,转变对科研人员和科研项目的考核方式,在科研项目立项之初就将市场需求作为主要考虑因素,提高专利质量。

二是央地间"条状对接"导致创新政策和资源难以协同。中央各部委和北京市各部门在国际科技创新政策创设上缺乏强有力的互动合力机制,不利于协同开放创新,难以统筹用好国内国际资源,"三城一区"的协同联动机制有待进一步完善。

三是创新需求和政策制定不匹配导致企业认同度低。创新主体是科技创新要素、投资、成果国际对接和高效配置的践行者,是突破国际化政策瓶颈最敏捷发现者。目前,科技创新的需求主要来自专家/企业征集、领导命题或者国家战略在地化结合,创新主体真实需求自下而上反馈、创新政策供给自上而下创设的通道不顺畅,企业、大学、科研机构的高频、多样、异质性创新需求和问题难以快速、直接、有效地反馈至主管部门,即使反馈上去可能也是各地自扫门前雪,未能系统挖掘、整合并上升至创新政策层面。

四是新型研发机构数量不多且社会参与不足。目前,北京市新型研发机构未开展以政府推动建设为主的统筹认证,科技机构普遍专业水平不足、经营规模较小,缺乏高水平科技人才和中介服务机构。科技成果转化激励机制有待完善,缺乏覆盖全流程的综合型成果转化服务机构,成果转化中介机构服务链条短。

建议从以下几个方面着手,推动"在途"政策加快落地:

1. 进一步围绕关键核心技术攻关、强化国家战略科技力量等方面争取国家支持;充分发挥国家实验室作用,加快科技成果转化平台体系和科技服务体系建设。国家实验室作为集突破型、引领型、平台型于一体的国之重器,是系统集成创新的重要载体和攻克关键核心技术的主要源头,具有建制化、体制新、规模大、谋划远等特点。一方面,围绕国家实验室建设率先构建国家战略任务导向的重大科研组织模式，将从更高水平推动中关村创新高地的建设。另一方面，深入探索市场经济条件下新型举国体制，完善促进新型研发机构发展的制度和治理结构，在人员聘用、科研组织、经费安排等方面大胆探索、先行先试，辐射“三城一区”，进一步为区域内科技力量释放创新活力做好“试验田”。随着国家重大科研基础设施的落地，通过开放性研究项目平台，也将带动提升中关村科技创新整体水平。

建立健全中关村“一区多园”高效联动机制，围绕创新链拓展服务链，培育高水平、专业化研发服务新业态，引导高校和科研院所加强科技成果运营与产业化服务平台建设。借鉴联合基金的创新合作模式，在“市—区—企业”三级联动机制带动下，围绕重点方向、聚集全球高端创新要素、凝聚优秀科研团队，以对接行业需求、推动产业评估、促进合作对接、优化管理机制等为重点工作，有效发挥企业“出题者”作用，引导全市科研团队围绕产业技术需求开展研究，探索一条从基础研究到应用研究、技术研发无缝衔接的科技成果培育、转化、产业化新路径。

2. 支持领军企业组建创新联合体，布局一批需求对接、优势互补、利益共享的成果转化中试基地，提升共性技术研发能力。科技领军企业作为科技创新投入与产出的市场主体，同时也是高能级创新联合体的主导者，承担起战略科技问题的“出题者”和科技成果转化的“场景应用建设者”的双重职责。组建创新联合体的过程，就是开展新型举国体制下“有组织的科研”、围绕产业链补链强链培育发展新动能的过程，是破解科研和经济“两张皮”、在科技要素配置过程中的体制僵化或市场失灵等问题的战略举措。中关村的一些企业因为拥有科技成果而形成了核心竞争力，这些企业正是“科技成果转化”相关政策的发力点和落脚点。建议市科技、统计部门开展联合调研，掌握企业以高价值专利为核心的创新实力家底，尽快完善科技领军企业的认定标准和评价体系，对高校院所高价值专利信息进行采集、汇总和分析，推动科技成果与产业、企业需求有效对接。

3. 深化科技成果所有权、使用权、处置权和收益权改革，探索完善科研人员职务发明成果权益分享机制，加大对高价值专利发明人的股权期权激励力度,探索推行专利等知识产权入股制度和科技人才持股制度。充分发挥大学科技园承载转化成果首选地作用,推动高校和科研院所建立专业化的科技成果运营机制试点。探索校企联合培训,加强技术经纪人队伍建设,推动技术经纪人参与成果转化,畅通从业人员职业发展通道,将转化实绩作为人才职称评定、岗位聘用重要指标。加强对科研人员及成果承接团队在专利申请、挖掘布局、侵权分析和商业化案例解读等方面的知识产权专业培训。落实《科学技术进步法》对新型研发机构用人机制的要求,提升对科技成果的孵化和加速器功能。

4. 引入社保基金等机构投资者,充分发挥北交所平台和政府引导基金作用,建立健全有效支持"高精尖"产业结构和未来产业集群的资本筹集机制。引入社保基金等长期资金,可以起到放大资金规模,加大扶持实体经济力度的效果。针对社保基金等机构投资者重视资金安全性和收益性的特点,设计结构化投资基金,通过多种措施保证机构投资者优先获得稳定收益,吸引更多长期资金支持中关村的发展。利用社会资本和各种金融税收政策支持创新型中小企业发展,形成"募投管退"的良性循环和稳定发展态势。围绕创新链健全资金链,发挥政府引导基金作用,充分撬动天使投资基金、创业投资基金等社会资本全面支持科技创新活动,构建多渠道、多层次的科技金融投资体系。完善和规范股权交易市场和债权交易市场,更加充分地发挥北京证券交易所的作用,探索建立众筹银行、创客银行等新型金融服务机构,建立健全科技金融支撑服务体系。创新金融产品,规范民间金融秩序,鼓励小额贷款公司、融资性担保公司、股权投资基金、融资租赁公司、典当行等各类融资服务组织支撑科技型企业发展。建立科技型企业信用体系,构建企业大数据信用平台,建立健全科技金融风控体系。

5. 加快海淀研发创新综合保税区的设立。积极协调海关总署压缩审批时长,早日形成综合保税区与自贸试验区、国家自主创新示范区、经济开发区等政策叠加优势,努力完成改革任务,形成发展新动力。

四、研究新问题,应对新挑战,抓住新机遇,提出新措施

党的二十大报告把"实现高水平科技自立自强,进入创新型国家前列"

纳入2035年中国发展的战略目标。习近平总书记强调,“必须坚持科技是第一生产力、人才是第一资源、创新是第一动力,深入实施科教兴国战略、人才强国战略、创新驱动发展战略,开辟发展新领域新赛道,不断塑造发展新动能新优势”。“营造有利于科技型中小微企业成长的良好环境,推动创新链产业链资金链人才链深度融合。”“扩大国际科技交流合作,加强国际化科研环境建设,形成具有全球竞争力的开放创新生态。”这些论述为我们研究新问题,应对新挑战,抓住新机遇,提出新措施提供了根本遵循。

(一)进一步扩大人才(特别是国际化人才)优势

从当前国际科技竞争形势上看,核心问题首先还是人才竞争。目前,北京市在顶尖科研人才引进方面已经走在全国的前列,但对于创新型产业的发展,中关村不仅要有顶尖的国际科技人才,还要有一流的技术团队和优秀青年人才储备量。构建高校、企业联合培养、定向培养的贯通模式,大力开展“双师制”等改革,通过宣传北京生命科学研究所国家实验室已回国的一大批国际人才的成功案例,形成吸引人才来北京创新环境的新竞争力。深化基础研究国际合作,组织实施国际科技创新合作重点专项,以灵活化聘任方式引入外部技术专家,让不能“为我所有”的高端科研人才能够“为我所用”。依托国家重大科研项目、中科院战略先导专项、国际科技合作项目等,在全国重点实验室、重大科技基础设施等平台上加快引进和集聚一批国内外顶尖科技人才,发现和培养战略科学家。加强中关村“三城一区”软硬件建设,特别是和生活相关的设施配套,做好制度设计,用好就医、就学、社保、购房、购车等“类户口”相关政策,为中关村企业发展和年轻人才留育发展创造更好的条件。学习借鉴国内外其他地区引进产业创新团队的政策,关注海外留学人员,特别是准备回国的优秀青年人才动态,用好致公党北京市委、北京欧美同学会和“侨梦苑”等机构的海外人脉资源,做好服务联络工作。

(二)营造创新包容文化,形成应用场景优势

总结北京交控科技公司CBTC作为北京市首个利用“首台套”政策实现

创新产品市场化应用的经验和亦庄开发区设立智能驾驶示范区应用场景等案例经验,定期发布重大应用场景需求清单,培育壮大新型消费,开发一批智慧商场、智慧超市、智慧餐厅、智慧驿站等应用场景项目,在具有先发优势的关键技术和引领未来发展的前沿技术研发过程中加大创新成果应用场景的供给力度。例如,高端医疗器械产业是一个多学科交叉、知识密集、资金密集、技术集成融合型产业,医疗行业本身也是一个创新成果的集成应用场景。北京要加大对国内首创、国际领先的创新医疗器械上市前的服务力度,推动更多新技术、新疗法得到应用。

(三)强化基础研究的战略导向、应用研究的市场导向

探索建立稳定性支持和竞争性支持相协调的科技资源配置机制。支持科研机构开展“破四唯”改革,探索“以成果论英雄”的人才遴选和提拔机制。鼓励高等院校和科研机构面向企业开放实验室及大型科研仪器设备。在高层推动形成支持应用场景的制度政策,加快推动审批流程优化和创新产品(服务)支持法律法规、政策出台。改革科研项目立项和组织实施方式,坚持目标引领,强化成果导向,建立健全专业机构管理项目机制。支持有条件的企业承担国家重大科技项目。建立市场化社会化的科研成果评价制度,修订技术合同认定规则及科技成果登记管理办法。建立健全科技成果常态化路演和科技创新咨询制度。运用大数据和人工智能等技术,加强对科技成果和各类市场主体的精准画像,提升交易安全性和匹配的精准性。

诉源治理

关于府院联动，诉源治理，推动行政争议实质化解的调研报告

北京市司法局课题组

引　言

近十年来，“促进行政争议实质性化解”频繁出现于国务院和最高人民法院发布的重要文件和工作报告之中，逐渐成为引领行政机关执法工作和人民法院行政审判工作发展的指导思想。

2019年2月，最高人民法院发布《关于深化人民法院司法体制综合配套改革的意见——人民法院第五个五年改革纲要（2019—2023）》，提出深化多元化纠纷解决机制改革，完善“诉源治理”机制，坚持把非诉讼纠纷解决机制挺在前面，推动从源头上减少诉讼增量；加强裁判文书数据资源研究利用，探索建立与政法机关、政府部门、高等院校、科技企业共享合作的长效工作机制，为规范诉讼活动、统一裁判尺度、繁荣理论研究、促进社会治理提供有力支持；围绕推进法治政府建设，改革完善行政审判工作机制，依法保护行政相对人合法权益，推动行政争议实质性化解，监督和支持行政机关依法行政。

2021年2月，中央全面深化改革委员会第十八次会议审议通过《关于加强诉源治理推动矛盾纠纷源头化解的意见》，强调要加强矛盾纠纷源头预防、前端化解、关口把控，完善预防性法律制度，从源头上减少诉讼增量。

2021年8月，中共中央、国务院印发《法治政府建设实施纲要（2021—

2025年)》,再次重申要健全行政争议实质性化解机制,推动诉源治理。

然而,要想实现诉源治理、推动行政争议的实质化解,并不是仅仅依靠人民法院自身即可完成的。一方面,行政诉讼的源头在于行政相对人与行政机关之间产生了行政争议,故若要实现诉源治理,首先要从源头上预防行政争议的产生,这必然对行政机关的法治建设提出了要求。另一方面,对于人民法院而言,“完全把视线集中在规范上而无视与审判过程发生关系的个人在实际上进行行为选择的可能性,并不能真正究明以审判解决纠纷的机制”。[①] 因此,只有行政机关和人民法院联合起来,通过信息加工整理和沟通交流,才能最大限度地弥合分歧、增进和谐,真正实现行政争议的实质化解。

综上,府院联动,诉源治理,推动行政争议的实质化解是当前行政机关和人民法院需要共同为之努力的目标。为达成上述目标,需在总结实践经验和疑难问题的基础上,探索更完善、更有效的实现路径。

一、当前北京市府院联动现状

此次调研,向北京市区两级政府行政复议机关、部分区政府、部分街道和乡镇、北京市规划和自然资源委员会、北京市三级人民法院发出了调研问卷,并收到了房山区政府、房山区东风街道、房山区西潞街道、房山区向阳街道、房山区迎风街道、房山区琉璃河镇、房山区青龙湖镇、房山区张坊镇、房山区长阳镇、房山区南窖乡、海淀区甘家口街道、通州区人民法院的回复。

经过此次调研,将目前北京市部分行政机关和法院建立的府院联动机制总结如下:

从行政机关看,第一,建立了“诉调对接”机制。在此次调研中,北京市房山区东风街道反馈,当前该街道已建立人民法院联动解决违法建设、棚改拆除等领域行政争议的“诉调对接”机制。实现诉讼与非诉讼、行政手段与司法手段的相互衔接,形成预防和化解纠纷合力,共同促进法治政府建设。

---

① [日]棚濑孝雄:《纠纷的解决与审判制度》,王亚新译,中国政法大学出版社2004年版,第6页。

第二，在发挥调解优势的同时，联动司法确认机制。在此次调研中，北京市房山区西潞街道反馈，该街道一方面协调街道各级人民调解组织继续发挥其调解优势；另一方面与法院建立良好协作，积极推广人民调解协议“一站式”司法确认机制运行，努力从源头解决违法建设、棚改拆除问题。第三，积极贯彻落实行政机关负责人出庭应诉制度。在此次调研中，北京市房山区西潞街道反馈，该街道党政主要负责人切实履行推进法治建设第一责任人职责，尤其在拆违案件中，积极推进行政机关负责人出庭应诉，为实质性解决行政争议提供有力法律支持。

从人民法院看，通州区人民法院反馈，其建立了三种府院联动机制：一是建立出庭观摩评议机制。通过行政机关负责人出庭、执法人员线上旁听、法官庭审后讲评“三合一”方式，以案释法让行政执法人员直观感受行政争议司法处理过程，提升行政机关应诉能力和依法行政水平。二是建立“三书一课”督促建议机制。针对行政审判中反馈的微观、中观、宏观层面问题，分别出具司法建议书、审查报告书和审判白皮书，近三年已发送司法建议 18 篇；另外，针对行政机关在具体执法过程中的典型化问题和司法需求进行“点餐式”培训授课近 40 次，为法治政府建设建言献策。三是建立府院联合调研机制。联合行政机关，重点研究在副中心建设、基层治理等工作中可能引发的行政争议的解决路径，以及新颁布修订的行政法律、法规实施过程中可能出现的疑难复杂问题，积极组织、参与疑难案件研讨会，为行政机关科学决策提供参考。

二、当前北京市府院联动存在的问题

经过此次调研，发现府院联动机制尚未在北京市全市系统性建立、运用起来，即便是建立了府院联动机制，也尚不成熟，发挥的作用有限，还有许多亟待完善之处。

首先，当前大多数行政机关尚未建立府院联动机制。在此次收到调研回复的一个区政府和十个街道乡镇中，只有两个街道反馈其与法院建立了府院联动机制，其余的区政府和街道乡镇均未与法院建立府院联动机制。

多数行政机关都反映,当前府院联动的渠道不畅通,联系部门不确定,无法与法院形成有效的工作联系。

其次,即便是建立了府院联动机制,联动的方式和渠道也比较单一。在此次调研中,部分行政机关反馈,当前府院联动的方式和渠道比较单一,无法最大化发挥府院联动机制对于诉源治理、实质化解行政争议的作用。

最后,即便建立了府院联动机制,府院联动发挥的作用也有限。在此次调研中,部分行政机关反映,实践中行政机关面临的新矛盾、新问题层出不穷,各级人民法院未能有效利用府院联动机制提高行政机关的依法行政能力,帮助行政机关从源头上预防行政争议的产生。通州区人民法院也反映,部分行政机关对于司法建议抱有消极态度,不愿接收司法建议或收到司法建议后不能积极反馈、查改。此外,对于执法领域出现的一些新类型、政策性问题,司法与行政因所处角度不同,在法律理解、适用等方面难以形成共识。

三、深化府院联动机制的正当性和必要性

(一)府院联动是我国国家制度和国家治理体系优势的具体体现

《中共中央关于坚持和完善中国特色社会主义制度推进国家治理体系和治理能力现代化若干重大问题的决定》对我国的国家制度和国家治理体系优势进行了全面总结。府院联动即是在党的统一领导下,坚持全面依法治国,建设社会主义法治国家,切实保障社会公平正义和人民权利的显著优势的具体体现和具体实践。

(二)府院联动是实现行政诉讼法基本目标的重要路径

2014 年 11 月 1 日,中华人民共和国第十二届全国人民代表大会常务委员会第十一次会议通过了《全国人民代表大会常务委员会关于修改〈中华人民共和国行政诉讼法〉的决定》,决定将《中华人民共和国行政诉讼法》的第 1 条修改为:“为保证人民法院公正、及时审理行政案件,解决行政争议,保护公民、法人和其他组织的合法权益,监督行政机关依法行使职权,根据宪法,

制定本法。”自此，解决行政争议就成为我国行政诉讼首要和第一层次的立法目的。

然而，要想实现解决行政争议这一行政诉讼法目标，并不是仅仅依靠人民法院自身即可完成的。在行政审判过程中，个人的选择往往与行政机关有着密切的联系，行政审判需要经常与政府和行政机关打交道，能否得到行政机关的理解、信任和支持，对于开展行政审判工作至关重要。①

解决行政争议这一目标，不仅仅是指在行政诉讼中对个案争议作出终局裁决，还要求人民法院对行政审判职能进行适当延伸，为行政机关依法行政提供助力，与行政机关一同推进诉源治理，从源头上预防行政争议的产生。

（三）府院联动是能动司法对新的社会形势的重要回应

2009年8月28日，时任最高人民法院院长王胜俊在江苏省高级人民法院调研座谈会上发表了题为《坚持能动司法，切实服务大局》的讲话，正式提出了能动司法这一主张。当时的能动司法，主要是指“人民法院立足于审判职责，发挥主观能动性，以应对世界金融危机对国内经济和社会的不良影响，回应社会广泛而深刻的转型发展需要”。② 与传统法学理论强调司法的被动性、消极性不同，能动司法提倡各级法院和全体司法工作人员要积极应对时代挑战，努力化解转型期的复杂纠纷和尖锐矛盾，主动参与到社会治理中去，有效配合党政机关完成整体工作目标。行为方式和内容主要表现为各级法院响应国家主流政治号召，积极履行审判职能，施行便民诉讼举措，扩大诉前调解，以及加强有针对性的调研和制度建设，为党政工作提供决策咨询支持等。③

近年来，经济社会不断发展进步，新的矛盾和问题如雨后春笋般涌现，

---

① 曹建明：《当前行政审判工作中的几个问题》，载《法律适用》2007年第5期。

② 张志铭：《中国司法的功能形态：能动司法还是积极司法？》，载《中国人民大学学报》2009年第6期。

③ 王一：《我国“能动司法”的含义与限定——与“司法能动主义”的比较辨析》，载《当代法学》2012年第3期。

特别是立案登记制改革后,大量行政争议涌入人民法院,给司法机关带来巨大压力的同时,也使程序空转、案结事不了等现象愈加突出。

面对这一新的社会和司法形势,最高人民法院相继发布了《最高人民法院关于人民法院进一步深化多元化纠纷解决机制改革的意见》《最高人民法院关于深化人民法院司法体制综合配套改革的意见——人民法院第五个五年改革纲要(2019—2023)》《最高人民法院关于建设一站式多元解纷机制一站式诉讼服务中心的意见》《最高人民法院关于人民法院深化"分调裁审"机制改革的意见》《最高人民法院关于深化人民法院一站式多元解纷机制建设推动矛盾纠纷源头化解的实施意见》《最高人民法院关于进一步推进行政争议多元化解工作的意见》等一系列司法改革文件,大力推行一站式多元解纷、"分调裁审"等机制,强调人民法院要主动融入党委和政府领导的诉源治理机制建设,切实发挥人民法院在诉源治理中的参与、推动、规范和保障作用,推动工作向纠纷源头防控延伸。要求法院加强与行政机关的沟通协调,促进诉讼与行政调解、行政复议、行政裁决等机制的对接。

由此可见,不论是十多年前的能动司法,还是近年来最高人民法院大力推动的府院联动、"分调裁审"、多元解纷等机制建设,都是司法适应社会形势,发挥主观能动性,提出的解决问题之法。当前提倡的府院联动,与之前倡导的能动司法一脉相承,是能动司法在新的社会形势下的延续与进化。

(四)府院联动是行政执法统一标准的内在要求

诉源治理的核心,在于从源头上预防行政争议的产生,这就对行政机关的依法行政能力提出了较高的要求。虽然依法行政以"法"为衡量标准,但是抽象的"法"在行政执法的过程中依然有赖于行政机关的具体理解和执行。行政机关的执法,需要遵循先例和遵照惯例,一旦先例或者惯例错误,就会出现系统性风险。因此,行政机关需要提早确立正确的执法标准,而这一执法标准,是在行政执法机关、行政复议机关和人民法院的互动中逐渐走向成熟的。

人民法院针对个案的裁判,是影响行政执法标准形成的最为直接的因素。然而,单纯依靠个案裁判具有局限性。个案审判具有单一性、偶发性和事后性特征,对于行政机关改变执法惯性的作用力较小,且执法风险容易累积,造成社会矛盾日益严重,不利于法治国家和社会的构建。除此之外,人民法院的个案审判之间以及人民法院的裁判与行政复议机关的复议决定之间,时常存在矛盾和不一致之处。此种情形容易造成行政机关法律规范理解和适用的混乱,不利于行政机关进行借鉴,从而导致行政机关难以形成明确的执法标准,无助于提升行政效率,也不利于树立司法权威。

基于行政机关需要统一执法标准这一内在要求,不仅需要人民法院行使自身的行政审判职能,还需要人民法院进一步完善和延伸这一职能。通过加强与行政机关的府院联动,就司法标准之间不一致及司法标准与行政标准不一致等问题进行沟通协调,为行政执法标准的确立和统一提供助力。

四、进一步健全府院联动,实现诉源治理,推动行政争议实质化解的建议

(一)府院联动应当遵循的基本原则

1. 法院应当保持独立性、中立性和终局裁决性等特点

独立性是司法权最重要的特征之一,法院和法官在司法裁判过程中只服从宪法和法律的规定及其良心的命令而不受任何来自司法机关内部或者外部的影响、压力、干预和控制,以保证其自主判断。司法判断的客观属性,要求司法机关必须远离作为当事人的其他主体,保持独立,从而使个人取得与国家平等的适用法律的权利,防止国家权力对公民权利的侵害。[①]

法院在保持独立性的同时,还要在具体案件的审理过程中保持其中立性。司法权是一种判断权,司法机关是法律和事实的裁判者,保持中立是人们对裁判者最基本的要求。裁判者不应有对当事人一方的好恶偏见,不能采取任何只对一方有利的行动,任何人不能成为有关自己案件的裁判者。[②]

---

① 刘瑞华:《司法权的基本特征》,载《现代法学》2003 年第 3 期。

② 刘瑞华:《司法权的基本特征》,载《现代法学》2003 年第 3 期。

府院联动解决行政争议,意味着行政机关和法院加强联系和合作,共同寻求实质化解行政争议的方式、方法。这就不免引发公众对于法院能否保持其独立性和中立性的担忧。

要想消除上述疑虑,在府院联动的制度设计上,应当坚持法院的独立性、中立性原则。一方面,要注意避免法院提前介入行政程序,如此可避免出现法院既当裁判员又是运动员的情形;另一方面,要明确府院联动只解决系统性、普遍性问题,不解决个案问题,如此可防止法院在个案中受到行政机关的不当影响,偏向行政机关一方。

虽然府院联动强调行政机关和法院通过合作共同解决行政争议,注重运用调解等非诉纠纷解决机制,但是法院仍然应当坚持其终局裁决性,应收尽收,当判应判。在法治社会,司法裁判是一切纷争解决的终极手段。虽然当前强调府院联动、诉源治理,提倡非诉讼机制挺在前面,但是法院不能完全放弃行使自身的审判权,"对案件实体判断的拒绝,实质是对司法权的自我放弃"。[①] 当行政争议无法通过非诉方式解决或当事人明确拒绝通过非诉方式解决时,人民法院应当依法立案、审理,通过终局的司法裁决,解决行政争议。

2. 明确行政机关是执法主体,自行承担行政责任

为了实现诉源治理、实质化解行政争议,提高行政机关的依法行政能力是首要任务。通过府院联动,让法院参与到培养行政机关法治意识、提升行政机关学法、用法能力的过程中来,固然是促进法治政府建设的重要举措,但是,同时也应当意识到,司法机关对行政机关的支持和助力是有限度的。

能动司法的被动性虽然有所减弱,但仍然要坚守独立性、中立性这两大司法底线。由此,即便是能动司法,也不可能无限延伸至执法阶段,法院可以针对行政机关执法中遇到的共性问题提供咨询建议等,但不可能全过程、全方位地为行政执法服务。无论何时,行政机关都是行政执法的主体,行政

① 黄启辉:《行政诉讼一审审判状况研究——基于对40家法院2767份裁判文书的统计分析》,载《清华法学》2013年第4期。

机关可以通过府院联动机制，借助人民法院的法治资源提高自身的依法行政水平，但其必须明晰行政机关不可仰赖人民法院代替其解决执法过程中遇到的所有法律问题，其必须自行承担行政责任。

3. 府院联动机制应以提升执法效率、提高依法行政水平为目标

正如前文所述，实现诉源治理、实质化解行政争议的首要任务是提高依法行政水平，从而提升行政执法效率。因此，府院联动机制的创建，也应当以此为目标。

从行政机关的角度来看，一方面，行政机关可以从法院既有的裁判先例和司法建议中不断学习借鉴，推动行政系统内部建立正确的执法标准，提升行政执法有效性，促进依法行政。另一方面，当行政机关在行政立法和执法中遇到了具有共性的、难以解决的法律问题时，也可以主动通过府院联动机制了解司法机关的观点和建议，借助法院的力量，提升依法行政水平。

从法院的角度来看，法院应当通过府院联动机制，将其发现的行政机关在执法中存在的法律问题予以反馈，向行政机关提供改正这些问题的意见和建议，并督促行政机关切实改正，从而推动行政机关依法行政水平不断提升。

4. 联动机制需要确保司法尺度和标准的统一，树立司法权威

司法权的直接功能是裁决纠纷，而裁决纠纷的重要目的是实现法的价值、维护法的秩序。司法裁判的过程就是“宣布法律是什么”的过程，就是将一般法律适用于具体案件的过程。在一定意义上，司法裁决的权威性就是法律的权威性。因此，司法裁判一经作出，非依法不得随意变更或撤销。①

然而，当前司法实践中，法院与行政复议机关之间、法院与法院之间甚至是法院内部，会出现裁判标准和尺度不一致导致结果完全不同的情形。不少行政机关即便按照内部制定的相关执法规范进行执法，也会面临被法院判决违法的风险；也会出现被复议机关维持，但后又被法院撤销或确认违法的情形；法院之间，有时甚至是同一法院先后的裁判都会相互矛盾。此种

① 刘瑞华：《司法权的基本特征》，载《现代法学》2003 年第 3 期。

情形给行政机关带来了极大困惑,导致其无法在内部为执法确立明确的法律适用标准,无益于依法行政建设,扩大了产生行政争议的风险。与此同时,司法裁判互相矛盾,违背了司法裁决确定性和终局性的原则,容易导致当事人失去对司法裁判的信任和敬畏,不利于树立司法权威。

人民法院的裁判先例是行政机关确立自身执法标准的重要来源,由此,建立府院联动机制,应当重点关注如何确保司法裁判标准和尺度的统一,树立司法权威。

(二)建立明确的府院联动机制

此次调研表明,当前北京市各级行政机关和人民法院之间尚未建立系统性、制度性的府院联动机制。部分基层行政机关完全没有建立府院联动机制,无法找到渠道与人民法院取得联系,就执法中遇到的系统性问题寻求司法机关的帮助和建议;部分行政机关虽然采取了一些府院联动的措施,但是尚不成体系,收效甚微。府院联动是实现诉源治理、实质性解决行政争议的重要途径之一,当前北京市亟须建立明确的、系统性和制度性的府院联动机制。

1. 北京市司法局和北京市高级人民法院合力搭建府院联动机制

由于要在全北京市建立起系统性和制度性的府院联动机制,建议市级层面统一谋划,高位推进,由北京市司法局和北京市高级人民法院合力搭建在全市推行的府院联动机制,实现联动层级全覆盖、联动内容全覆盖,为全市各级行政机关和人民法院确立府院联动机制提供明确的、系统性的指引。

2. 建立重大行政立法事前建言和事后监督相结合的府院联动机制

至于府院联动机制的具体内容,在行政立法阶段,可以尝试建立重大行政立法事前征求意见和事后合法性审查相结合的府院联动机制。立法是依法行政的大前提,若是在立法阶段就出现与上位法相抵触等法律问题,则必然会引发后续的行政争议。因此,诉源治理的第一步,就是要确保行政立法的正确性。《最高人民法院关于进一步推进行政争议多元化解工作的意见》第4条规定:“积极助推依法行政制度体系建设。通过府院联席会商、提供咨询意见、加强规范性文件的一并审查等方式，助推提升行政法规、规章和其他规范性文件的系统性、整体性、协同性，从制度源头上预防和减少行政争议发生。”由此可见，在立法阶段就进行府院联动，也是最高人民法院所推动实行的政策。在实践中，部分城市也早已尝试建立这种事前建言和事后监督相结合的规范性文件审查衔接工作机制，如上海市高级人民法院与上海市法治政府建设工作领导小组办公室、上海市人民检察院早在2018年就共同签署了《关于本市建立行政规范性文件审查衔接工作机制的指导意见》。[①]

3. 建立定期或临时联席会议制度

在行政执法阶段，可以建立定期或临时联席会议制度。法院可以通过联席会议向行政机关反馈其在日常审判过程中发现的系统性行政执法问题，并提出改正建议；行政机关也可以通过联席会议就日常执法中遇到的系统性难题向法院进行咨询，双方就相关法律问题进行研究。此外，府院联席会议就系统性问题达成共识后，应当将相关意见予以发布，通过府院联动成果公开，保证法院的独立性和中立性，避免引发社会公众对司法机关的信任危机，动摇司法权威。

4. 完善纠纷诉前分流和诉后法治建议制度

当然，不论如何预防，都不可能不产生任何行政争议。当行政争议产生之后，一方面，应当加快完善最高人民法院大力推行的纠纷诉前分流机制，将可以通过调解、复议等非诉讼机制解决的行政争议向非诉讼渠道分流，并做好行政机关和人民法院之间的衔接；另一方面，法院对于应当进行司法审理的案件，充分行使审判权，通过司法裁判终局地解决行政争议，并为行政机关依法行政树立标杆；此外，法院还可以综合运用司法建议和行政审判白皮书等方式，为推动法治政府建设提供助力。

（三）明确府院联动启动条件，规范府院联动工作流程

仅仅建立一个府院联动的大致框架，并不能完全解决当前实践中遇到

---

① 侯劲松：《上海行政机关与市高级法院、市检察院建立行政规范性文件审查衔接工作机制》，载《民主与法制时报》2018年1月16日，第4版。

的府院衔接困难无序的问题，还需进一步明确府院联动启动条件，规范府院联动工作流程。

1. 行政立法阶段应由行政机关启动程序

在行政立法阶段的府院联动，应由行政机关向人民法院发出建议邀请，商请人民法院就其拟制定的法律规范提供司法意见。虽然司法机关在立法阶段就提前介入，能够有效避免行政立法出现合法性危机，但是，司法资源有限，不可能由法院主动启动行政立法事前建言程序，应当由行政机关判断某一行政立法是否特别重大复杂、需要法院提供司法意见。

2. 行政执法阶段双方均可启动程序

在行政执法阶段，行政机关和法院双方应当均可启动府院联动机制。行政机关若遇到司法标准与执法标准不一致、司法标准与复议标准不一致、司法标准之间不一致或者认为司法标准有问题的，可以及时向司法局提出论证请求，司法局根据情况适时启动联动机制；基于促进政府法治建设的需要，当法院认为有必要时，可以随时启动联动机制。

3. 争议处理阶段法院主导，行政机关积极配合

当行政争议产生之后，由法院启动纠纷诉前分流程序，行政机关应当积极配合诉前调解等非诉纠纷解决机制的运行；若行政争议无法通过非诉讼机制解决，进入法院审理阶段，行政机关应当贯彻落实负责人出庭应诉等制度，积极配合法院查清案件事实、依法作出司法裁判。在法院针对行政争议作出终局裁决之后，法院仍然有权启动事后的府院联动程序，通过向依法行政存在问题的行政机关发出司法建议或统一发布行政审判白皮书等方式督促行政机关改正错误，行政机关应当接受法院的司法建议，积极改正自身存在的问题，提升依法行政水平。

4. 时机成熟时出台明确的程序规范

对于府院联动的具体程序，当前依然处于摸索的阶段，北京市司法局和北京市高级人民法院可以先行先试，待府院联动机制发展得更为成熟之后，并在总结府院联动实践存在的问题的基础之上，再在适当时机出台明确的规范。

(四)府院联动,着力统一法律规范的适用尺度和标准

此次调研中,较为突出的问题是裁量标准不一致问题。在府院联动机制的构建中,应当着重解决上述问题,着力统一法律规范的适用尺度和标准。

1. 法院善用规范性文件附带性审查和司法建议机制

针对上述行政机关内部标准与法院司法标准不一致的问题,如果法院在具体案件的审理过程中已发现相关争议是由行政立法引起的,在相对人一方提起规范性文件附带性审查的情况下,法院可利用规范性文件审查机制,明确上位法的适用标准,该确认违法的及时确认违法;若相对人并未提起规范性文件附带性审查,法院应当善用司法建议,及时向行政机关释明上位法适用标准,纠正行政机关内部的错误标准。

2. 充分利用府院联动机制达成共识并予以公开

对于复议机关与法院审查标准不一致的问题,则建议按照前文所述向市、区司法局提出论证请求,由市、区司法局启动府院联动机制的程序处理。由复议机关和人民法院就相关焦点问题,进行沟通交流以达成共识,并将相关意见予以发布。

3. 法院需在裁判文书中说明裁判不一的理由

至于法院系统内部的裁判矛盾问题,建议确立法院在裁判文书中说明理由制度。如果法院想要通过后案取代前案所确立的裁判标准,应当在裁判文书中说明摒弃前案所确立标准的理由,并表明之前的类案不再适用;如果法院仅是认为本案不属于适用前案所确立标准的范围,也应当在裁判文书中明确本案不属于类案的原因;此外,如果法院系统内部出现同类案件不同判决的情况,建议由北京市高级人民法院说明行政机关可以选择参考的类案,以便给行政机关提供明确的指引。

首都核心区诉源治理发展状况考察报告

——以东城区“和立方”模式为样本

冯晓光[*]　冯　亮[**]

前　言

社会矛盾与纠纷的化解是司法的本质使命。近年来,随着利益多元化、需求多元化的日益凸显,党和国家开始将更多目光聚焦于诉源治理。[①] 诉源治理的实质是深挖矛盾源头,扑灭火源火苗,平衡各方利益,维护社会和谐。在诉源治理工作中,人民法院担当着重要角色却又面临着许多难题,经研究发现,这些难题并不仅限于司法的局部范围,许多问题也非人民法院独力可解。正是基于此种考量,笔者立足新时代背景、结合东城区的区位特点,致力于研究分析核心区诉源治理的制约因素及原因,并探索试行诉源治理的

---

* 冯晓光,北京市东城区人民法院,审判员,法学硕士。

** 冯亮,北京市东城区人民法院,法官助理,法学硕士。

① 2017年10月,党的十九大报告指出:要加强预防和化解社会矛盾机制建设,正确处理人民内部矛盾。进一步明确提出打造共建共治共享的社会治理格局,要求加强社会治理制度建设,完善党委领导、政府负责、社会协同、公众参与、法治保障的社会治理体制。2019年1月,习近平总书记在中央政法工作会议上强调:要坚持把非诉讼纠纷解决机制挺在前面,从源头上减少诉讼增量,要完善党委领导、政府负责、社会协同、公众参与、法治保障的社会治理体制,打造共建共治共享的社会治理格局,创新完善平安建设工作协调机制,统筹好政法系统和相关部门的资源力量,形成问题联治、工作联动、平安联创的良好局面。这对“诉源治理”作出了最为清晰的解释和最为明确的定位。2019年2月,《最高人民法院关于深化人民法院司法体制综合配套改革的意见——人民法院第五个五年改革纲要(2019—2023)》中首次提出完善“诉源治理”机制,提出坚持把非诉讼纠纷解决机制挺在前面,推动从源头上减少诉讼增量。

新方案。

一、关键点——首都核心区“更”需要诉源治理

（一）“首善之区”需要特殊的诉源治理

北京市东城区因其特别的区位特点和特殊的案件类型，对诉源治理工作提出了更高的要求，在具备成熟、高效的工作模式的同时，还应当能够满足其位于“首都功能核心区”的特殊定位和治理需求。

1. 地区位置的特殊性

东城区作为首都功能核心区，是全国政治中心、文化中心和国际交往中心的核心承载区，是历史文化名城保护的重点地区，是展示国家首都形象的重要窗口地区。对于东城区而言，做好诉源治理工作，及时有效调和当事人利益冲突、将纠纷化解在萌芽状态，使潜在纠纷及时消解，不仅是实现基层治理体系和治理能力现代化的重要手段，更是完成“突出政治中心的服务保障”“坚定有序疏解非首都功能”“突出改善民生工作”“维护核心区安全”等各项工作的基础。地区位置的特殊性，对诉源治理工作的效率和标准有着更高需求。

2. 案件类型的特殊性

由于东城区重要的区位作用，辖区内纠纷集中体现出“政治性”“文化性”“社会性”“民生性”的特点，从而对诉源治理提出了不同的要求。

（1）政治性

金水桥畔无小事。政治性是东城区政治中心地位的重要特征，诉源治理工作必须坚持政治站位、秉持全局视野。东城区是中央国家机关及其直属事业单位、各领域重要中央企业等的驻地。① 纠纷的处理往往受到社会广泛关注，甚至对国家政策等产生影响。中央政法委、最高人民法院、最高人

---

① 东城区聚集着包括中央政法委、最高人民法院、最高人民检察院、公安部、民政部、人力资源和社会保障部等20多家中央机关单位，上述单位所处理的纠纷往往具有很强的政治敏感性和社会影响力。

民检察院、公安部这些集中处理各类具有全国影响力重大、群体性纠纷的政法单位也均位于东城区。政治敏感性要求东城区在处理各类矛盾纠纷工作中,更需要提高政治站位,更多顾全大局和全局。

(2)文化性

在"崇文争先"理念引领下,文化性成为东城区文化中心地位的重要特征,矛盾纠纷的化解工作,更需要注重调解的柔性,突出对文化财产的保护。"两轴、一城、一环"以文化功能为主,东城区是体现大国首都文化自信的代表地区之一。首先,东城区辖区内有众多国家级文物保护单位和历史人文景观,①涉文物纠纷多有复杂的历史背景,甚至有历史遗留问题。针对这类案件,需要在化解纠纷的同时注重对文物的保护,因而需要更加高效、柔和等方式处理纠纷。其次,东城区具有庞大的文化产业体系,"创建国家文化和金融合作示范区","实施'文化强区'战略,建设全国文化中心集中展示区",需要以"诉源治理",及时化解矛盾,推动文化产业快速发展。最后,大力保护知识产权,促进创新也是东城区的重要战略。东城区人民法院(以下简称东城法院)同时管辖包括东城、通州、顺义、平谷、怀柔、密云六区一审知识产权案件,有效化解知识产权争议、降低维权成本、提升维权效率,需要有针对性的诉源治理方案。

(3)社会性

社会性是东城区"核心区"地位的重要特征,诉源治理工作需要关注案件的社会影响力,发挥良好的社会导向作用。东城辖区内云集众多知名景点、三甲医院、大型商场、国有民营大中型企业等具有广泛影响力的地标性单位,同时也有相当一部分具有社会影响力的社会名流在此经常居住,在互联网时代,与之相关的案件多具有广泛的社会关注度,时常登上"热搜"。这类案件所具有的社会性使其处理结果可能影响一众利害关系方,受到各方的关切,一旦处理不当,则很可能会产生严重后果。因而,需要有更加积极

① 东城区拥有包括故宫博物院在内的众多全国性文化机构,其中,仅国家级文物保护单位就有16处,是北京历史文化遗存、胡同四合院和非物质文化遗产最为密集的地区。

有效的诉源治理措施,将纠纷提前化解,以防矛盾激化。

(4)民生性

核心区的民生状况,不仅关系百姓生活,而且关系首都形象、国家形象。民生性也是东城区纠纷案件的重要特征,诉源治理工作需要重视民生影响。民生工程是核心区规划中的重要工作,涵盖安全健康、卫生服务、老城保护、街区维稳等诸多方面。东城辖区内有较多大型民生企业和知名民生品牌,如“优胜教育”“蛋壳公寓”等。与之相关的案件往往具有群体性诉讼的风险,如不能及时有效化解相关纠纷,则可能引起重大的民生问题。同时,在疏解非首都功能的背景下,老城腾退、改造、保护工作等,也有可能引发群体性矛盾,直接关系民生。因而,需要强化诉源治理,尽早发现风险,有效调和利益冲突,及时化解纠纷。

(二)核心区基层法院诉源治理掣肘

基于东城区的区位特点,东城法院建立起以法院为“中心”,以多家调解组织为“元”的多元调解新模式,取得了骄人的工作成绩。但在取得骄人成绩的同时,经调研发现,目前东城区的诉源治理工作还存在以下问题。

1. 基层区域网格矛盾吸附能力不足,人民调解优势难以得到充分发挥

社区居委会和街道司法所是诉源治理的第一道防线,集中了80%的社会矛盾,街道社区级的人民调解组织在诉源治理中发挥了极大的作用。但街道社区人员流动性大,且日常负担工作任务较多,工作人员常常身兼数职,难以配备专职的调解人员。街道司法所工作人员具备一定的法学理论知识,且有意愿参与基层调解工作,但往往因缺乏各类案件办理及调解经验,而致调解成功率不高,逐渐失去调解积极性。

从纠纷当事人的角度而言,尚有不少群众对人民调解的权威性认识不足,对人民法院司法确认调解协议效力的法律后果不了解,仍将街道社区、司法所调解作为邻家大姐“和稀泥”的工作方式,而在发生纠纷矛盾时更愿意选择直接起诉而非基层人民调解作为纠纷化解的途径。

作为人民法院,囿于司法被动性原则,法官们难以主动“出击”下基层寻

找矛盾、解决矛盾,使人民调解 + 司法确认的组合拳难以发挥其应有优势。

2. 行政机关纠纷解决方式受到局限,与诉源治理难以有效结合

随着“枫桥经验”的推广,社会治理在各行各业全面深入铺开,原本即设置了监察部门的各行政机关也在本部门职权范围内积极开展基层矛盾纠纷化解工作。但行政机关以其行政执法权力为背书的行政调解刚性较大,可能循着调解不成即行政处罚的路径进行;第三方调解机构则更具有柔性力量,在化解纠纷的同时更侧重于对纠纷双方合法权益的保护,优化矛盾解决方案。

以劳动争议为例,产生劳动争议时,劳动者可以申请劳动争议调解或仲裁,也可以直接向劳动监察部门投诉解决;劳动监察部门的执法手段具有强制性,倾向于对用人单位的单方处罚;调解、仲裁则更倾向于从保护劳动者当前权益和保障企业长远发展两方面同时考虑,更利于矛盾的妥善解决和营商环境的优化。

3. 第三方调解机构公信力不足易致久调不决或调后反悔,难以彻底化解矛盾

以行业自律为主导的第三方调解机构,在本专业、行业类型纠纷调解方面具备较强的专业性,具备吸附行业内部矛盾的优势地位,部分第三方调解中心也能够更为准确地把握矛盾方向、循循善诱,协调当事人将矛盾纠纷化解在诉前阶段。但因这些调解机构普遍缺乏与司法审判的衔接机制,导致调解成果不能得到及时且有法律强制力的固定,容易陷入“调解后再次违约,违约后继续调解”的怪圈,矛盾纠纷久调不决,纠纷解决效率低下。不少纠纷最终仍需进入诉讼程序,但因已错过适宜调解的窗口期,双方的和解意愿消耗殆尽,给司法审判解纷带来更大的难度。因缺乏一锤定音、定分止争的终局性而导致第三方调解机构付出的辛劳功亏一篑,着实可惜,亦是对社会解纷资源的不当消耗与浪费。另外,大部分第三方调解机构缺乏能让社会公众广泛认知的普适性,不易取得当事人的信任,难以在更大范围内发挥其诉源治理的更大效用。

(三)核心区诉源治理提出新要求

正因为东城区所特有的区位底色,使辖区内的许多矛盾纠纷,尤其是婚姻继承、相邻关系、教育医疗等民生热点类纠纷,如以刚性判决方式进行处理,反而难以实现稳定首都功能核心区社会生活的最优效果。针对前述多元化的案件类型,如无法畅通与之相匹配的多元化解纷渠道,则"首善之区"的政治性难以增强、文化性难以凸显、示范性难以体现、民生性难以保障。这就对东城区的诉源治理工作不断提出更新更高的要求,在重法理的同时更需要温暖的亲情和柔性的司法方式。因此,调解乃至未诉纠纷的先行介入,是最佳选择。

二、"和立方"——诉源治理工作的东城方案

在调研分析东城区特有的区位特点的基础之上,东城法院对诉源治理工作中存在诸多现实困境进行了深入思考并对多元调解 + 速裁工作模式开展逐步探索,逐步构建和完善"和立方"诉源治理工作机制,在源发地迅速解纷,让核心区群众享受便捷、高效、低成本的司法服务,完成了这道"必答题"和首要政治任务。

东城法院分析研判了基层法院在诉源治理中存在的"瓶颈"及产生原因,在"和立方"工作机制的设计中对现有诉源治理方案进行了有针对性的逐步优化。该工作机制引起区委高度重视,列入《东城区依法治区建设规划(2021—2025 年)》,在全区范围内予以推广实施。

(一)强化基层调解组织吸附矛盾能力

基于对人民调解组织机构的调研分析,虽然位置分布已经遍及所有街道和社区,但调解员在处理各类纠纷时仍存在经验不足、对审判前沿知识更新速度相对较慢致优势作用难以得到有效发挥等现象。如果法院能够主动与基层调解组织进行对接,为基层调解组织提供有力支持,整合各方力量形成一个矛盾多元化解的共同体,以法院为点出发,发挥自身优势加强对调解

力量的指导与培养,就能有效解决基层调解组织吸附矛盾不足的突出问题。

(二)提高当事人主动选择调解意愿

坚持以人民为中心,就是通过各种途径了解群众的意见和要求、批评和建议。[①] 通过对来院当事人进行问卷调查,笔者了解到当事人对人民调解组织的“不感冒”,主要源于人民调解解纷渠道的高成本。先人民调解再去法院司法确认,虽然节约了诉讼费等经济成本,但费时耗力;且若调解协议存在文书质量问题,还可能需要多次往返修改,不如直接找法院解决更为便捷。倘若法院能够与调解组织无缝对接,帮当事人在同一地点“一站式”便捷解纷,将大大提高当事人选择到调解组织解决纠纷的意愿,基层调解组织的公信力和工作积极性也会因此得到提升。

(三)转化行政机关和第三方机构调解效果

东城法院在与行政单位的工作交流中认识到,行政机关解决纠纷,同时具备了信息掌握全面、联系当事人便捷、执法权威慑等先天的调解优势和缺乏人民调解足够的灵活性和司法解纷的终局效力的调解劣势。第三方调解机构因为缺乏行政或司法机关等背书程序,无法得到人民群众的信任而不被选择。如果能够与人民调解、司法审判进行整合协作,把人民调解、行政调解、第三方调解与司法调解统一起来,各自发挥自身优势形成合力,可想见能起到事半功倍的解纷效果。

(四)提升法院的原点聚合作用

上述三项优化设计的完成,需要一个凝聚的原点。在东城法院的视野中,现阶段能够起到该作用的,非自身法院莫属。这是东城大地上的角色要求,也是崭新时代的使命担当。东城法院通过司法实践认为,和合、和解谓之“和”,多方介入成“立方”,故称“和立方”。于是“和立方”诉源治理工作

---

① 习近平:《习近平谈治国理政》(第三卷),外文出版社2020年版,第135~138页。

机制在这样的思路设计下应运而生：以法院为原点，连线各方调解力量，在最适宜就地解决矛盾纠纷的地方，多方合作共同搭起“和立方”工作站，联动解纷，则能够起到“一站式”快速定分止争的最佳社会治理效果。

根据前述指导思想和思路设计，“和立方”诉源治理工作机制的实施步骤如下：

第一阶段：短期目标——引流部分矛盾。建立诉调对接工作站初期，把适宜调解的简单案件委派引流至工作站调解化解，缓解法院收案激增的突出矛盾，使更多简单纠纷在工作站里“一站式”化解。

此阶段，法院在工作站整体工作量中占比为70%～90%。法院需要投入较大精力进行全程一对一精细化辅导和培训，确保每个调解案件能够程序严谨、公正高效地在工作站内解决，使当事人对工作站的解纷效率和效果满意，初步实现引流矛盾、提升工作站解纷知名度的效果。

第二阶段：中期目标——独立化解矛盾。通过与属地行政机关或行业组织加强配合、宣传引导，逐步提升工作站自收案件比例和调解成功率，使更多当事人信赖工作站，主动选择到工作站解决纠纷。

此阶段，法院在整体工作量中占比约为50%。法官通过微信群远程指导，提高工作站对自收案件的调解能力，并及时对接跟进，通过“一站式”司法确认，增强工作站独立解决矛盾的本领，提振信心，从此不再充当法院的“指路牌”。

第三阶段：长期目标——吸附简单矛盾。工作站凭借解纷快、成本低的显著优势，以及社会知名度和认可度的提升，吸附更多简单矛盾进站一次性化解，逐步成为辖区内简单矛盾纠纷的化解主战场。

此阶段，法院在整体工作量中占比下降至20%～30%。法院指导调解的工作任务日益减轻，主要完成对接“一站式”司法确认工作。简单矛盾优先选择到工作站调解解决，成为当事人和律师的“新习惯”，法院主要审理复杂案件逐步成为矛盾化解的“新常态”。

三、初探索——“和立方”分步实施推进

在确定了工作思路和实施步骤后，东城法院从内到外、以点带面、合纵

连横，在东城区全域依次铺开“和立方”诉源治理工作的网格。

(一)锁定重点

诉源治理首先要找到“诉之源头”。东城法院充分利用已开发的司法地图大数据这一“雷达预警系统”，将法院受理的各类案件匹配至纠纷属地的街道社区，并直观反映在辖区行政区划地图上，迅速锁定高发矛盾区域，定期对比分析案发数据，深入挖掘矛盾源头，找准工作重点。

(二)内强固本

东城法院立案庭建立了“立案组、程序分流组、速裁组、诉调对接组、诉讼服务组、调研宣传组”为六面的组织体系，同时通过加强以下几个方面工作，进一步提高组织力量。

1. 加强速裁团队配置

做强解纷团队，提升“联调速判”能力。对原有速裁干警进行扩编重组，组建多支审判团队，为每支审判团队配置“1 名员额法官 +1 ~2 名法官助理 +2 ~3 名书记员 +2 ~3 名调解员”，结合人员具体情况进行优化组合。

2. 加强人才力量配备

加强调解队伍管理，提升实质解纷能力。将年富力强的业务精英充实到一线，现整体团队平均年龄为 30.7 岁，95.2% 的法官及法官助理具备研究生及以上学历，所擅长的专业范围几乎涵盖民商事审判全部领域。同时，激发、深挖团队工作潜能，全力提升组织战斗力。

3. 加强繁简分流引导

培育站点解纷力量，提升基层吸附能力。将案件通过“导诉 + 立案窗口 + 程序分流组”三层过滤程序，实现繁简分流、轻重分离、快慢分道，把非诉讼纠纷解决机制挺在前面，由后端精审疑难复杂案件，实现政治效果、社会效果和法律效果有机统一。

(三)连线对接

专门成立诉调对接组，强化诉调对接响应速度与工作力度，充分利用互联网通讯优势，统一开展诉源治理工作，构建矛盾纠纷多元共治、合力解纷的工作格局。

1. 连线人民调解组织，夯实调解基础

加强调解指导、培训交流、案件会商、上门确认、委派调解等工作。工作模式为：法院与司法局、街道办事处联合设立属地工作站。工作地点设在属地司法所。各社区负责将工作中发现的案子导入工作站，法院负责在立案前的导诉咨询阶段宣讲工作站，对简易纠纷向属地工作站进行引导，对于简单案件，法院委派属地工作站进行调解，带教培养他们的调解能力，同时培养当事人在属地解决纠纷的习惯，增加工作站的社会认可度和知名度。调解工作由司法所协调专职人民调解员或特邀律师调解员进站开展，法院进行业务指导，对调解成功案件开展上门“一站式”司法确认。实现内外联动、精准对接，帮助工作站增强吸附矛盾、就地解纷的本领，提升属地调解组织化解相邻关系、婚姻家庭、物业供暖等类型纠纷的能力，激发人民调解员工作成就感。

2. 连线行业调解组织，推动调解向纵深发展

对接行业特殊问题连线行业协会，依托行业自律，寻找纠纷批量处理切口，助推行业自治完善。与北京多元调解发展促进会示范调解中心、北京市医疗纠纷人民调解委员会、北京秉正银行业消费者权益保护促进中心、北京保险行业协会、北京赛智知识产权调解中心等多家行业性、专业性调解机构建立了诉调对接工作联系，借助其行业领域专业知识，针对医疗、银行保险、知识产权等类型的未起诉纠纷加强诉调对接，进行精准“灭火”。

3. 连线行政机关，创新矛盾化解方式

对接 12345 热线涉诉线索连线行政机关，针对高发案由归口解纷。建立全国首家法院驻劳动监察大队诉调解对接工作站，全市首家法院驻交通支队、驻金融办诉调对接工作站，通过合作引入第三方调解机构进站开展调解工作，法院对工作站调解工作进行业务指导，对调解成功案件开展上门“一站式”司法确认，在前端吸附行政机关归口管理的类型化纠纷，并在源发地引入各方调解力量共同化解矛盾；对行业中纠纷多发类型和多发企业，加强

辅导和预防,提高自治化解效率。以东城法院驻区劳动保障监察队诉调对接工作站为例,工作模式为:法院与区人力社保局签订合作协议,挂牌设立工作站,双方共同选定第三方中立调解组织和特邀调解员进驻工作站值守开展日常调解工作,劳动保障监察队在接到劳动者投诉举报或在行政执法中发现企业欠薪行为后,可建议该企业所有被欠薪的劳动者都通过工作站调解解决,把案件引流至工作站,并帮助调解员联系企业参与调解,法院委派专业的审判团队对在工作站主持调解的调解员进行业务指导,并在协议达成后指导当事人当场申请司法确认,完成一站式解纷。

4. 连线律师协会,发挥专业优势

与北京市律师协会和北京市东城区律师协会签订框架协议,正式启动诉前委派律师调解工作,将律师调解员这一法律解纷领域的优势资源引入诉源治理工作中,借助律师的法律知识与丰富经验,高效专业地帮助各“和立方”工作站解决专业性较强的民商事、知产类纠纷。同时,定期选拔优秀的实习律师加入特邀调解员队伍,编入速裁法官审判团队,开展诉前矛盾的集中调解工作,进一步丰富特邀调解员的队伍结构。

通过连线对接,法院与有关组织的互信与协作得到有效加强,解纷配合更加流畅,服务群众的能力水平稳步提升。

(四)共建共治

打造标准化一站式解纷机制,出台《“和立方”工作站模板化建设工作手册》等规范,明确内涵架构、职责要求、机制流程、工作模板。依托东城辖区网格化管理的基底,深入街道社区、民营企业和重点工作,共同研究不同类型化矛盾化解的最优方式,共同统筹各自资源优势与专长,助力街区、企业自治开展区域治理。

1. 街道社区层面的共建共治

除了以“示范性判决 + 委派调解”方式引导纠纷达成诉前和解,还通过延伸职能,“治理式”普法回应法治需求,精准回应人民群众的解纷需求,组建普法宣讲团,精准收集群众急难愁盼,开展定向普法、定向答疑,实现普法与了解民意相结合,普法与延伸治理相结合,推动更多矛盾在基层就地解决,助推东城区网格化社会管理。对于物业服务合同、相邻关系等一些属地性较强的民事纠纷,属地街道社区能够有效发挥其“知根知底”的优势,大大提升了送达和解纷效率。通过向诉调对接团队增补骨干力量,把群体性解纷需求置于首都功能、安全稳定等“国之大者”高度研判,联合各街区加强共治,构建矛盾预警、纠纷妥处、区域安稳四方责任链条。

2. 民营企业层面的共建共治

在驻北京投融资商会民营企业产权保护调解工作站,吸纳优秀企业家作为特邀人民调解员,推进商会调解机制与诉讼程序有机衔接,并探索形成“以高科技手段支撑便捷诉讼服务、以诉前保全支撑商事纠纷迅速解决、以更柔性司法支撑企业脱危解困”的多元调解模式,为优化营商环境保驾护航。同时,通过加强“追踪式”管理回应裁判兑现需求,对于涉民生和弱势群体纠纷,采取“一站通管、全程关注”的效果反馈和闭环管理模式,两年内累计督促义务方自动履行到期付款义务568件次,涉及金额740余万元。

3. 重点工作层面的共建共治

围绕“疏解整治促提升”、南锣鼓巷地区四条胡同整治、天坛周边简易楼腾退、望坛棚户区改造、宝华里危改项目等东城区重点项目,成立临时党小组,深入项目一线,排查矛盾隐患,提供专业法律建议,助力稳定区域社会大局。同时,注重完善规则层面的纠纷预防。在纠纷出现处完善规则,定位纠纷源头和规则漏洞,建言主管部门完善规则,助力《北京市单用途预付卡管理条例》进一步完善。在问题突出点填补规则,向主管部门及行业组织发送规则填补类司法建议,工作站负责联络建议落实落地,实现建议推动规则,规则带动治理。在流程阻滞地增加规则,针对金融纠纷中各银行诉前阶段无调解权限、合同无约定送达地址等导致诉前化解率低的问题,促成金融合同格式文本统一修改,提升非诉解纷效率。

(五)线上解纷

2020年突如其来的疫情,给深入源发地解纷带来不便,但也为互联网线上解纷带来了发展机遇。线上“和立方”,打造联动线上调处机制,制定《线上诉调对接工作流程》,探索形成“线上调解六步法”,形成问题有人听、矛盾有人解、结果有人反馈的“云治理”工作闭环。让当事人足不出户,就能通过手机接入调解平台,及时解决矛盾纠纷。

东城法院通过开通全市首个疫情期间诉前调解专线“84190666”,汇集有调解意愿的未诉案件,线上委派各方调解力量开展视频调解工作,实现未诉纠纷的在线先调、在线先办。进一步优化在线办理工作流程,提高疫情所导致高发纠纷类型的在线协商解纷工作效率。东城法院的探索得到北京市高级人民法院寇昉院长的批示肯定,推动北京全市在 12368 诉讼服务热线中,开辟诉源治理专线功能,统一归口管理。

1. 针对劳动争议纠纷

与行政调解形成合力,畅通与东城区人力社保局劳动保障监察队的线上沟通机制,针对“12345”投诉高发的企业,精准推送劳动纠纷裁判指引,联合开展劳动纠纷同类案件的预防化解工作。

2. 针对房屋租赁等属地民事纠纷

与基层人民调解力量形成合力,畅通与区司法局基层矛盾调解指导科的线上沟通会商机制,充分利用疫情防控热线与 177 个社区调解组织对接,线上发布典型判例,指导居民参照开展同类型案件的自行协商工作。

3. 针对交通事故等侵权纠纷

与行业调解组织形成合力,畅通与区交通支队、保险行业协会、交通事故调委会的线上解纷会商机制,依托疫情防控热线汇集调解申请意向,调解组织线上组建“微信调解室”,协调事故各方、保险公司在线会商赔偿方案,法院全程指导、督促履行,必要案件及时出具调解书。

“线上和立方”通过统筹调动各方资源和调解力量,在“云端”以典型化裁判指引推进类型化纠纷的前端调解和自行和解,做好源头分类解纷的“乘法”,努力实现“调解一个案,解纷一大片”的示范性效果,为打赢疫情防控期间纠纷化解的阻击战奠定了坚实基础。

（六）创新联动

在法院内部坚定诉源治理是全院上下一盘棋的大理念。一方面，拓展了“刑民联动”诉源治理新领域。[1] 把诉源治理的覆盖面从传统民事领域延伸至刑事领域。通过对刑事纠纷的诱因进行排查，发现其背后的民事争议诱因，有针对性地开展源头化解，有助于从根本上解开双方仇怨，避免二次犯罪的发生。另一方面，建立“执源治理”工作机制。[2] 通过对已调解但未当场履行案件进行跟踪回访，主动发现问题、及时跟进调解、促进自动履行，努力将更多纠纷化于未发、止于未诉。

四、保民生——“和立方”工作模式现成效

党的十九大报告提出，要加强和创新社会治理，打造共建共治共享的社会治理格局。参与社会综合治理是法院工作的主要部分之一。[3] “和立方”工作模式正是东城法院在参与社会治理过程中，形成的一套完整、高效的工作运行机制。“和立方”工作模式创建以来，东城法院圆满完成了各项诉源治理任务，有效解决了在诉源治理过程中面临的各种难题，系统整合了诉源治理的社会力量，形成了具有东城特色的核心区诉源治理模式。

“和立方”工作模式不仅解决了诉源治理过程中的一般性问题，而且满足了“核心区”对诉源治理的特殊需求。

（一）有效解决基层法院诉源治理一般问题

“和立方”工作模式通过对调解力量的系统整合、对工作经验的总结积累，在圆满完成工作任务的基础上，实现社会治理有效联动、调解效率大幅

---

① 2020 年 11 月，东城法院通过刑民联手，成功调解化解一起涉嫌故意杀人刑事案件背后的房产继承矛盾，双方当事人十年恩仇一朝得解，收获良好效果。

② 2021 年年底，东城法院立案庭窗口及时发现前期调解案件的违约苗头，委派前端诉调对接团队迅速介入，在大量当事人申请执行前开展督促履约调解工作，帮助某企业 239 名劳动者顺利收回前期调解案款，为当事人减轻了诉累，收获当事人集体送来的锦旗和高度评价。

③ 储殷：《转型社会的法律治理——基层法院的结构与运作》，吉林大学出版社 2016 年版。

提升的良好治理效果。

1. 提升效率,保质保量完成任务

在"和立方"工作模式的带动下,东城法院圆满完成了北京法院目标管理考核任务。近四年,东城法院诉前调解成功案件数量逐年攀升,从2018年的1640件增长至2021年的9527件(见图1)。在"北京法院多元调解和速裁工作排名"中,东城法院名次从2018年的第14名、2019年的第6名,提升至2021年的并列第2名,工作成效稳步提升。

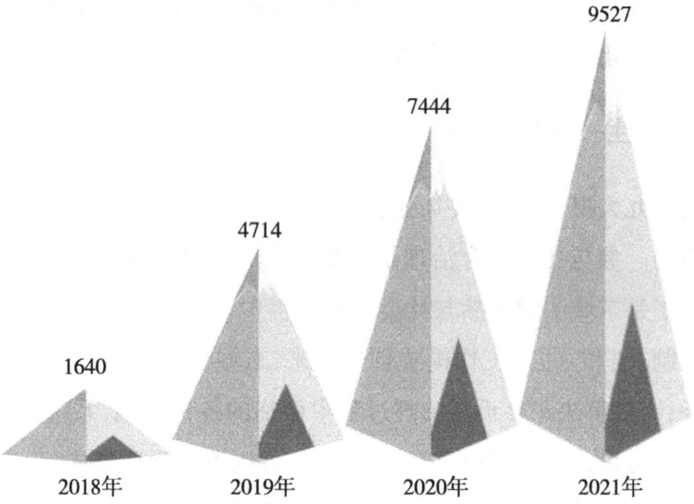

图1　2018年至2021年东城法院诉前调解成功案件数量呈递增趋势

"和立方"工作模式通过优化团队配置和办案流程,解决了审判效率难以提升的难题。2018年,东城法院立案庭成功实现将60.8%的民商事案件化解在前端的目标,形成"1+X"的多元调解工作新模式及前端简案快审、后端繁案精审的新型审判格局。2019年,东城法院在完成60%导出目标的基础上,完善诉前调解+司法确认的解纷方式,为深入推进优化司法确认程序改革积累办案经验。2020年以来,虽受疫情影响,但东城法院通过"和立方"工作机制化解纠纷数量同比增长15.4%,在源发地吸附矛盾能力得到进一步加强。同时通过"线上和立方"共接待热线397通,总计4470余分钟,其中接受咨询346次,登记纠纷线索57起(包括十人以上群体性纠纷2起)。

前述2起群体性纠纷和37件简案均已通过“街乡吹哨”等方式在纠纷源发地得以妥善解决。

习近平总书记指出，“检验我们一切工作的成效，最终都要看人民是否真正得到了实惠，人民生活是否真正得到了改善，人民权益是否真正得到了保障”。[①] “和立方”工作站建立运行以来，有效将更多争议不大的简单矛盾吸附化解在源头，累计为近万名群众节约诉讼费支出6000余万元，收到感谢信40余封、锦旗百余面，为群众提供了便捷高效、低成本多途径的纠纷解决渠道。

2. 整合力量，发挥最大辐射效应

设立诉调对接工作站，是东城法院发挥“和立方”最大辐射效应的首选途径。通过以属地和行业两种模式联合设立“和立方”工作站，东城法院顺利解决了人民调解组织吸附矛盾能力不足、行政调解刚性过强和第三方调解机构缺乏人民群众信任等问题，有效整合了辖区内各方面调解力量，构建了以法院为原点，多元节点共同解纷的诉源治理格局。

最大限度发挥工作站的杠杆作用，最踏实靠谱的方式，是要做到横到边、纵到底。横到边，就是让“和立方”尽可能覆盖东城地域范围。截至目前，东城法院已在东四街道、北新桥街道、景山街道、建国门街道、交道口街道、天坛街道、永外街道、前门街道、朝阳门街道竹杆社区、大雅宝社区设立诉调对接工作站；纵到底，就是让“和立方”尽可能深入各个领域，东城法院专门设立了驻北京市医调委诉调对接工作站、驻北京投融资商会民营企业产权保护调解工作站、驻东城区劳动保障监察队诉调对接工作站、驻东城交通支队诉调对接工作站、驻北京银保监会诉调对接工作站、驻东城区金融办诉调对接工作站、驻东城区工商联合会诉调对接工作站、驻东城区消费者协会诉调对接工作站、驻朝阳门街道商务楼宇工作站。目前，工作站总数量已达19个，下一步还计划在东华门地区设立“金水桥畔”诉调对接工作站。

---

① 习近平：《在纪念毛泽东同志诞辰120周年座谈会上的讲话》，人民出版社2013年版，第19页。

自2018年“和立方”诉源治理工作机制启动工作以来,通过诉调对接工作站化解纠纷成效显著。各诉调对接工作站,化解案件数量逐年增加,矛盾吸附能力显著增强(见表1)。

表1 2018年至2021年主要诉调对接工作站化解案件量统计

工作站名称	成立时间	2019年	2020年	2021年
驻北新桥街道工作站	2019.3.6	26件	48件	52件
驻东城区劳动保障监察队工作站	2019.5.9	15家企业 131件纠纷	38家企业 251件纠纷	42家企业 274件纠纷
驻东城交通支队工作站	2019.7.31	10件	38件	46件
驻北京市医调委工作站	2019.1	293件	369件	381件
驻东城区金融服务办公室工作站	2020.10.20	—	1件	9件

(二)妥善化解“核心区”的特殊治理难题

针对“核心区”诉源治理工作的特殊性,“和立方”工作模式同样积累了宝贵经验,做到了强化政治站位、深入各个层面、工作高效细致,使纠纷化解符合政治性、文化性、社会性、民生性的特殊要求。

1.强化政治站位,永葆政治本色

坚持党的领导是做好诉源治理工作的根本保障。毛泽东同志指出:“中国共产党是全中国人民的领导核心。没有这样一个核心,社会主义事业就不能胜利。”[①]因此,推进此项工作,必须强化政治站位和党建引领。

“和立方”工作模式创建的“四主动四提升”党建工作法,秉持“业务推进到哪里,党组织就驻扎到哪里”的宗旨,在具体工作中成立区域党小组及矛盾类型党小组,重点针对胡同修缮整治、房产矛盾纠纷等开展专项化解,实行“组织建到现场、阵地建到前端”工作模式,为落实“优化区域营商环境”“提升人民群众的幸福感和获得感”等政策,提供有力司法保障。

---

① 毛泽东:《毛泽东文集》(第七卷),人民出版社1999年版,第303页。

南锣鼓巷地区四条胡同修缮整治项目是北京市及东城区的重点整治项目，受到党和国家领导人、北京市委市政府重点关注。东城法院专门成立服务保障南锣鼓巷地区四条胡同修缮整治项目临时党小组，迅速反应，通过实地走访、建立诉前人民调解快车道、打造纠纷化解联动机制，有效化解项目进程中遇到的法律问题。

2. 深入各个层面，保护文化民生

东城法院依托辖区网格化管理的基底，借助本院司法地图方式，深入社会治理的各个层面，积极助力区域治理，将诉源治理实效契入社会综合治理大格局。并探索形成“以高科技手段支撑便捷诉讼服务、以诉前保全支撑商事纠纷迅速解决、以更柔性的司法手段支撑企业脱危解困”的多元调解模式；深入重点工程，围绕“疏解整治促提升”、南锣鼓巷地区四条胡同整治、天坛周边简易楼腾退、望坛棚户区改造、宝华里危改项目等重点项目，深入项目一线，排查矛盾隐患，提供专业法律建议，助力保障民生、稳定区域社会大局。

依托“和立方”机制，东城法院解决了辖区内某公司近百名离退休职工退休福利问题，极大减轻了老人们的诉累，让社会民生在“少跑一趟”中得到更好保障。“和立方”依托北京市医调委诉调对接工作站，把多数医患纠纷的平均解决周期从一两年降至一两周。相较于 2019 年，2021 年，东城法院医疗纠纷类案件数量下降 36%，北京市医调委诉调对接工作站的案件吸附能力显著增强。

3. 工作高效细致，引领社会导向

“和立方”工作模式凭借便捷、高效、低成本的优势，以“最快速度”妥善化解纠纷，确保案件良好的社会影响和舆论导向。通过深入劳动争议、医疗纠纷等专业诉调对接工作站，化解多起涉较多当事人的案件，有效解决了当事人的燃眉之急，同时也解决了人民法院的审判难题。还有涉及“一带一路”企业、“疏解整治促提升”、“张杰演唱会万人退票纠纷案”等影响力较大的案件，均得到了妥善化解。妥善的纠纷化解方式，形成良好的社会效应，“背包法官”成为明星法官，“到诉调对接工作站找冯法官”成为百姓心中解决问题的首选方案。

在当前诉源治理的背景下,“和立方”工作模式发挥了重要作用。当然,为了适应社会发展的变化,社会治理模式也在发生转变。[①] 在着力延展司法职能,深入参与区域社会综合治理背景下,人民法院还面临着新的挑战,如当前工作机制下工作流程等信息化程度还不够高、人民群众司法需求日益多元化等。这也为“和立方”工作模式的发展和完善指明了方向。

五、再挖掘——“和立方”价值和辐射效能新探索

(一)“和立方”价值再挖掘

1. 解纷效果转变:从个案化解到社会治理

不同于“所有矛盾均由法院吸附,再向外导出”的通常做法,“和立方”诉源治理工作机制以社会各方调解力量的汇集点即诉调对接工作站为矛盾吸附的重心和支点,通过化整为零、各个击破,并由法院进站提供终局司法保障,调解不成时则趁热打铁即时立案裁判,合理调节了司法中立性本质与法院能动性延伸的平衡度,打造形成区域社会综合治理的新模式。与此同时,在司法能动性的带动下,矛盾化解不再仅具有个案意义,使社会各方调解力量形成共建共治共享机制,在党委统一领导下凝结为牢不可破的治理新格局,于社会治理大有裨益。

2. 法院角色转变:主动进入是为了逐渐淡出

“和立方”运行模式下,法院的职能定位和扮演角色逐渐发生着变化。诉调对接工作站类似微型派出法庭,又非法院值守。派出法庭是以法院为核心大本营和前锋队,“和立方”则是以诉调对接工作站为大本营、以各方调解力量为先锋,法院起到的是原点作用,工作站起到的是杠杆作用,使矛盾的化解更具有辐射意义。这种辐射效果是在助力调解力量成长、助力东城区域群众就地解纷、助力区域社会综合治理的角度上而言的,契合了时代背景和现实需求。从建站初期需要法院全程指导、突击灭火,到工作站逐渐稳

---

① 王勇等:《社会治理法治化研究》,中国法制出版社2019年版。

固，个案的解决逐渐转化为机制优势，法院的工作重心也逐渐转变为终局保障，职能靠机制来保障，使司法辐射力达到最强。在确保前端解纷防线稳固的同时，法院逐步淡出，以更好地扮演坚守最后一道防线的角色与使命。

（二）“和立方”辐射效能新探索

“和立方”工作模式源于东城法院社会治理实践、服务于东城区社会治理实践，并且伴随着社会治理实践的发展而发展。

在疫情防控常态化的“新日常”下，东城区正在摸索一条从“和立方”继续延伸辐射的新探索之路，以法院为原点，以诉调对接“和立方”工作站为各个支点，在“和立方”工作机制的框架基础上，从时间到空间，从具体案件到人民群众内心，从诉源纠纷化解到社会矛盾治理，在社会生活的方方面面延伸“和立方”社会治理效果的无限可能性，让“和立方”的精髓融入百姓的日常生活。

1. 以互联网络为平台，更好地利用科技发展带来的便利

在现有在线调解平台的基础上，听取当事人意见和建议增设更多沟通渠道，畅通有调解意愿当事人及时与调解组织、调解员、司法确认法官之间的沟通渠道，利用区块链技术建立“司法链”等数据库，保证参与调解当事人身份确认、纠纷事实核查等过程真实可信及长期存档备查，建立健全和推广“线上一站式”纠纷解决方案。可为当事人，尤其是外地当事人免去多次往返法院的诉累和成本外，还有利于防止当事人在法院等办公场所聚集，预防敏感案事件等可能造成的群体性影响，保证东城核心区的政治和社会稳定。

2. 以社区网格为纽带，更好地连接辖区内的每个人、每件事

在已普遍搭建社区网格化社会治理格局的基础上，逐步进行并加强对网格员的“和立方”理念培养教育，积极有效利用网格员深入了解本社区居民、企业情况的优势，将“和立方”理念带到其日常工作中的每一处，提高警醒，及时发现、汇集网格内部矛盾纠纷线索，并引导纠纷当事人通过“和立方”工作站等诉前纠纷解决方式和第三方调解机构进行纠纷化解，保障辖区内民生安定。辖区群众在遇到矛盾纠纷时除了社区、居委会，还能通过网格

员等多种途径找到相应的基层人民调解组织,避免因不了解纠纷解决途径或遇到推诿塞责情形时而激化或转移当事人情绪。

3. 以全院工作为统筹,更好地衔接诉调执"一条龙"服务

在巩固现有"刑民联动""执源治理"机制成效的基础上,深入挖掘诉源治理新领域,探索行政案件、行政与民商事交叉案件的诉源治理联动工作机制,完善诉调执有效衔接和一体化工作流程,真正做到全院上下一盘棋,为当事人提供"一站式""一条龙"纠纷快速解决渠道。

4. 以兄弟单位为桥梁,更好地推动"一站式"工作模式产生实效

在现有已与辖区行政机关等兄弟单位建立的诉调对接机制基础之上,进一步完善诉前调解机制与行政调解前置程序之间的机制衔接,引导涉及行政事务的纠纷矛盾通过行政调解或其他行政方式妥善解决;行政调解过程中涉及的民商事纠纷可通过对接程序进入诉前调解机制,通过人民调解组织或第三方调解机构的诉前调解方式加以处理。

5. 以多种媒体媒介为推手,更好地推广"和立方"的精神内核

以现有的新闻宣传渠道为基础,发掘更新更多人民群众喜闻乐见的信息获取渠道,以更贴近普通百姓生活、更倾听日常群众心声的方式"讲好东城调解故事",将"和立方"的精神内核融入并根植进辖区百姓心中,润物细无声。

结　语

"和立方"诉源治理工作机制,在主体、能力、机制等方面开展共建,在流程、规则、需求等方面实行共治,在效果、格局、价值等方面实现共享。东城法院的"和立方"诉源治理工作机制,是立足东城区位特点,打造"枫桥经验东城版"的有益尝试。它既彰显首善之区底色,又富含多元治理智慧;既破解改革难题,又融合现实理性。它来自实践、服务实践,是法院深刻洞察矛盾化解现状、人民群众需求和社会治理现实而探索出的适合辖区诉源治理实践、助力辖区社会发展大局的一项创新性举措。它有力回应了人民群众高效、便捷、低成本地解决纠纷的多元司法需求,为区域社会综合治理贡献

了宝贵的东城方案,深具可复制与可推广价值。

行文至此,笔者意欲重申以下理念:党和国家提倡诉源治理,并不代表其具体开展可由法院唱独角戏,而是需要多方参与;并不代表其目标实现可毕其功于一役,而是需要久久为功。东城法院将在东城区委坚强领导、区人大及其常委会有力监督和市高级人民法院正确指导下,坚定不移、矢志不渝,继续丰富完善“和立方”品牌,不断开拓诉源治理工作新格局。

完善社会矛盾预防化解机制研究

——以B市法院系统收案反映的社会矛盾为切入点

张志富[*]　王慧敏[**]　常秀娇[***]

B市位于全面深化改革攻坚第一线，近年来在经济、政治、文化、社会生活等领域发生了深刻变化。与此同时，在群体间利益格局的变化与平衡、价值观的碰撞与重塑、文化的多元与融合等经济与非经济利益共同作用下产生的具有B市典型特征的社会矛盾也越发突出。本文以B市法院受理的案件情况为切入点，通过案件数据分析挖掘B市当前社会矛盾的特征、原因，并在此基础上对B市多元化纠纷解决机制、社会综合治理机制、重大风险防范机制予以分析，提出分别完善从自身建设到多部门对接的多元化纠纷解决模式、构建从条块分割到协同联动的社会综合治理模式、健全从控制治理到风险预防的重大风险防范模式中的预防化解机制等建议。

一、B市社会矛盾现象的观察分析

B市法院收案情况如下：

---

* 张志富，北京市海淀区人民法院立案庭副庭长，法学硕士，研究方向：诉源治理。

** 王慧敏，北京市海淀区人民法院立案庭法官助理，法律硕士，研究方向：诉源治理。

*** 常秀娇，北京市社会科学院法治研究所助理研究员，法学博士，研究方向：刑事政策、社会治理。本文系北京市社会科学院重点课题“完善北京社会矛盾预防化解机制研究”（项目编号：2021A6571）的阶段性成果。

表 1 2019—2021 年 B 市及部分区法院收结案情况

年份 法院	2019 年		2020 年		2021 年	
	收案量	结案量	收案量	结案量	收案量	结案量
B 市地区	984, 070	973, 270	839, 382	836, 859	1, 110, 301	998, 569
城区 A 院	100, 631	99, 763	90, 537	89, 852	122, 003	109, 924
城区 Y 院	76, 044	76, 069	72, 219	71, 613	78, 472	70, 759
郊区 C 院	47, 511	47, 515	39, 852	39, 854	53, 596	48, 865
郊区 D 院	14, 642	14, 656	12, 232	12, 231	17, 353	15, 901

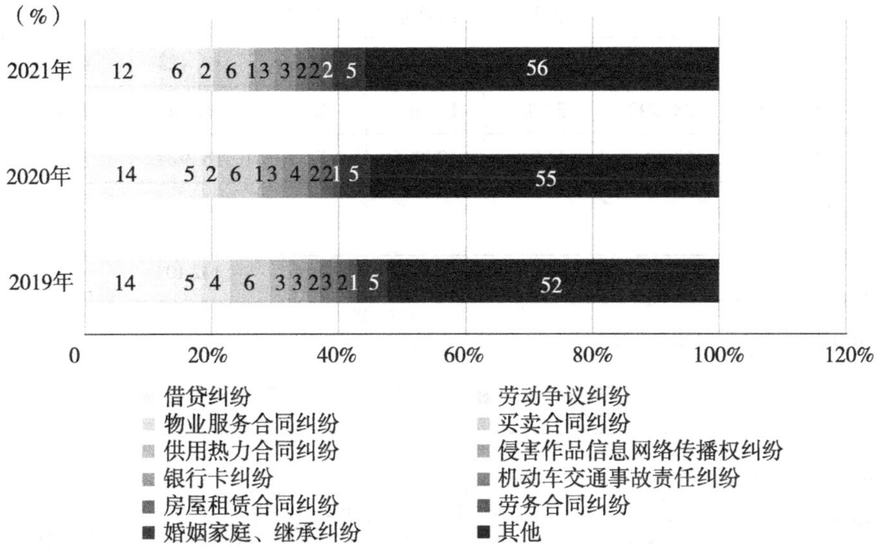

图 1 2019—2021 年 B 市法院案件类型分布情况

根据表 1 和图 1 可以看出，B 市案件数量繁多、类型多样、化解难度系数高，也折射出典型的 B 市社会矛盾特点。具体而言：

一是社会矛盾基数大、群体性矛盾突出。根据表 1，B 市法院于 2019 年至 2021 年的收案量保持较高水平，到 2021 年度收案数已经突破百万，达到 1, 110, 301 件，结案量也达到 998, 569 件。除此之外，据统计，涉及重点项目、拆迁腾退等相关的群体性民事、行政诉讼相关矛盾也较为集中。

表 2　婚姻家庭类:离婚和继承案件的变化及趋势

年份 / 案由	2019 年		2020 年		2021 年	
	案件量	占比	案件量	占比	案件量	占比
离婚纠纷	18,585	36%	14,919	37%	18,960	35%
继承纠纷	21,162	40%	17,086	42%	21,783	40%
其他	21,786	24%	8530	21%	13,704	25%

表 3　社会治理类:涉及民生类矛盾及其表现形式

年份 / 案由	2019 年		2020 年		2021 年	
	案件量	占比	案件量	占比	案件量	占比
物业服务合同	43,752	51%	15,976	41%	19,423	42%
供用热力合同	28,793	33%	12,501	32%	10,264	22%
劳务合同	13,896	16%	10,826	27%	16,924	36%

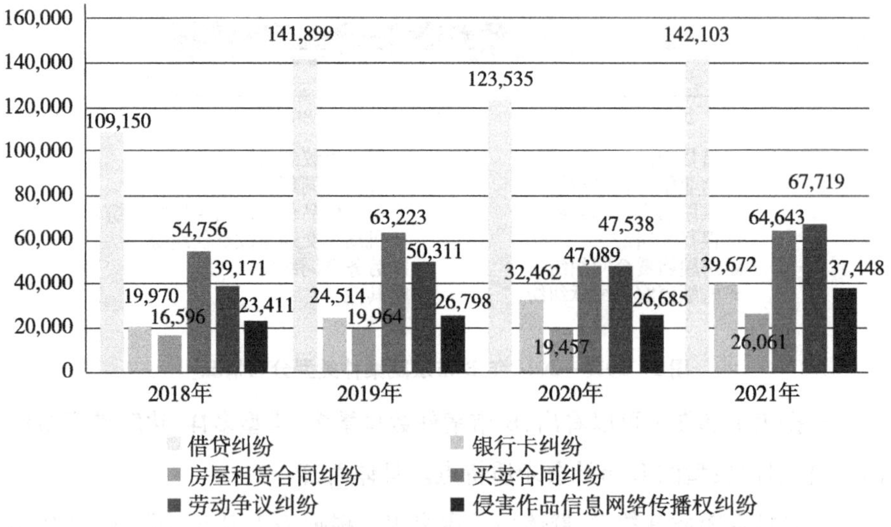

图 2　机制建设类:诚信等机制缺失引发的案件表现

二是民生领域的社会矛盾较为集中,化解难度高。根据图 1,近几年各类案件类型较为多样,各类案件在所有案件中占比没有较大起伏,但主要集中在图1所列的借贷、劳动争议、物业服务等相关案件类型。更细化一些看(见表2、表3、图2),婚姻家庭类案件中离婚案件占比在35% ~37%,继承类案件占比在40% ~42%;涉及日常所需的物业服务合同纠纷、供用热力合同纠纷总体呈下降趋势,劳务合同纠纷案件呈逐年上升趋势;涉借贷纠纷、银行卡纠纷、房屋租赁合同纠纷、劳动争议纠纷、买卖合同纠纷及侵害作品信息网络传播权纠纷等案件数量总体呈上升趋势。尤其值得注意的是,借贷纠纷常年居高不下,在全部案件中居首位。部分案件,如老旧小区的基础设施建设、物业服务等涉及历史遗留问题,较难短期内解决,化解难度高。

三是区域社会矛盾呈现差异性。据表1可见,位于城区的法院收案量及结案量远高于非城区法院,如城区A院在2021年收结案件量约是郊区D院的7倍。此外,各区域内衍生的社会矛盾也存在较大差异。根据案由划分,城区A院近三年新收案件多集中于涉及金钱的合同纠纷,该区作为互联网中心和教育培训高地,在2019年有大量涉著作权和作品信息网络传播权案件,后此类案件转由互联网法院管辖,疏解了部分案件。2021年,因教培机构或跑路或资金断裂,城区A院教育培训合同纠纷案件短期内激增。城区Y院作为金融中心,近三年来涉及信用卡纠纷、银行卡纠纷、金融借款纠纷的收案量最为突出。郊区C院、郊区D院近三年的收案量主要集中在传统民事案件领域,收案较多的案件均和民生息息相关,如物业服务合同纠纷、民间借贷纠纷、买卖合同纠纷等。

二、当前B市社会主要矛盾形成的原因

(一)政府城市治理能力与风险防范体系不健全

1.政策制定与实施方面

公共政策作为B市政府为实现特定时期目标对社会公共利益进行选择、综合、分配和落实的普遍性行为规则,其规划与设计受信息差、价值取向、决策程序等因素制约,风险预测与评估机制不够完善,无法兼顾各群体、地域、行业等利益而触发社会面不稳定因素,且在公共利益与个人利益博弈中,公共利益往往占绝对优势,易导致个体利益不满;政策执行过程中的不

合理、不合法弊端导致执行结果与目标存在偏差,引发部分利益受损群体不满,从而产生与政府部门的纠纷,并引发衍生矛盾。

2. 政策影响结果方面

政府政策通常为法律关系中情势变更的适用基础,城市功能定位的相关政策落实“牵一发而动全身”,长期累积的矛盾和利益格局在清理整治过程中必然导致新矛盾的集中爆发。此外,B 市以高标准构建新发展格局,推进治理体系和治理能力现代化,提升了对 B 市社会生态运行高标准高水平严要求,将游走于法律与政策边缘的灰色地带或隐藏面的问题明确化,与之伴随原有利益对立与冲突显现,如严格土地用途管制,严肃查处违法建设、销售“小产权房”等行动;同时,城市规划调整与更新、区域性协同发展涉及大规模的资金运转、劳务支持、物资保障等活动,如大型基础项目建设、重点城镇村、老旧小区改造等更新建设活动涉及多、繁、杂的资金、劳务、物资供需等商业关系,矛盾产生的隐含基数增大。B 市作为超大城市人口与产业聚集,在受全国性政策影响方面也是首当其冲,如房地产调控政策等,群众诉求反映渠道与化解体系缺乏系统性、应急处置与应对不及时、矛盾的预防与分析不到位,群众对利益关系调整承受能力较弱,常常引发矛盾。

(二)B 市经济发展不平衡不充分问题突出

1. 人口与资源集聚导致矛盾基数增大

根据国家统计局第七次全国人口普查结果,截至 2020 年 11 月 1 日 B 市常住人口 2189 万人,占全国人口总数的 1.5%。B 市特殊的政治与经济地位汇聚大量社会资源,不同产业与超量人口聚集导致在 B 市经济转型时期,社会群体在 B 市资源再分配中利益冲突的基数增大的同时,易引发群体性、新类型、疑难性社会矛盾。

2. B 市经济发展不平衡

这主要体现在中心城南北不平衡,高端产业功能区、医疗、教育等优质资源大部分位于城北区域,南部地区在资源要素聚集能力、城市空间形象、基础设施品质等方面与北部地区相比仍有较大差距;城乡发展不协调,城乡居民人均可支配收入之差绝对值从 2015 年相差 32,290 元到 2020 年相差 45,476 元,呈现逐年递增趋势,在经济体量、基础设施、产业结构、生态环境等方面,城乡差距不平衡问题仍然突出;供需结构不匹配,资源环境与城市发展要求不平衡、空间形态与功能模式不匹配等问题仍突出,导致 B 市的"大城市"病凸显。例如,房价飙升,相关的基建、金融融资、房地产交易等行业发展过程会有超出法律与政策规范的行为,劳务纠纷、房屋买卖合同纠纷、金融借款合同纠纷、中介纠纷数量增多,也引发了争夺房屋产权、拆迁安置补偿费等社会矛盾。

3. 创新经济发展转变不充分

B 市把创新摆在经济发展的核心位置,加快建设全国科技创新中心、构建"高精尖"经济结构、实现更高质量更高效益的发展。依托大数据、云计算、智能终端等技术创新资源优势,广泛布局电子商务、共享经济、互联网金融等为代表的新经济赛道。创新型经济的发展给 B 市社会带来积极影响的同时,也产生了新的社会矛盾。

一方面,B 市新经济发展追求速度快、规模大、赛道多,但对创新运用的风险预测、防控、监管、处置缺乏系统性、有效性、精确性研判与机制建设,加之法律规制的空白与滞后,为社会矛盾的规模化、循环化衍生埋下隐患。另一方面,B 市新业态经济的发展转变了 B 市社会运行模式,科技服务进入个人生活各领域,带来群体生活方式的重大转变。B 市作为高精尖产业发展聚集地是首当其冲的试点与最佳应用场景,受此类以信息技术、人工智能、生物技术为代表的新技术的发展冲击尤为突出,这也导致了个人信息安全、健康与隐私、产品和服务的安全责任等社会矛盾的产生。同时,新技术加深了群体之间的连接,增加了群体性纠纷突然爆发的可能性。

此外,B 市创新型经济推动了该市产业结构、组织结构的深刻变化,也对原有社会结构、利益格局造成日益强烈的冲击,产生了新型利益冲突。例如,企业间不正当竞争、劳动者权益保护、数据产权认定等,同时传统同类企业被新经济替代,结构性失业者增多,增加了社会不稳定因素。

(三)B 市各阶层群体思想文化融合不足

1. 基于 B 市特殊地理与城市功能定位影响

B 市基于特殊地理与城市定位,不同地域、行业、教育水平、收入的群体汇集。2000 年至 2020 年,B 市常住人口规模从 1363.6 万增加至 2189 万,B 市常住外来人口基本占比约 38%,是多种价值观、民族文化等思想意识融合之地,基于不同阶层、群体价值观、经济收入、文化背景和社会经验等差异,交往方式千差万别、价值认同缺失,使每一个个体都可能成为潜在的博弈主体。

2. 社会交往方式快速转变的影响

互联网技术的发展,一方面,群体之间的交往途径更加便捷,网络违约违法成本低,涉及个人信用类矛盾凸显;另一方面,信息大爆炸、全民自媒体的时代,信息真假辨别困难,公众舆论易被煽动,群体性矛盾易发。

3. 群体维权意识、法治意识的影响

部分群体维权意识提升但法治意识淡薄,未树立依法依规解决问题的理念。如利用网络媒体夸大事实进行炒作,以向有关方面施以压力;部分民众抱着法不责众的念头,纠集多人,采取集体讨要说法等方式激化社会矛盾。

(四)基层社会治理效能不足,矛盾源头治理效果不佳

1. 基层社会治理组织主体责任意识不足

部分基层社会治理组织缺乏主动意识、责任意识,缺乏制度的有效规范和监督,片面追求政令执行、经济发展,忽视群众工作,不能及时有效地发现、分析、追踪、监控、防范群众间的矛盾以进行源头化解而可能导致事态扩大。

2. 群众利益诉求表达不畅

群众利益诉求表达渠道堵塞或缺乏,剥夺了利益相关人表达诉求的合法权利,利益分配缺乏现实的社会基础,造成利益分配不均或不全引发矛

盾。B 市已陆续出台接诉即办条例,优化 12345 市民热线、企业热线和网上平台功能,实施群众诉求首接负责制是畅通群众诉求表达的尝试,也侧面展现出群众表达诉求的需求强烈。但受限于矛盾化解途径狭窄,影响了实施效果。基层组织矛盾化解能力不足,法治政府和服务型政府建设不完善,第三方介入解决方式,如调解、仲裁和诉讼对利益再分配的承受能力不足,难以对矛盾及时有效化解与处理。

三、当前 B 市社会矛盾预防化解机制现状

近年来,B 市始终坚持统筹推进社会矛盾预防与化解工作,初步形成多元化纠纷解决机制、社会综合治理机制、重大风险防范机制并行的多元解纠与预防格局。

(一)三种机制建设现状

1. 多元化纠纷解决机制情况

多元化纠纷解决机制通过法院、政府及专业性、行业性调解组织等多元主体化解纠纷,是一种纠纷产生的事后化解机制。人民(行业)调解、行政调解、司法调解是我国纠纷化解的三道防线。在发挥行政和司法调解优势的同时,近年来 B 市在人民调解和行业调解方面逐步建立 B 市特色机制。

从行业调解方面看,发挥行业调解组织优势,构建涵盖民生各领域的多样化、精细化行业性化解机制;融合 B 市定位形成特色行业调解组织、形成与法院等部门深入合作的诉调对接模式。从人民调解方面看,实现人民调解基层化解机制全覆盖,发挥矛盾纠纷预防化解"第一道防线"作用。近年来,B 市还专门开发了法律服务网站、法律调解应用软件等人民调解服务平台,人民调解工作正向着信息化、现代化方向迈进,同时顺应矛盾类型演化出多种发展新模式,如专业性人民调解模式、人民调解进驻法院模式、人民法院与街道、社区共建纠纷解决模式、"大调解"模式。

2. 社会综合治理机制情况

社会综合治理机制是在党委、政府的统一领导以及以政法部门为首的

各部门合力作用下形成的社会矛盾化解机制,通过政治、经济、法律、文化等多种手段的综合运用,社会综合治理机制可以对当前社会的各类复合型矛盾予以源头化解并进行有针对性的改造与预防工作,在解决纠纷的同时可以起到矛盾排查、预防与良好的法治宣传效果,有利于促进社会的和谐稳定。当前 B 市形成统筹部署兼具地区特色的社会综合治理机制,以加强矛盾的预防与综合化解,表现在:

一是统筹联动,集中解决重点民生领域矛盾化解难题。B 市针对重点领域、社会热点与频发事项予以展开的社会矛盾化解工作已逐步涵盖社区、房屋、交通、医疗、环境、劳动争议、互联网金融等社会民生的方方面面。二是注重法治保障,推进基层治理体系化能力建设与提升,如出台“街道办事处条例”“接诉即办工作条例”等专门性规定。三是开展专题治理,以点带面一盘棋创新社会综合治理模式,如 2021 年在全市范围内组织开展“疏解整治促提升”专项行动,针对十类常见的社会问题进行专项整治与改造、发布“我为群众办实事”项目清单等。四是探索特色基层治理工作,加强治理成果社会范围全覆盖,如创建“枫桥式公安派出所”。

3. 重大风险防范机制情况

社会重大风险是社会矛盾发展到一定阶段的表现形式,那些由社会不稳定因素引起的影响范围广、波及人数多、损失较为严重的纠纷如果得不到及时化解,就会升级为社会危机或者大规模的群体性事件,进而将会严重威胁社会的稳定与发展。重大风险防范机制侧重防范化解社会重大风险,加强风险应对能力。

以法院处理重大敏感诉讼案件为例,重大风险防范机制建设尚处于完善阶段。目前形成了以法院为主导、辖区内如大型媒体、互联网公司、高校等机构在内的职能部门协同参与的风险联动处置机制。此外,以政治敏感、政府管理及突发群体为维度,分级建立特有的事后风险处置机制。针对政府管理类建立二级风险处置机制,加强预判工作、形成协同联动合力、发挥政府机关矛盾纠纷就地化解的优势;针对突发热点群体类建立三级风险处置机制,着重充分发挥调解员的优势,加强与各类调解组织的对接,发挥不同调解员的优势。

(二)三种机制的区别与联系

1. 三种机制的区别

从治理范围看,社会综合治理的范围更广,包括协调社会关系、规范社会行为、解决社会问题、化解社会矛盾、促进社会公正、应对社会风险、保持社会稳定等。[①] 与之相比,多元化纠纷解决机制和重大风险防范机制研究的范围较小。建立多元化纠纷解决机制的主要目的是解决纠纷,化解的矛盾较为具体,具有事后救济性特点,且更强调法律性和专业性。重大风险防范机制研究的是针对社会不稳定因素和社会风险进行风险评估研判和风险应对处置,更强调事前的预防性。

从治理主体看,社会综合治理和多元化纠纷解决机制的主体都具有多元性。社会治理的主体包括党委、政府、社会组织和公众。社会治理重在基层,主体主要是各种基层组织。多元化纠纷解决机制的重要特点之一是纠纷解决主体的多元化。与二者相比,目前我国重大风险防范的责任主体主要是政府职能部门[②],对于一些交叉点、结合部出现的风险,需要不同的政府部门改善和理顺部门协同,共同协调化解。

2. 三种机制的联系

多元化纠纷解决机制、社会综合治理机制、重大风险防范机制三者有机统一,互为前提、相互影响,在预防和化解社会矛盾中发挥着各自的价值。建立科学的重大风险防范机制预防纠纷和早期介入,有助于从源头减少矛盾,减轻纠纷化解压力,并促进社会综合治理。构建合理的多元纠纷解决机制,可减少解决纠纷的成本和周期,有助于防范矛盾累积和转化为社会重大风险,促进社会的自治和健康发展。完善社会综合治理,有助于减少社会矛

---

① 胡锦涛:《扎扎实实提高社会管理科学化水平——在省部级主要领导干部社会管理及其创新专题研讨班开班式上的讲话》,载《理论参考》2011 年第 3 期。

② 2019 年 1 月 21 日,习近平总书记在省部级主要领导干部坚持底线思维着力防范化解重大风险专题研讨班开班式上强调:“防范化解重大风险,是各级党委、政府和领导干部的政治职责,大家要坚持守土有责、守土尽责,把防范化解重大风险工作做实做细做好。”

盾,防范化解重大社会风险。

(三)三种机制存在的问题

三种机制共同存在欠缺统一运行机制,部门联动、资源整合不足的问题。具体而言:

社会综合治理机制存在的问题表现在,组织架构欠明晰,协调配合能力不足,社会基层治理部门在职能定位上存在“各自为政”“单兵作战”的问题,未能畅通跨部门联动沟通机制。单一的行政行为缺乏足够的法律支撑和有关职能部门有效的协作配合,缺乏与群众交流沟通的载体和机制,没有做到“疏堵结合”。

多元化纠纷解决机制存在的问题表现在,缺乏全方位法律保障。B 市出台了多元调解相关条例,但层级和效力较低,国家层面还没有相应的多元纠纷解决机制综合性立法。多元化纠纷解决机制内各组织多是社会各界零散、自发建立的,缺乏高层级的法律保障,欠缺统一的政策措施,调解更多流于形式,缺乏程序性保障,人民调解的公信力、中立性、影响力受到怀疑。此外,矛盾化解部门自我规范性不足。当前这些代表性的多元调解组织,尚无成熟的体系化运行规范,这也会对纠纷的诉前分流效果与诉前调解质量造成影响,从而导致司法资源浪费。

重大风险防范机制存在的问题表现在:部门间各自为政,职责不清,缺乏强有力的协调机制,缺乏统一的领导决策机构和强有力的跨部门协调机制,各部门在履责中存在管理边界模糊、各自为政、职责划分不清的问题,甚至会出现无人监管的真空地带。此外,目前重大风险防范机制尚不健全,跨区域预警联动不足,警情、诉情、访情大数据预警机制不健全,风险防范预防化解机制在风险化解上存在滞后性,大多解决的是个别矛盾产生后如何被动化解的问题,未注重类型化矛盾萌芽状态的处置甚至是提前预防问题。重大风险在诉讼方面的体现多为因矛盾未能在萌芽状态成功化解,导致纠纷大多涌入法院,引发一系列后续治理难题。

四、社会矛盾预防化解机制的完善与构建

(一)多元纠纷解决模式中预防化解机制的构建与完善

1. 加强法院与调解组织的共建。一是推进行业性调解组织自身建设。行业组织应当积极、主动承担社会职责推动行业稳健发展与自我约束,制定调解规则,维护行业标准、明确职能定位,建立监督制约机制,引导行业有序发展;吸纳高素质的法律与专业人才,提高调解队伍的专业化程度;树立良好的纠纷化解形象,开展自我革新。二是完善调解组织与法院的诉调对接机制。法院分行业、分领域构建委托调解数据库,吸纳行业调解组织作为委托调解案件的对接机构,实现矛盾类型的全覆盖;法院加强诉前、诉中引导工作,适当放宽委派调解案件类型,推动委派调解案件从法院决定转变为当事人选择。三是创建人才培养与理论交流机制。定期组织学术交流与培训活动,派驻资深法官对调解组织进行工作指导、建立激励机制提升调解员对法院工作的认同感与积极性。

2. 加强法院与政府部门共建。一是形成全市一盘棋的社会治理格局。坚持系统思维、协调各方职能,调动政府部门参与矛盾化解的主动性,发挥司法在多元解纠工作中的引领、推动和保障作用,畅通纠纷解决途径,形成齐抓共管的工作格局,营造良好的法治环境。二是坚持问题导向,提高解纠工作的前瞻性、预防性与综合性。深入研究纠纷产生的根本性、制度性原因,主动完善相关制度建设,做到防范纠纷于未然。同时,针对纠纷频发的领域,应当持续跟进,主动调研,合理配置资源,协调各部门工作以寻求对社会矛盾进行综合化解。三是明确府院联动,实现社会矛盾多渠道化解,充分发挥各自的主动性、能动性,畅通矛盾的多元解纠途径,完善政府与法院的沟通联动机制模式,建立完善常态化的府院联动机制。

(二)社会综合治理模式中预防化解机制的构建:从条块分割到协同联动

1. 敢于破局建立府院联动机制。一是建立联动解纷机制,构建上下一

体纠纷预防化解格局,搭建重大敏感案件诉前化解平台,联合开展矛盾纠纷化解工作,提高源头化解重大敏感纠纷的能力,确保诉前实质性化解,形成预防化解涉诉矛盾纠纷一体化工作格局。二是加强部署,充分调动纠纷化解力量。建立联席会议对预防化解社会矛盾工作中需多方协作的问题作出统一部署,有效整合各方力量,充分发挥人民调解、行政处理、仲裁裁决、司法审判等多种纠纷解决方式的特有功能,整合各种参与力量,形成统一领导、分工负责、优势互补、协调配合的良性运行机制。

2. 以建立信息共享机制为抓手。一是建立智能化信息库制度,以各镇(区)、单位机构、人员、规章制度、工作流程等制度信息为内容构建制度信息库,通过要求各镇(区)、单位报送相关制度备案,促进其开展制度建设。二是实现信息互通、资源共享。基层组织与基层司法部门要加强沟通交流,司法部门应及时掌握民情、社情,分析社会矛盾的动向、特点,将案件处理情况及时通报基层组织。三是创设"辖区矛盾预防信息参考"刊物。定期对辖区矛盾类型、成因、化解情况和典型案例进行汇编,并发放到相关单位,为其建立和完善相关制度提供参考,促进纠纷源头化解规范化与常态化。

3. 以建立监督考核机制为保障。建立监督考核机制是确保党委统一领导下预防化解矛盾纠纷一体化工作机制的有力保障。一是将制度建设纳入人大监督范围。由人大常委会组建检查组,将各镇(区)、相关单位制度建设纳入人大监督范围,对全市贯彻实施矛盾多元化解及诉源治理的情况进行检查,根据检查情况要求有关部门加强制度建设、完善管理措施。同时将相关情况反馈至政府部门进行完善,在对政府工作报告进行审议时作为评判标准。二是将制度建设纳入绩效考核范围。基层法院要将推动基层司法合作情况列入工作考核范围,并与年终评奖、评先、评优、晋级挂钩,将司法行政部门、基层组织协助法院工作情况列入综合治理及法治考核的重要内容。

(三)重大风险防范机制中预防化解机制的构建:从控制治理到风险预防

1. 以预防原则为中心建立风险分级评估制度。建立重大敏感案(事)件预警、评估机制，对重大风险矛盾坚持属地原则和层级负责制，由责任单位和业务部门直接负责，发现重大风险来源的及时通报，及时纳入监督范围。坚持对案件实施风险分级评估，属于重大敏感案(事)的，各业务部门及宣传部门应在第一时间拟定应急预案，制定详细的审理、稳控、人员处置、舆情应对、内部请示等工作方案。

2. 以协同合作为基础建立重大风险治理的制度框架。各部门协力解决重大社会风险，弥补“条块分割”模式无法适应现代矛盾风险治理需要的缺陷，构建平行的互动结构，强调合作与协商关系，确保矛盾处理实现政治效果、法律效果和社会效果的统一。

3. 以能力建设为内核构建风险预防化解的控制机制。坚持以程序理性为内核，按照法定程序处置，坚决防止个别案件演变成社会事件，个案问题衍生出政治风险。加强行政、司法队伍正规化、专业化、职业化建设，提高各类人员处理重大敏感案(事)件的能力；提高新媒体时代社会沟通能力，充分发挥好官方网站和微博、微信等自媒体的作用，及时发布权威处置信息，主动接受监督，让程序公开成为常态，正确引导舆论走向，防止在重大风险事件处置中引发新的负面舆情。

人民法院助力市域社会治理体系完善和治理能力提升的思考与实践

黄　锋[*]　文　利[**]　樊　仪[***]

引　言

党的十九届四中全会提出“加快推进市域社会治理现代化”的行动目标，首次在党的纲领性文件中正式提出“市域社会治理”的概念，为未来推进城市治理体系和治理能力现代化指明具体方向。中共中央印发的《法治社会建设实施纲要（2020—2025 年）》中进一步提出要“开展市域社会治理现代化试点，使法治成为市域经济社会发展的核心竞争力”，明确指出应在法治轨道上推进市域社会治理现代化。运用法治思维和法治方式解决市域社会治理中的重大矛盾问题，是落实国家顶层设计的重要抓手和突破口，也是全面贯彻落实习近平法治思想的必然要求。

“法者，治之端也。”司法是社会治理体系的重要组成部分，人民法院履行司法职能的同时，承载着识别化解社会矛盾、提示预警社会风险、提供法治保障的重要使命，这也是人民法院参与市域社会治理的优越性所在。第一批全国市域社会治理现代化试点工作已于 2020 年开启，虽经过了近三年的试点实践，但当前人民法院参与市域社会治理的角色定位仍不甚明晰，如

[*] 黄锋，北京市门头沟区人民法院党组副书记、副院长，法学硕士。
[**] 文利，北京市门头沟区人民法院审判管理办公室（研究室）主任，法学硕士。
[***] 樊仪，北京市门头沟区人民法院审判管理办公室（研究室）行政见习，法学硕士。

何理解人民法院参与市域社会治理的基本路径、如何判断人民法院参与市域社会治理的实现效果、如何提高人民法院助力市域社会治理的效能，都是需要探讨和回答的问题。本文以人民法院参与市域社会治理为视角，围绕上述问题进行针对性调研分析，希冀能够提出切实可行的参与路径，对推动市域社会治理法治化、现代化有所裨益。

一、理论辨析：人民法院参与市域社会治理的理论界定

（一）市域社会治理的理论内涵

1. 市域社会治理的基本含义

市域社会治理包含“地理范围”和“治理层级”两个概念，是以“市”的行政区域为范围，依靠同级党委政府、社会组织及其他社会主体，对辖区内的事务进行管理、服务的总过程。[①] 市域社会治理以城市为主要依托，在发挥大中城市社会治理功能的同时，兼具城乡联结的作用，从而实现宏观国家治理与微观基层社会治理的有效衔接。此外，市域在社会治理中有着独特的优势，作为重大风险的发酵、传播区，能够快速感知矛盾风险、敏锐捕捉危机、开展矛盾研判，从源头处识别风险并化解矛盾，避免风险外溢。[②]

习近平总书记指出：“治理和管理一字之差，体现的是系统治理、依法治理、源头治理、综合施策。”[③]市域社会治理虽延续了基层社会治理的基本内容，但在治理手段和功能上更能实现治理的系统性、整体性、协同性。与基层相比，市域拥有统筹各种资源力量的独特优势，能够构建起跨区县、跨城乡、跨部门的社会治理共同体，利用其整合资源力量的特殊优势，将制度优势转化为治理效能，实现重大风险化解效率高、效果好、影响小。

---

① 陈成文、陈静、陈建平：《市域社会治理现代化：理论建构与实践路径》，载《江苏社会科学》2020年第1期。

② 李颖：《市域治理下的社会风险整体性防控研究》，载《山东社会科学》2021年第9期。

③ 中共中央宣传部编：《习近平总书记系列重要讲话读本》，人民出版社2016年版，第224页。

2. 市域社会治理与诉源治理

市域社会治理与诉源治理在制度建构与机制完善上具有紧密联系。[①] 两者均将矛盾纠纷防范化解作为重点工作,均强调法治在"五治融合"中的保障性作用,且同属于"共建共治共享"的社会治理制度的组成部分。但从性质上看,市域社会治理是国家治理在市域层面的空间表达,包含了更为广泛的社会管理与服务;诉源治理是国家治理在纠纷化解层面的内容表达,是社会治理的内容之一。可以说,市域社会治理的内涵更为丰富、形式更为多样,推进市域社会治理可以带动诉源治理建设,诉源治理的完善也直接服务于市域社会治理工作。

(二)人民法院参与市域社会治理的角色定位

苏力教授曾言,"任何国家的司法都必须分担一定的治理国家和社会的政治责任"。[②] 人民法院承载着参与社会治理、保障发展大局等社会功能,防范化解重大风险是其职责所在,这也决定了其参与市域社会治理的必然性。

1. 人民法院是市域社会治理的重要参与者

人类社会基本矛盾的相互作用推动了社会的发展,社会治理的本质也是社会矛盾相互作用的过程。人民法院审理案件是化解社会矛盾的重要路径,也是市域社会治理的有力手段,司法运行的权威性也增强了社会治理的权威性。同时,案多人少的现状、司法审判的压力也倒逼人民法院延伸司法职能。矛盾纠纷并非仅靠法院就能化解的,也不是仅凭法律手段就能解决的,需要司法、调解、仲裁等多重力量共同发力,因此,应主动参与市域社会治理大格局,积极寻求其他力量的支持,并为其他社会力量的有效发挥提供帮助。

2. 人民法院是市域社会治理的有力保障者

任何社会治理,都是建立在"自治、法治和德治"三治融合的基础之上

---

① 曹建军:《诉源治理的本体探究与法治策略》,载《深圳大学学报(人文社会科学版)》2021 年第 5 期。

② 苏力:《关于能动司法与大调解》,载《中国法学》2010 年第 1 期。

的,法治构成了社会治理的制度框架,发挥着引导和保障作用。[①] 基于审判中立性,法院在运用个案审理参与社会治理不能同其他主体一样积极主动,因此延伸性司法功能是法院参与市域社会治理、实现法治保障的集中体现,即以"社会控制、权力制约和公共政策制度"等功能[②],全面发挥法治保障效能。

3. 人民法院是市域社会治理的积极践行者

当前,人民群众越来越倾向于选择正式的诉讼途径解决矛盾纠纷,法院成为最重要的解纷主体。对已立案的纠纷,法院天然地应当发挥主导作用,在具体的审判实践中回应社会治理面临的突出问题,通过个案审理"维护公共安全、促进经济发展、捍卫公共利益",[③]将社会治理的价值导向导入法律判断。对于可能存在、已经存在的风险隐患,人民法院在党委领导下,与各解纷主体齐抓共管。但是,在减少案件量的动力与压力之下,人民法院会更为主动地前移司法职能,充分发挥法治资源优势,因此在实质上形成了"党委主抓""法院主推"模式。[④]

(三)人民法院参与市域社会治理的基本路径

人民法院在融入市域社会治理共同体、提供法治保障的同时,参与方式、参与角度、重要抓手正逐渐清晰。

1. 参与方式:融入市域社会治理大格局

人民法院立足司法服务职能定位,重点从诉源治理、一站式多元解纷、诉内纠纷化解三方面融入市域社会治理共同体。其中,诉源治理和多元解纷都服务于源头化解纠纷,主要区别在于前者侧重于"治未病"和"治将病",后者则主要针对"治已病",且多元解纷侧重加强诉讼与非诉讼解纷的衔接。首先,诉源治理着眼于矛盾纠纷的萌芽阶段,要求司法工作向源头预防延

---

① 王国龙:《法院参与基层治理及其角色定位》,载《东岳论丛》2020年第4期。

② 姚莉:《法院在国家治理现代化中的功能定位》,载《法制与社会发展》2014年第5期。

③ 孙国华:《公平正义与中国特色社会主义法治》,中国人民大学出版社2018年版。

④ 钱弘道:《诉源治理的基本内涵和数字化进路》,载《人民法院报》2022年10月27日,第8版。

伸。人民法院可加强与党政机关协调合作,主动融入党委领导的市域社会治理体系,提前防范化解重大矛盾风险。[①] 其次,"一站式"多元解纷机制聚焦矛盾纠纷的衍生阶段,要求法院发挥集约集成关键优势,以构建多元化格局、推动社会化参与等形式实现矛盾纠纷前置化解,在此基础上加强诉讼与非诉机制的衔接配合。最后,诉内纠纷化解则要求人民法院整合内部资源,探索批量案件集约化解,促进纠纷高质量高效率化解。同时,在个案审理中,主动挖掘社会治理薄弱环节,以制发司法建议等形式指导相关部门堵塞风险漏洞,为社会治理提供法治保障。

2. 参与角度:服务辖区高质量发展

人民法院参与市域社会治理,应当以助力辖区高质量发展为基本目标,具体包含保障辖区平安建设、促进经济发展、提供公共法律服务三大角度。其中,一是以司法助力平安建设为保障。维护社会安全稳定是人民法院的职责任务,也是人民法院长期以来工作的重点。通过以案促治、延伸职能防范社会重大风险,既是民心所向,又是高质量发展的前提。二是以促进经济发展为关键。经济发展是当今社会的主题,优化营商环境对于破解社会发展"瓶颈"、激活发展潜力具有重要意义,也应成为人民法院服务保障高质量发展的重要结合点和切入点。三是以提供公共法律服务为基础。公共服务的合理有效供给不仅是城乡公民社会权利平等实现的法治建设,更是形成多元主体协同互动的社会治理格局的社会建设,以此为基础才能从源头化解社会矛盾,促进社会和谐。

3. 重要抓手:人民法庭衔接"市—区"社会治理

为深入贯彻习近平法治思想,更加注重强基导向,最高人民法院发布《关于推动新时代人民法庭工作高质量发展的意见》,提出新时代人民法庭建设应坚持"三个便于""三个服务""三个优化"工作原则,积极服务全面推进乡村振兴、积极服务基层社会治理、积极服务人民群众高品质生活需要。市域社会治理在市域层级的战略部署,需要通过扎根基层的司法据点——

---

① 薛永毅:《"诉源治理"的三维解读》,载《人民法院报》2019 年 8 月 11 日,第 2 版。

“人民法庭”落实基层社会治理工作,从而实现市域社会治理的有效落地。

二、实证考察:北京法院参与市域社会治理的运行现状

当前,市域社会治理现代化工作仍在试点推进中,作为超大城市的首都北京面临着更为复杂的治理局面。通过调研可知,虽然北京各法院参与市域社会治理的手段不同,但均呈现出“面—线—点”三方面特征,即多元共治、融入市域治理大格局,多线并举、助力首都高质量发展,多点发力、发挥人民法庭衔接落实功能。

(一)拓“面”:北京法院融入市域治理大格局情况

近年来,北京法院持续探索人民法院参与市域社会治理的有效路径,在积极开展诉源治理工作、全面推进一站式建设、形成“多元调解+速裁”的北京模式等工作中,与不同主体联动对接,逐步融入首都市域治理大格局。

1. 北京法院参与“诉源治理”的工作情况

2020年,北京法院将诉源治理确定为全局性的重点工作;2021年,探索建立以“12368”诉讼服务热线为牵引的诉源治理需求响应工作机制;2022年,探索实施党建引领“双百分百”参与诉源治理机制,持续助力基层治理。

(1)12368“一号响应”专线服务开展:通过系统分级分类,统一将诉求分配到各级法院,由承办单位精准提供法律支持、指导调解、司法确认等法律服务,回应各诉源治理主体在预防调处化解矛盾纠纷过程中的司法需求。目前,该工作机制已覆盖全市16个区341个街乡镇,切实广泛地将诉源治理工作转化为社会治理效能。2022年前三季度,北京法院办结诉源治理类工单3099个,办结数量同比增长5.16倍,实现了大幅度提升(见图1)。

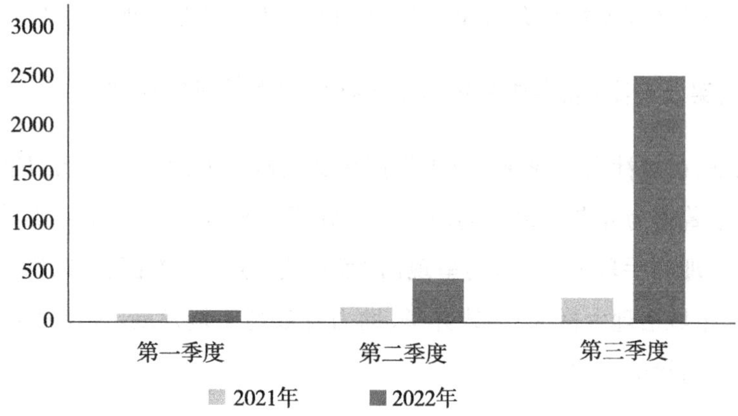

图1　北京法院办结诉源治理类工单情况

此外,不断优化12368"一号专响"专项服务功能,依托网络平台、业务庭室、人民法庭等多元渠道直接响应各方诉源治理需求。如海淀法院将特色品牌"人和海淀"诉源治理需求响应平台,链接12368热线,创设"多部门联合响应"工作模式。2022年前三季度通过线上+线下多渠道响应的诉源治理需求中,含法律咨询417个、法律支持类560个、指导调解类663个、司法确认类351个、普法宣传类1347个、其他预防化解矛盾纠纷相关需求179个(见图2)。

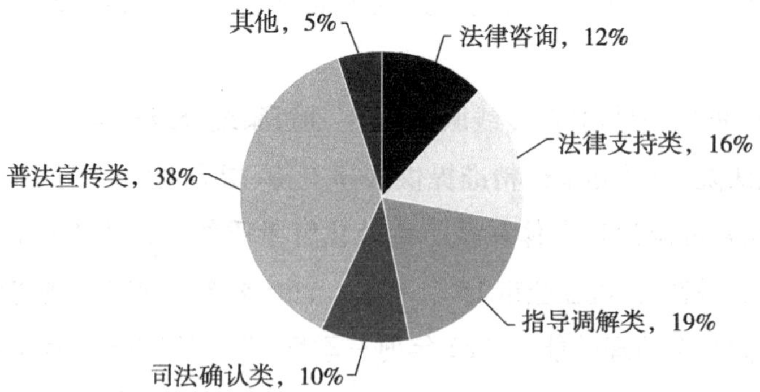

图2　北京法院响应诉源治理分类情况

(2)党建引领"双百分百"参与诉源治理机制开展:百分之百的党支部参与共建,百分之百的党员法官深入基层,精准对接北京市党建引领基层治理改革,强化党群联动打造共建共治共享的社区治理格局。截至 2022 年 11 月,全市法院已有 397 个党支部与街道、社区等基层组织开展共建,2157 名党员法官深入基层参与诉源治理近万人次,在党员法官的示范引领下,一大批矛盾纠纷得以化解。此外,推进党建责任与诉源治理责任一体化、党建网络与诉源治理职能相适应,推动法院党建与行业党建、区域党建互联互动。如门头沟法院依托"一统领三嵌入"党建工作机制,累计创建 35 个"无讼示范村居",挂牌 1 个"无讼示范企业"和 1 个"无讼物业社区",辐射带动辖区矛盾纠纷的源头化解。

2. 围绕"一站式多元解纷"的协调联动工作

北京法院在"一站式多元解纷"基础上统一推进了"多元调解 + 速裁"工作机制。(1)多元解纷队伍建设。一方面,通过特邀调解组织、调解员,扩充解纷队伍。当前,北京法院现对接行业调解机构 102 家、行业调解员 1854 人,特邀人民调解员 1966 人。另一方面,设立解纷工作站。如怀柔法院分别在位于城区、浅山区、深山区的 3 个镇乡设立"柔 · 和"解纷工作站,依托各镇乡司法所,统一接收群众司法需求。(2)诉调对接工作开展。在"多元调解 + 速裁"机制中,调解成功的案件可由当事人选择撤回起诉材料、申请司法确认或出具调解书;调解不成的案件,则可由调解员根据案件情况将案件推送到速裁程序或转入后端审判系统。此外,对于在法院以外完成的社会调解,也可通过分调裁一体化平台申请司法确认,经立案法官审查后,将符合司法确认条件的案件导入调解系统。①

当前,新收案件导入行业调解是北京法院诉前调解的主要方式。2022 年前三季度,北京法院民事一审新收案件 359,799 件,其中导入行业调解 49,857 件,已结行业调解成功案件 14,684 件,已结行业调解转速裁案件 13,143 件。但是,各院间存在明显不均衡的问题。如图 3 所示,互联网法院等 4 家法院导入 48,245 件,约占全部导入量的 96.77%,与此同时,全市有

① 郭永涵、宋琛:《北京法院"多元调解 + 速裁"机制的实践与思考》,载《人民司法》2022 年第 4 期。

12 家法院导入行业调解量不足 10 件。

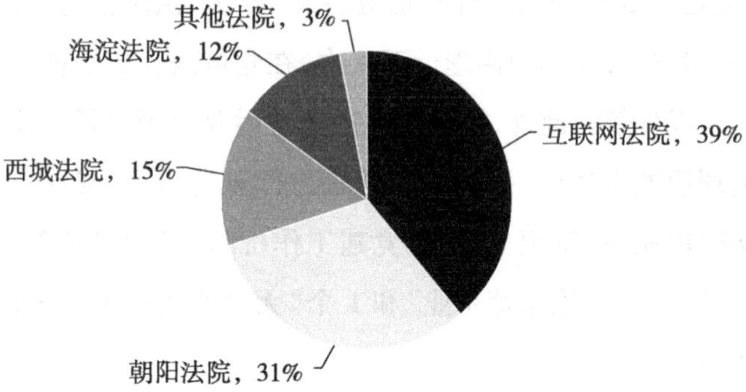

图 3　北京法院新收案件导入行业调解情况

3. 围绕“诉内纠纷实质性化解”的工作开展

北京法院以多种形式在诉内延伸职能，发挥审判辐射功能，如高度重视司法建议工作，及时反馈案件审判中发现的各领域重点问题，预防风险隐患。2021 年全年北京法院发出司法建议 880 份，收到回函 529 份，回函率 60.1%。发送个案司法建议的同时，注重通过对审理系列案件的调研总结，针对普遍性问题提出改进建议。此外，为方便群众参与审判活动，北京法院采取多种方式提高群众满意度。打造线上线下审判常态化并行格局，2022 年实现在线庭审 60 余万次；开设“夜间云法庭”“周末云法庭”，推出“一站式诉讼服务窗口”，为群众提供便捷高效的诉讼服务。

(二) 串“线”：北京法院助力首都高质量发展情况

“四个中心”是党中央赋予北京的城市战略定位，“四个服务”是首都基本职责，全市各项工作都要立足于此。北京法院在参与市域社会治理过程中，始终坚持围绕中心、服务大局、服务人民，从防范化解重大风险、优化营商环境、加强民生保障三处发力，为首都高质量发展提供优质司法服务和保障。

1. 聚焦审执重点，防范化解重大风险

市域社会治理确立了“市域成为重大风险终结地”的基本目标，守住“不发生重特大案件”的底线要求，明确了市域防范化解重大风险的目标要求。①北京法院在履行司法职能过程中，对可能引起社会风险的重大敏感案件，实现专项整治，助力平安北京建设，如针对养老诈骗、扫黑除恶开展专项斗争。自 2022 年 4 月打击养老诈骗专项行动开展以来，共计追赃挽损 3700 余万元；出台《关于完善涉黑涉恶案件办理机制的意见》，加强与纪检监察、检察、公安等机关的协作配合，推动形成专项斗争合力，协同推进重点行业领域整治。严惩电信诈骗、非法集资等犯罪，协同合作从源头处减少案件增量，如朝阳法院针对辖区银河 SOHO 楼宇接连出现套路贷、养老诈骗、电信诈骗问题，主动协调发改委、司法局、朝阳门街道，建成全国首家商务楼宇解纷工作站。

2. 优化营商环境，助力经济健康发展

2023 年北京市政府工作报告指出，要高标准建设“两区”“三平台”，以更大力度优化营商环境。北京法院则围绕经济纠纷、知识产权保护、金融风险等角度，通过协同机制营造良好的营商环境，增强市场主体活力。一是经济纠纷诉前化解。通过深入企业园区提供前瞻、便利的司法服务。二是知识产权保护。知产法院作为专业性法院，除通过审理案件外也通过合作共建实现纠纷诉前化解，如与商标协会调委会共建案件委派机制，目前委派的 45 件商标行政纠纷案件均成功调解。三是防范化解金融风险。建设北京金融法院，与相关金融监管机构共建金融司法风险预警“冒烟指数”；成立北京国际商事法庭，先后设立国际商事纠纷、环球度假区一站式多元解纷中心，上线运行全国首个金融案件多元解纷一体化平台。

3. 加强民生保障，提供均衡化公共服务

北京法院坚持以人民为中心，紧扣“七有”要求和“五性”需求，着力增进民生福祉。一是实质化解涉民生矛盾纠纷，推动纠纷源头化解。如物业纠纷领域，门头沟法院深入推进党建引领社区治理框架下的物业管理体系建设，区住建委、镇街、居委会、物业企业、业委会建立五方联动机制，畅通沟通

---

① 陈一新：《坚决防范化解“五类风险” 确保市域成为重大风险终结地》，载《法治日报》2022 年 3 月 31 日，第 1 版。

渠道,破解物业管理难题。二是广泛开展普法宣传。依托“京法巡回讲堂”等特色品牌开展普法宣传;以宣传普及《中华人民共和国民法典》(以下简称《民法典》)为抓手,打造线上“京小槌”普法IP矩阵,开通“京小槌普法”专栏,回应辖区群众司法需求。三是推进切实解决执行难。深化与公安、交通、经信等部门协作联动,推动失信被执行人信息在市公共信用信息平台共享,与相关部门健全住房公积金查控协作机制,全市法院系统一体建立财产线索接转中心,及时查控处置涉案财产。

(三)抓“点”:人民法庭衔接“市—区”社会治理情况

因所处地理位置不同,人民法庭所辖事务存在方向上的差异,可将法庭分为城区法庭、城乡结合法庭、乡村法庭三种。北京市72家人民法庭中,含城区法庭15个、城乡结合法庭24个、乡村法庭33个。

1. 城区法庭

在城市区域分布、功能定位逐渐明确的基础上,城市人民法庭的建设也随之调整。首都作为超级大城市,城区人口密集致矛盾纠纷总量大;经济活动多,对营商环境有更高的要求;因更具现代性,金融、知产、互联网类专业型纠纷多,面对纠纷的特殊性,北京法院持续调整城区法庭的职能定位。如西城法院金融街法庭成为专攻金融审判的专业法庭;朝阳法院亚运村法庭成为审理交通事故、民间借贷、物业供暖等类型案件的速裁法庭。

此外,因地处城区,城区法庭与辖区内党政机关、社会组织有更为便利的沟通交流条件,协同合作推进社会治理。如朝阳法院王四营法庭与区妇联、朝阳社区学院合作设立涉诉“家庭教育指导工作室”,切实加强未成年人权益保护;海淀法院中关村法庭与区政协相互合作,设立“中关村法庭巡回审判工作站”,助力法庭深度融入园区诉源治理工作。

2. 城乡结合法庭

“城镇化是现代化的必由之路”,在新型城镇化建设过程中,城乡结合法庭应当着力解决转型中出现的法律问题。首先,应当关注城镇化建设中直接凸显的村转居问题,如村转居涉及的基层组织建设、集体土地处置、集体资产处理等。其次，应关注城镇化衍生纠纷，尤其是农业转移人口的基本公共服务权利、产业转型升级营商环境优化问题，如由拆迁腾退引发的分家析产、继承、离婚等城镇化衍生家庭纠纷，以及老年人居住权问题。

2022年5月，最高人民法院在京津冀三地开展人民法庭服务新型城镇化建设试点工作，通州法院张家湾法庭是北京市唯一试点法庭。张家湾法庭通过融入党委领导的基层社会治理体系、构建府院联动的诉源治理机制，服务城镇化产业转型升级；完善法庭自身建设，充实调解员和审判人员力量，推动落实"多元调解 + 速裁"机制；加强涉村转居矛盾纠纷化解，妥善审理涉劳动者参与新型城镇化建设纠纷、基本公共服务纠纷、进城落户农民的土地纠纷，推进农业转移人口市民化。

3. 乡村法庭

乡村法庭要服务好乡村产业振兴，既要妥善处理涉"三农"领域传统纠纷，又要推动乡村旅游、民宿经济等新业态纠纷。就北京法院而言，乡村法庭普遍辖区地域面积大，且大部分为山区，设置乡村法庭的首要目的即是便利山区群众诉讼。为此，首都各乡村法庭多措并举、创新提高司法服务方式。如昌平法院南口法庭在大山深处设立巡回审判点，为人民群众提供"零距离"的司法服务模式。

此外，为助力乡村振兴，北京各郊区通过产业转型谋取发展之路，乡村法庭需结合辖区发展方向，提供相应的司法服务。如门头沟法院斋堂法庭根据京西山区乡村大力发展民宿产业实际，制定发布《民宿产业法律风险防控指南》，有力保障乡村民宿产业健康发展。同时，5个生态涵养区的功能定位促使乡村法庭注重生态环境保护工作。如密云法院溪翁庄法庭打造以预防、打击、保护、修复为主线的"1 + 4"法治保水工作机制，积极回应密云水库一级圈生态环境治理的工作需求。

三、问题聚焦：人民法院助力市域社会治理现代化的客观困境

（一）多主体资源协调整合机制亟待形成

根据人民法院参与市域社会治理的程度，可分为"法官主导型"和"法院

与其他部门联动型”两种模式。[①] 前者主要体现于多元调解机制中,后者则存在于诉源治理机制中。

在“法官主导型”的多元调解机制中,法院通过自主搭建“一站式服务”平台,吸收各类调解主体的力量,引导当事人诉前调解,减少诉讼增量。由于法院内部参与诉前调解的员额法官有限,各其他调解主体也多为形式入驻,而非实质参与,导致诉前调解的效果欠佳。在“法院与其他部门联动型”机制中,法院通过对接基层综治中心、重点领域主管部门、各类非诉解纷组织等,利用多方力量从源头化解纠纷。但是,基于条线职能的分割,人民法院如何处理好协调各方、统筹分配的工作,是参与市域社会治理的难点问题。

此外,当前“线上+线下”已成为人民法院参与市域社会治理的普遍模式,但ODR平台、人民法院调解平台等平台间存在不相融的问题。在各平台的处理对象存在交叉的前提下,基于运行主体、运行机制的差异,导致平台间数据无法直接共享、主体间的协同性尚待提升、司法确认程序也需进一步完善。这些问题都将影响多元解纷的有效性,也影响着法院参与市域社会治理的效能发挥。

(二)司法效果局限纠纷终局化存在错位

随着社会管理模式向多维治理模式转型,高权行政逐步转向平权行政,社会矛盾纠纷的解决途径开始由单一的国家公力救济,转向公力与私力救济相融合的方式。换言之,矛盾纠纷化解开始依靠诉讼与非诉讼化解方式的交互作用,也潜在地要求加强矛盾纠纷的源头治理。但目前社会矛盾纠纷化解仍过度依赖审判功能,诉前调解参与度与成功率需提升。

原因主要集中于以下两个方面:一是诉前调解需求量与供应量失衡。调解员尤其是专业调解员数量有限,无力处理大量进入诉前调解程序的案

① 杜前、赵龙:《诉源治理视域下人民法院参与社会治理现代化的功能要素和路径构建》,载《中国应用法学》2021年第5期。

件。北京法院人员总数为3874个，调解员数量增幅为9.04‰，相较于2022年度新收案件量428,533件仍有较大差距。二是诉前调解质量欠佳，调解转诉率仍较高。当前法院委派的调解员中，专职调解员占比较少。如图4所示，目前门头沟区现有的91名人民调解员中，仅19名有所属调解机构，仅占20.88%，不少调解员为街道社区、乡镇村委会干部等，因身兼数职、年龄偏大导致调解精力有限；此外，虽然但大量矛盾纠纷化解集中于少数人身上，累计调解超过500件的仅有10人，78人累计调解低于100件，63人尚未参与调解，出现了分工不均衡、效果欠佳等问题。

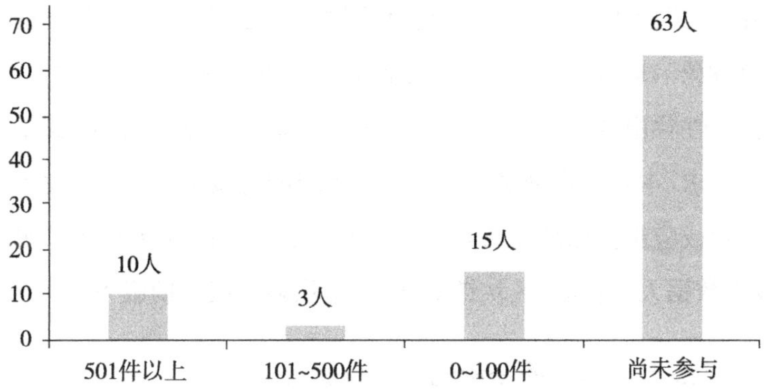

图4　门头沟法院调解员累计调解数量情况

虽然矛盾纠纷随着经济社会的发展必然呈现增长趋势，但若不注重“全周期治理”，使大量纠纷没有经过深入优质的前置调处程序，直接进入刚性的诉讼程序，极易激化社会矛盾。未实质性化解的纠纷，当事人可能会继续上诉、申请再审或信访，增加群众诉讼成本的同时，也消耗了稀缺的司法资源。

（三）城郊不平衡司法服务效益存在差异

中国数十年间的高速城市化进程，同时催生了“城市病”与“乡村虚弱症”两大社会治理难题。在人民法院参与市域社会治理的过程中，同样存在城郊间、区域间司法资源配置不均、提供司法服务效益有差距的问题。

虽然部分法院在推进市域社会治理等工作中，以设置法官联络站、工作室等方式加强了机构及人员配置。但参与人员多为院内法官或法官助理,提供诉讼服务需要在完成审判业务的前提下进行,实质上发挥效用的仍是常规性的诉前调解、诉讼程序,因此一站式多元调解平台建设及审判机构设置占据着重要位置。各院间常规的院内各庭室设置没有明显不同,但人民法庭的建设存在显著差异。如门头沟法院辖区山区面积大,群众诉讼不便,却仅有3家人民法庭,而同样山区面积大的房山法院有7家人民法庭,部分城区法院法庭的数量也高于门头沟法院。

此外,各院科技赋能程度不同。部分法院主要依赖北京市高级人民法院统一开发的"云法庭"等线上系统进行网上办公,能够满足基础的审判业务需求及诉源治理需求响应工作,但难以根据辖区特点进行针对性改造、为群众提供个性化服务。部分法院有较强的资金与技术支持,能够结合辖区群众主要需求、本院重点业务、参与社会治理的主要方式等,开发独有的精品线上平台或应用。如海淀法院自主开发"人和海淀"平台助力市域社会治理,集成大数据人工智能、区块链等技术,提供多层级自助服务。

(四)司法大数据统筹分析能力有待提升

人民法院所掌握的司法审判大数据对市域社会治理起着重要作用,具有推动市域立法、辅助科学决策、提炼裁判规则、引导用法守法等多重功能。[①] 但是,司法大数据仍然难以直接转化为可被利用的信息,原因可能在于"数据孤岛"现象的广泛存在。

首先,法院对数字化利用程度不高,导致数据采集的不全面,从源头影响了后续数据分析的有效性。如在多元解纷工作中,因部分法院多元解纷在线平台建设相对滞后,导致纠纷数据仍以人工采集或线下采集为主,或虽然形式上创建法律服务在线平台,但内容匮乏、利用率低、缺乏专人维护,难以发挥实际作用。其次,法院之间平台不统一,造成司法数据的重复、纰漏、

① 纪福和:《司法大数据的轨迹:人民法院全链条参与市域社会治理方式创新的闭环路径探析》,载《上海法学研究》集刊2022年第5卷。

不一致，影响了大数据的整合和分析。如广州法院的 30 多个主要核心业务系统，由 10 多个厂商搭建，只有其中几个业务系统进行了点对点对接，没有实现数据统一和共享。① 最后，市域范围内不同部门之间数据共享不畅通，也直接影响了社会治理的效果。如在互联网金融审判中，法院虽可以对相关电子数据进行审查，但由于金融数据有较高的经济利益，且数据共享存在安全风险，因此仍长期存在信息壁垒。

四、制度构建：推动建立党建引领的人民法院参与市域治理的新路径

（一）坚持党建引领，形成嵌入式组织体系

市域社会治理是一项复杂的系统性工程，人民法院作为参与主体之一，如何站在社会治理的高度统筹协调各方，将有不同治理需求、不同治理能力的主体结合在一起，是推进市域社会治理现代化的首要问题。党的二十大明确提出"推进以党建引领基层治理"，在党建与社会治理彼此融合、相互影响的框架下，党的主导性动力与社会自发的主体性动力得到了最佳融合，以党建引领社会治理成为时代命题。② 坚持党建引领，也应成为人民法院参与市域治理的基本原则。

1. 结构逻辑：依托党建载体，形成"工作—需求"三级嵌入式工作机制

党的组织体系覆盖全面社会治理的各领域，具有统筹协调资源的强大优势。人民法院融入市域社会治理大格局，应当完善以党组织为核心的多元合作治理体系。在此基础上，"将党建任务精准体现在具体工作中，必须坚持问题导向，建立抓党建责任制落实的清单"，③这是实现治理目标的重要保障。

人民法院参与市域社会治理的工作大体包括审执工作和司法服务两类，结合法院承担的服务辖区发展、参与基层治理两大需求，依托党建载体

---

① 陈甦、田禾主编：《中国法院信息化发展报告（2020）》，社会科学文献出版社 2020 年版。

② 刘玉东、徐勇、刘喜发：《党建引领社会治理的内在机理与系统构建——以南京市域治理为例》，载《南京社会科学》2022 年第 6 期。

③ 李屹：《推动党建责任制落实落地》，载《中国党政干部论坛》2018 年第 12 期。

进行两两嵌入式对接。同时人民法院应始终践行司法为民宗旨,回应人民群众利益诉求和司法需求是法院工作的出发点和落脚点,两者可依靠党建实现对应与融合。因此,从整体上看,应当构建出三级“工作—需求”的嵌入式党建机制:一是以党建为引领,将审判执行工作嵌入大局发展需求中;二是以党建为纽带,将司法服务延伸嵌入基层社会治理需求中;三是以党建为平台,将司法为民举措嵌入群众司法需求中(见图5)。

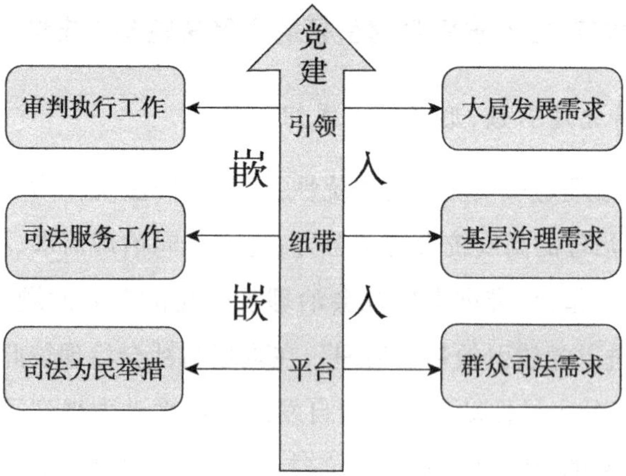

图5 三级“嵌入式”市域党建工作机制

2. 行动逻辑:构建“组织协作、项目推动、信息传输”的党建引领工作方式

一是以基层党组织为抓手开展组织协作,积极响应“街乡吹哨、部门报到”要求,全面参与、推动、保障市域社会治理工作。尤其是各政法机关应当依托镇街政法委员制度开展共建,整合市域治理问题,共同商议解决方案,推动治理工作稳步进行。

二是以“大项目—小项目”相互嵌套的方式促进市域社会治理工作。党建引领是更为整体性概念,因此人民法院在党建引领下推进治理将面临资源分散、抓手力度不足等问题,可通过各类细化项目作为载体统筹整合资源,打破行业、级别、区域的限制,具体可通过搭建各类区域化党建平台来实现。

三是建立畅通的信息收集、交换、利用渠道,深入推进“互联网+社会治理"建设,提升数据传递的快捷性、准确性。横向上看,在辖区市域治理一体化尚未形成统一信息系统时,要利用法院现有智慧平台,拓展独立的司法数据库,并根据对接单位的频率形成专门的与党建、综合治理、社会治理等多个指挥系统连接的在线衔接窗口。纵向上做好人民法院在市、县层级的信息共享,明确信息共享的种类、标准、范围、流程(见图6)。

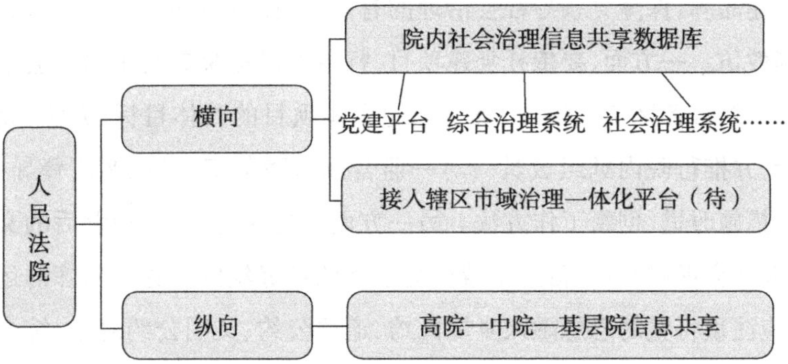

图6　人民法院参与市域社会治理信息共享方式

(二)立足区域特色,推动党建品牌化建设

北京市市域社会治理试点工作已在全市16个区展开,试点区被划分为"首都功能核心区、中心城区和城市副中心、平原新城、生态涵养区"四大类型,各区法院应结合所在辖区功能定位,在市域社会治理工作中突出优势、找准短板、明确重点,形成具有区域特色的创新品牌。

1. 明确区域特色与重点工作

首都核心区以保护更新为主,辖区人民法院重点工作在于中央政务功能保障,提前预警预防老城整体保护、街区保护更新过程中出现法律问题。中心城区以减量提质更新为主,辖区法院应重点关注文化产业、科技创新、国际贸易等经济领域,通过在产业聚集园区设置法律服务站、加快纠纷审判效率、制发审判白皮书等方式为辖区企业发展保驾护航。副中心和平原新城对接中心城区功能和人口疏散,辖区法院应重视大型社区下社会矛盾纠纷化解,以及基础设施建设、提供公共服务中存在的风险隐患,助力提升区域综合承载能力。生态涵养区则以提升生态涵养功能为核心,辖区法院应强化环境改善与生态修复意识,同时与辖区文旅局等职能部门加强合作,为辖区发展乡村旅游提供良好的法治环境。

2. 打造特色市域党建品牌

要形成组织完善、内涵丰富的市域社会治理品牌,关键在于树立、推广各区党建品牌,保障党领导社会治理的有效性,让有效的治理方式得到广泛认可与效仿。一方面,要依托党建项目,打造人民法院参与市域社会治理优质品牌。结合各区实际情况,确认党建引领项目的具体目标、方法,设立专项资金,并推行院内党组成员一对一监督以保障落实,采取调研督导、评估考核等措施改进、创新工作方法。另一方面,要深挖党建品牌背后的文化内涵,引领社会形成共识,营造市域社会治理的良好氛围。党建品牌的运转和推广,应注重将党的思想融入乡规民约、道德公约、文明公约之中,综合运用各院现有的法治宣传品牌,开设党群司法服务站,通过案例通报、普法讲堂等形式,使全社会共建共享的治理理念成为共识。

(三)立足司法职能,构建闭环式解纷体系

防范化解重大风险是市域社会治理的主要目标,矛盾纠纷化解则是人民法院的职责所在。法院应立足司法职能,围绕矛盾纠纷萌芽、衍生及进入诉讼程序的三大阶段,构建诉源治理、非诉解纷、诉讼兜底的前中后闭环式矛盾纠纷化解体系。

1. 源头预防矛盾纠纷——诉源治理

诉源治理是人民法院延伸司法职能的重点工作,也是人民法院参与市域社会治理的主要路径。首先需明确法院在诉源治理中的角色定位,需积极融入党委领导下的社会治理大格局,通过建立与辖区主管单位的纠纷互联互通机制、重点矛盾纠纷会商机制、融合多元主体协同协作机制,共同推进诉源治理。[①] 具体来看,北京法院可沿用现有实现路径,通过党建引领机

---

① 袁振龙主编:《北京社会治理发展报告(2021~2022)》,社会科学文献出版社2022年版。

制、依托“12368”一号专响诉源治理热线、完善诉调对接机制、参与社区服务等方式积极。为进一步加强诉源治理效果,可从夯实诉源治理基础、加强重点领域矛盾分析研判等角度着力,利用线上平台等科技优势不断完善,避免矛盾纠纷转化升级。

2. 中端过滤矛盾纠纷——多元调解

对已处于萌芽阶段、即将进入诉讼程序的矛盾纠纷,以法院“多元调解+速裁”建设为支点,通过线上线下相融合的方式开展工作。线下以一站式多元调解中心为核心,以派出法庭、法官工作站、联络点为辐射点开展多元调解工作。线上借助北京法院多元调解平台及各院特色诉调对接中心,为当事人提供诉前调解服务。此外,对诉前案件展开全面排查,按照案由进行精准分拣,如针对婚姻家庭、相邻纠纷等传统类矛盾进行筛选,推送至街道办等相关调解组织并指导化解;对建工类、金融类商事纠纷及知识产权等需要专业背景知识的案件,推送至相关行业性调解组织进行调解。

3. 后端化解矛盾纠纷——诉内化解

推动纠纷在诉内实质性化解,一是要瞄准重点领域发力,立足审判职能强化社会治安整体防控,助力平安北京建设,严厉打击金融领域、食品安全、网络诈骗违法犯罪等。结合北京“五子”联动等重点工作进行审判活动,为优化营商环境、促进文化建设、保护生态环境、推动北京高质量发展提高司法保障。二是坚持以便利当事人为基本原则。获得当事人的理解是终局化解纠纷的前提,通过云法庭、夜间法庭及巡回审判站点等便民服务建设,为化解矛盾纠纷提供硬件保障和软性支持。三是在审判中主动延伸职能。重大案件审结后及时发布专项审判白皮书,主动报送辖区党委政府,提升社会治理法治化水平;制发司法建议,有效扩大审判促进社会治理的综合效果。

(四)明确评价标准,完善综合性考核机制

在现有指标考核体系中,个案矛盾纠纷的化解更多地实现了“结案”而

非“案结事了”,[①]难以实现通过司法工作完成良好社会秩序构建,错失司法审判应当承担的政治意义。因此,应当健全法院参与市域社会治理的评估考核机制,倒逼人民法院更加科学地助力社会治理现代化。

1. 明确市域社会治理成效的考核指标

在我国现行司法制度中,司法绩效考核是实施司法管理监督、推进各项司法工作的重要手段。进一步优化考核理念,将考核重点向诉前拓展。如表1所示,在源头治理即诉源治理评估中,镇街乡社区诉源治理力量覆盖率、普法宣传覆盖率、万人成讼率、万人信访发生率应被纳入重点考核指标;在多元调解阶段,重点考核内容包括一站式多元解纷建设情况、诉调对接中心建设情况、调解组织及调解员数量、司法确认率、导入调解率、调解成功率;诉内解纷中,则应重点关注调解结案率、判决自动履行率、撤诉率、上诉率、再审率、信访率的指标情况。

表1 人民法院参与市域社会治理成效的考核指标

考核阶段	重点考核指标
诉源治理	镇街乡社区诉源治理力量覆盖率、普法宣传覆盖率、万人成讼率、万人信访发生率
多元调解	一站式多元解纷建设情况、诉调对接中心建设情况、调解组织及调解员数量、司法确认率、导入调解率、调解成功率
诉内解纷	调解结案率、判决自动履行率、撤诉率、上诉率、再审率、信访率

上级法院对下级法院综合考评时,应当适度提高诉前纠纷分流情况、法官进网格情况、参与在线调解情况等数据的考核权重,充分调动法院参与市域社会治理的积极性与主动性。在干警个人考核方面,要将诉源治理及多元调解工作全程纳入考核内容,科学设定绩效考核指标,并作为相关人员年度考核、晋职晋级、评先评优等工作的重要依据。

---

① 杜前、赵龙:《诉源治理视域下人民法院参与社会治理现代化的功能要素和路径构建》,载《中国应用法学》2021年第5期。

2. 构建科学完备的市域社会治理成效评估机制

评估人民法院参与市域社会治理成效意义在于，动态检验投入、产出与预期目标的偏离程度，全面、客观、真实反映工作中可以继承的成果和应予改进的问题，以及时作出修正和调整。[①] 尤其应当变传统方式评估向数字化、智慧化评估转型升级，研发专业市域社会治理成效评估指标，利用人工智能、大数据形成实时监测、快速分析的可视化数据指标，提高评估的专业化与标准化，促进人民法院及时调整工作进度与方向。同时，应该变单一主体为多元评估主体，建立人民法院自我评估、上级法院及同级党委政府评估、诉讼参与人评估、社会公众评估、第三方专业评估共同参与的多元主体评估体系，通过汲取各方智慧，实现科学、理性决策，减少成效评估的结果偏差。

结　语

市域社会治理是国家治理在市域范围的具体实施，是国家治理的重要基石，事关顶层设计落实落地、市域社会和谐稳定、党和国家长治久安。市域纵向治理层级的多维性、横向治理主体的多样性，决定了人民法院与其他各主体间难以仅凭协同治理实现有效互动运行，需要依靠党建引领联结机制形成积极紧密的联动治理。在此基础上，立足司法职能、聚焦区域特色，实现参与路径和参与方式的创新，从而形成持续改善治理质量、提高公众满意度、推动经济社会高质量发展的“螺旋式”效能上升进路。

---

① 韩俊等：《完善配套保障机制　提升诉源治理实效》，载《人民法院报》2021年9月23日，第8版。

全面推进乡村振兴背景下人民法庭能动参与诉源治理的路径调研

——以 b 市郊区乡村法庭建设为分析样本

谢耀宗* 文 利** 李雨芊***

引 言

党的二十大报告对全面推进乡村振兴作出重要部署，强调坚持农业农村优先发展，巩固拓展脱贫攻坚成果，建设宜居宜业和美乡村。① 当前，各地农村地区正处于社会结构转型和迈向治理现代化的关键点，在全面推进乡村振兴的过程中，与广大人民直接利益相关的领域纠纷频发。一直以来，以习近平同志为核心的党中央高度重视纠纷源头化解和基层社会治理工作，提出了"要在加强基层基础工作、提高基层治理能力上下更大功夫""坚持把非诉讼纠纷解决机制挺在前面，从源头上减少诉讼增量"等一系列重要论断。最高人民法院明确指出，人民法院作为推进基层社会治理的重要参与主体，应在诉源治理链条中发挥参与、推动、规范、保障的关键作用。

---

* 谢耀宗，北京市门头沟区人民法院政治部（机关党委、机关纪委）副主任，法学学士。

** 文利，北京市门头沟区人民法院审判管理办公室（研究室）主任，法学硕士。

*** 李雨芊，北京市门头沟区人民法院审判管理办公室（研究室）四级主任科员，法律硕士。

① 党的二十大报告：《高举中国特色社会主义伟大旗帜 为全面建设社会主义现代化国家而团结奋斗》。

“人民法庭法官的根子主要扎在乡里。”①作为基层人民法院的派出机构，人民法庭与乡村有着天然的紧密联系，是人民法院全面服务推进乡村振兴、基层社会治理、人民群众高品质生活的重要平台。② 当前，全国实际运行的人民法庭共10,145个，其中乡村法庭6201个、城区法庭1234个、城乡结合法庭2710个；北京实际运行的人民法庭72个，其中乡村法庭33个。③ 为进一步探索人民法庭参与诉源治理的有效路径，助力形成乡村地区诉源治理的北京样板，作者对人民法庭能动参与诉源治理的路径开展了调研。调研以郊区法院乡村法庭为分析样本，观察人民法庭参与诉源治理的嵌入机理及不同主体行动逻辑，探究人民法庭在乡村社会不同场域中能动参与诉源治理的具体路径。

一、历史沿革：人民法庭能动参与诉源治理的发展脉络

人民法庭作为我国四级审判机构的“神经末梢”，是基层法院设置在乡镇，发挥审判职能、化解矛盾纠纷的“前沿阵地”。由于身处基层、直面农村，其能够及时反馈和回应人民群众的司法需求。人民法庭的乡土优势和法治优势，决定了其在诉源治理中的重要作用。纵观其历史沿革，人民法庭参与诉源治理的过程可以分为三个阶段：确立基层治理参与者地位阶段、广泛参与社会治理阶段和明确诉源治理职能阶段。

（一）缘起（1954—1998年）：确立人民法庭的社会管理参与者地位

人民法庭制度的起源，最早可以追溯至土改、普选等政治实践，随后是在处理经济发展过程中各类纠纷中应运而生，其本质是公权力在基层运行

---

① 苏力：《送法下乡——中国基层司法制度研究》，北京大学出版社2011年版，第319页。

② 《最高人民法院关于推动新时代人民法庭工作高质量发展的意见》（法发〔2021〕24号）。

③ 全国法院人民法庭数据统计来源：https://baijiahao.baidu.com/s?id=1710957250374261893&wfr=spider&for=pc；北京法院人民法庭数据统计来源：http://www.bjfy.bj/cgi/InfoActionmoreList.do?code=1235&size=7&courtid=0&page=4。

的一种手段,解决的是实践中的社会问题。[①] 如表 1 所示,1954 年,《中华人民共和国人民法院组织法》第 17 条首次确立了人民法庭制度,该制度一直延续至今;1963 年,最高人民法院制定《人民法庭工作试行办法(草稿)》,明确了人民法庭是社会管理的参与者,同时规定了其参与社会管理的具体职责,为日后人民法庭参与诉源治理乃至基层治理、社会治理奠定了基础。

表 1 人民法庭能动参与诉源治理的起始阶段

阶段	时间	相关文件	内容摘要	意义
起始阶段	1954 年	《中华人民共和国人民法院组织法》(第 17 条)	基层人民法院根据地区、人口和案件情况,可以设立若干人民法庭。人民法庭是基层人民法院的组成部分。人民法庭的判决和裁定即基层人民法院的判决和裁定	确立人民法庭制度
	1963 年	《人民法庭工作试行办法(草稿)》	明确了人民法庭参与社会管理的具体职责	明确人民法庭社会管理的参与者地位

(二)发展(1999—2020 年):推动人民法庭大力参与基层治理

改革开放之后,人民法庭开始恢复与重建。此后,是人民法庭积极参与基层治理的具体实践阶段。这一阶段逐步明确了人民在基层治理中的定位、方式和要求。如表 2 所示,1999 年,最高人民法院召开第一次全国人民法庭工作会议,颁布《最高人民法院关于人民法庭若干问题的规定》,明确人民法庭通过审判案件、调解指导、开展法制宣传教育、提出司法建议等形式参与社会治安综合治理,为农村提供司法保障。据统计,这一阶段全国的人民法庭受理案件数高达一千余万件,是人民法院受理的一审案件的一半以上。[②] 2005 年,最高人民法院颁布《关于全面加强人民法庭工作的决定》,要

① 山东省高级人民法院课题组:《人民法庭参与乡村治理的功能定位与路径选择》,载《山东审判》2021 年第 6 期。

② 胡夏冰、陈春梅:《我国人民法庭制度的发展历程》,载《司法实践与改革》2011 年第 2 期。

求人民法庭增强司法能力和提高司法水平的方便，为促进城乡经济社会发展提供有力的司法保障。2014 年，最高人民法院颁布《关于进一步加强新形势下人民法庭工作的若干意见》，明确人民法庭审判、调解和参与社会治理的三大功能，并指出人民法庭要全面联合其他组织化解基层纠纷矛盾。2020 年，第四次全国人民法庭工作会议对人民法庭参与社会治理提出新要求，提出人民法庭要积极参与社会治理，服务保障乡村振兴战略顺利实施。

表 2　人民法庭能动参与诉源治理的发展阶段

阶段	时间	相关文件	内容摘要	意义
发展阶段	1999 年	《最高人民法院关于人民法庭若干问题的规定》	人民法庭可以通过审判案件、开展法制宣传教育、提出司法建议等方式，参与社会治安综合治理	明确人民法庭可以参与社会治安综合治理
	2005 年	《最高人民法院关于全面加强人民法庭工作的决定》	人民法庭处在维护社会稳定的第一线，处于化解和调处矛盾纠纷的前沿，促进经济和社会发展、维护社会稳定的责任重大	
	2014 年	《最高人民法院关于进一步加强新形势下人民法庭工作的若干意见》	积极参与基层社会治理是人民法庭的重要职能	明确人民法庭审判、调解和参与社会治理的三大功能
	2019 年	《最高人民法院关于深化人民法院司法体制综合配套改革的意见——人民法院第五个五年改革纲要（2019—2023）》	充分发挥人民法庭面向基层、面向群众和便利群众诉求、便利法院审判的优势，依法促进基层社会治理	明确人民法庭依法促进社会治理

（三）迭代（2021 年至今）：明确人民法庭参与诉源治理职能

“诉源治理”一词最初由人民法院率先提出和倡导，因其与社会治理需求的高度契合，在法治中国建设发展过程中内容越来越丰富，被称为“现象级”的改革术语。[①] 所谓诉源治理,即充分调动社会各界解纷力量和资源,通过多元化社会治理手段和方式,预防潜在的纠纷、化解已经发生或出现的纠纷进而减少进入法院诉讼程序的案件增量,实现诉讼案件的有效分流和社会治理水平的显著提高。[②] 2021 年 2 月,中央全面深化改革委员会第十八次会议审议通过《关于加强诉源治理推动矛盾纠纷源头化解的意见》,明确提出要坚持和发展新时代“枫桥经验”,把非诉讼纠纷解决机制放在前面,推动更多法治力量向引导和疏导端用力,加强矛盾纠纷源头预防、前端化解、关口把控,完善预防性法律制度,从源头上减少诉讼增量。[③] 同年,最高人民法院出台《关于推动新时代人民法庭工作高质量发展的意见》,明确人民法庭积极服务基层社会治理的 5 项举措,指明其加强源头预防化解矛盾的主要途径(见表 3)。至此,人民法庭通过诉源治理服务基层社会治理被正式确定下来。

表 3　人民法庭能动参与诉源治理的迭代阶段

阶段	时间	相关文件	内容摘要	意义
迭代阶段	2021 年	《关于推动新时代人民法庭工作高质量发展的意见》	加强源头预防化解矛盾。加强辖区多发常见类型化纠纷的源头治理,形成源头预防、非诉挺前、多元化解的分层递进前端治理路径	明确人民法庭通过诉源治理服务基层社会治理

二、全景描摹:人民法庭能动参与诉源治理的探索实践

当前,北京 10 家郊区法院设置人民法庭共计 47 个,从所处地域来看,可分为乡村型人民法庭和城乡结合型人民法庭。2021 年以来,最高人民法院

---

① 曹建军:《诉源治理的本体探究与法治策略》,载《深圳大学学报(人文社会科学版)》2021 年第 5 期。

② 张卫星:《新时代法治中国建设中诉源治理的实施进路研究》,载《江苏大学学报(社会科学版)》2022 年第 6 期。

③ 《习近平主持召开中央全面深化改革委员会第十八次会议并发表重要讲话》,载中华人民共和国中央人民政府网:https://www.gov.cn/xinwen/2021-02/19/content_5587802.htm。

先后发布四批新时代人民法庭建设案例，北京3家人民法庭入选；2022年，北京市高级人民法院评选出8个人民法庭建设优秀案例。课题组为全面掌握人民法庭参与诉源治理的实践，对47个人民法庭建设情况进行了全面调研检索，同时综合考虑法庭所处区域、建设效果、人员构成、案件类型等，选取了5个乡村型人民法庭和5个城乡结合型人民法庭（以下简称样本法庭）重点考察，[①]收集经验类、宣传类样本材料136份。[②] 调研发现“诉源治理”在样本材料中出现116次，约占样本材料的86%。由此可见，人民法庭推进“诉源治理”工作已成为人民法庭高质量发展的普遍共识。具体而言，人民法庭参与诉源治理的探索实践主要涉及“诉”的前端、中端、末端治理3个环节7个方面。

（一）在“诉”的治理开端推进基层善治

构建党委领导、政府负责、社会协同、公众参与的社会治理格局是人民法庭诉源治理的基础。实践中，人民法庭主要通过主动嵌入和协同推进两种方式在“诉”的源头推进基层善治。

1.党建引领主动嵌入基层治理格局。党的领导是社会主义制度的最大政治优势。诉源治理作为推进国家治理体系和治理能力现代化的重要举措，要充分发挥党委总揽全局、协调各方的核心优势，在法治轨道上统筹各方力量和各种资源。从调研情况来看，样本法庭均开展与属地镇街或政府部门的党建对接工作，主动融入辖区基层治理大格局，借助基层党委总揽全局、协调各方的优势合力推动纠纷化解。比如，门头沟斋堂法庭，建立全天候、广覆盖的“党群司法服务站”，打造集党员学习交流、党群联系联络、法治宣传教育、矛盾纠纷化解等功能于一体的“红色堡垒”，对接党委政府，打破

---

① 本课题样本法庭包括门头沟法院斋堂人民法庭、怀柔法院汤河口人民法庭、平谷法院金海湖人民法庭、密云法院溪翁庄人民法庭、延庆法院沈家营人民法庭、房山法院长阳人民法庭、通州法院张家湾人民法庭、大兴法院榆垡人民法庭、顺义法院天竺人民法庭、昌平法院天通苑人民法庭。

② 136份样本材料来源：2022年北京市人民法庭建设案例推荐材料34份，北京市高级人民法院网站信息、司改专刊9份，人民法院报、微信公众号等93份。

司法、行政、自治职权壁垒。①

2. 多维联治协同落实诉源治理任务。人民法庭根据诉源治理的不同任务、目标、对象,在党委牵头的基础上,通过建立联动机制、推动平台衔接、协同推进落实等多个维度,在诉讼源头汇聚力量,与其他单位携手联合防范诉讼风险、联合控制苗头隐患、联合治理典型类案,具体分为普通型联治和专业型联治两种类型。其一,普通型联治,通过与各职能单位"对接",提取任务"公因式"找准工作结合点,共同推进任务结合点,如延庆法院沈家营法庭,积极与辖区内政府、平安建设办公室、村委会等组织机构建立长效联动机制。其二,专业型联治,通过与各行业部门开展"共建"活动,联合化解类案纠纷,如怀柔法院汤河口法庭,与工商所、司法所多方合力建立农村消费维权联动机制,推进诉源治理。该法庭 2022 年受理的劳务合同纠纷和农村建房施工合同纠纷同比下降 10% 和 20% 。②

---

① 《深山里走出服务基层治理新路径》,载《法治日报》2021 年 3 月 24 日,第 7 版。

② 《北京怀柔汤河口法庭:基层司法助力乡村振兴》,载中国乡村振兴网 2022 年 3 月 3 日,https://baijiahao.baidu.com/s?id=1726210349863775781&wfr=spider&for=pc。

表 4　样本法庭诉源治理举措

	“诉”的治理前端 推进基层善治		“诉”的治理中端 整合多元力量		“诉”的治理末端 优化法治环境	
	对接共治	风险预防	多元解纷	类案集约	建议反馈	法治宣传
门头沟法院斋堂法庭“嵌入式”	建立“党群司法服务站”，打造集党员学习交流、党群联系联络、法治宣传教育、矛盾纠纷化解等于一体的“红色堡垒”	推行“包片指导+定点联系”机制，设立20个巡回审判点和法官工作室，实行“群众点单、支部派单、党员办单”工作模式	将本土老党员、老干部、道德模范选入新乡贤，带动引领村居网格员、热心人士参与矛盾化解		每月向镇街党委政府通报涉基层组织、基层经济组织案件	1. 开展“无讼”品牌创建活动；2. 协助36个村制定完善村民自治章程；3. 开设“农民法治夜校”；4. 召开新闻通报会
怀柔法院汤河口法庭“联建+互动+巡回”	与辖区5个乡镇签署“庭系乡镇”联合党建备忘录	12368、12345“双号联通”，对涉法涉诉“订单”非诉提前介入化解	与各行业部门开展“驻镇共建”活动	1. 人身权纠纷；2. 排除妨害类纠纷；3. 农村消费维权联动机制	与5个乡镇司法所开展纠纷月度联席通报	1. 培养“法律明白人”；2. 开展案件巡回讲解活动
平谷法院金海湖法庭	确立党委政府主导，农村基层组织为主体，派出所、司法所、土地科等职能部门各司其职，法庭做好引导、帮助和保障的基层社会治理架构	1. 协助镇、村法治建设，帮助制定村规民约；2. 围绕重点工程，开展法律风险预判	外部支持“多元化”，搭建多主体服务体系	1. 建立环境资源审判团队；2. 注重系统统筹，全面分析与当事人关联的各环节在办案件，深挖“关联案”“案中案”，减少衍生案件发生		

续表

	“诉”的治理前端 推进基层善治		“诉”的治理中端 整合多元力量		“诉”的治理末端 优化法治环境	
	对接共治	风险预防	多元解纷	类案集约	建议反馈	法治宣传
密云法院溪翁庄法庭	1. 建立镇村联合治理机制，与水库周边村镇开展合作；2. 与区水务局及环水库7个乡镇签订保水合作协议，建立“河长 + 院长”法治保水协作机制	结合重点项目建设，就“农业中关村”项目建设中所涉土地使用权流转、土地回收、违建拆除、拆迁补偿等问题进行分析研判，提出专业法律建议	1. 构建跨区联动，签署“法治保水”相关协议；2. 与辖区司法所、民调组织、村委会等多方搭建“多元共治”平台，实现夜间、周末法庭与诉源治理工作相衔接	1. 制定《关于进一步加强法治保水的工作意见》；2. 建立环资案件审判专业化工作机制，推行环境资源案件“三审合一”	制作民间借贷、农村建房等常用合同范本供村民使用	1. 打造法治保水普法宣传矩阵；2. 法治保水普法直通车；3. 新闻通报会；4. 法治白皮书
延庆法院沈家营法庭“专人包村模式”	与辖区内政府、平安建设办公室、村委会等组织机构建立长效联动机制		在每个区域平安建设办公室内设立法官工作站			在辖区镇政府、平安建设办公室、村委会等的协助配合下开展百余场普法宣传

续表

	“诉”的治理前端 推进基层善治		“诉”的治理中端 整合多元力量		“诉”的治理末端 优化法治环境	
	对接共治	风险预防	多元解纷	类案集约	建议反馈	法治宣传
通州法院张家湾法庭		1. 直接参与12345重难点工单办理;2. 在村社铺设解纷站点,常驻解纷联络员,负责村级矛盾排查上报、纠纷调处化解、诉讼辅导、协助送达等解纷工作	1.“三层级”铺设一站式多元解纷网络,构建“村社—镇街—法庭”三级解纷网络;2. 在镇街设立一站式多元解纷中心;3. 组建“诉裁调解”团队		1. 做好矛盾纠纷预警预判,为党委政府科学决策提供参考;2. 聚集张家湾设计小镇、张家湾古镇、副中心交通枢纽等重点功能区建设,营造法治化营商环境	启动“庭长讲话,法官普法”活动
大兴法院榆垡法庭	与榆垡镇签署“1+6法治同行”党建共建协议	1. 对接辖区镇、村为政策的合法合规、基层自治章程合法性审查把好“法律关”;2. 实地调研、座谈、法律研讨	1. 建立专业法官与涉新机场职能单位联络员微信互动机制;2. 与属地企业实现“双层”联动	将涉新机场及临空经济区案件分三类纠纷,法庭内设立航空事务审判组,专门处理相关案件	与榆垡镇等围绕回迁安置房的质量纠纷、纠纷的及时合法化解等进行座谈交流,提供解纷法律建议50余条	1. 建立首家镇街“普法驿站”;2. 召开新闻通报会;3. 制作审判白皮书

续表

	“诉”的治理前端 推进基层善治		“诉”的治理中端 整合多元力量		“诉”的治理末端 优化法治环境	
	对接共治	风险预防	多元解纷	类案集约	建议反馈	法治宣传
顺义法院天竺法庭示范诉讼机制		建立涉航纠纷“事前研判、事中调解、事后回访”机制，召开联席会议，提前研判涉诉风险并提出司法建议	1. 依托驻镇法官工作站，指派乡村办案经验丰富的法官到场开展诉前工作；2. 设立巡回审判点，指导村委会、人民调解委员会等基层调解组织共同参与调解；3. 府、院、企协同，打造“特邀调解 + 司法确认”模式	协助招聘4名人民调解员与驻镇法官“搭班子”		1. 召开涉航纠纷新闻通报会，梳理总结航班延误、取消，机票退改签等纠纷裁判规则；2. “企、校、社”同步宣传；3. 直接指导20余个村、社区《自治条例》《村规民约》的编写制定
昌平法院天通苑法庭	与辖区党委政府建立“一引领一平台一热线”机制	推动12368诉讼服务热线与12345接诉即办工作深度对接，精确响应各类司法需求200余次		建立一站即“社会法官工作站”，两点即“巡回审判点”和“多元化纠纷调解联系点”，员额法官、法官助理定期前往“一站两点”进行现场调解	建立专业化审判法庭，专业家事审判庭	

(二)在“诉”的治理中端整合多元力量

非诉讼纠纷解决机制是人民法庭在案件审理和诉源治理中广泛应用的方式。人民法庭通过与其他治理主体一同努力,优化多元解纷渠道,让多元解纷机制有效运行起来,避免司法成为唯一治理手段。

1. 诉源预防铺设解纷网络参与非诉化解。一是站点入驻源头调处矛盾。在辖区主要区域设立多元解纷中心、解纷联络站、法官联络室、巡回审判点等,通过法官包片指导和定点联系制度,由法官、法官助理分片对接定点村居,定期定人驻地办公,接待周边群众来访咨询、就地调处矛盾纠纷,随时随地解决群众的法律问题。二是府院联动源头预判风险。人民法庭与辖区党委常态化沟通协调,构建法律风险联防联控机制、重大案件汇报协调机制,围绕区域特点、发展定位、重点工程、重点项目提前研判法律风险。比如,顺义法院天竺法庭,在2020年疫情暴发后,与首都机场集团、航空公司及政府有关部门召开联席会议,提前研判涉诉风险并提出司法建议,成功促成首都机场集团与300余家企业达成租金减免协议并顺利履行,在矛盾纠纷苗头性阶段遏制成诉风险。① 三是双线联通源头化解纠纷。依托“12345”与“12368”“双线互动”工作机制,②由法庭和所辖乡镇政府的工作人员担任“双线专员”,乡镇接诉即办科室对辖区群众通过“12345”热线反馈的各问题进行筛选,对于涉法涉诉问题通过“12368”与法庭联系,提出司法需求,法庭提前以非诉方式介入,通过电话沟通、下乡调解等方式,力争把纠纷消灭在萌芽、化解在诉前。③

2. 共调成诉引入多元力量开展诉前调解。立案前,人民法庭主要通过提供法律咨询的方式提前介入调解,将矛盾纠纷化解过滤在诉前,受制于司法的中立性、资源的有限性,“走出去”协助调解并非人民法庭参与多元化解

---

① 《源头化解涉疫纠纷!“国门第一法庭”让矛盾不出机场》,载京报网2022年11月25日,https://baijiahao.baidu.com/s?id=1750457795434613673&wfr=spider&for=pc。

② 双号联通:指“12345”政府服务便民热线与“12368”司法服务热线联通。

③ 《北京创新“双线”联动助力乡村治理》,载北京青年报网2022年8月11日,https://3g.163.com/dy/article/HEGLIO220514R9KQ.html。

的主要方式。成诉之后,人民法庭结合案由同时邀请村两委班子成员、村调解员、乡村“五老”、新乡贤等,发挥其熟悉社情民意、善与群众打交道的优势,通过引入镇乡中的“法律明白人”,发挥“人民法庭+村内各界”解纷新模式,为人民群众提供多途径、高效率、低成本、不伤和气的纠纷解决方案。

(三)在“诉”的治理末端优化法治环境

营造良好的法治生态环境是诉源治理的根本保障,同时也是人民法庭参与乡村基层治理的应有之义,人民法庭通过“分析研判+法治宣传+无讼创建”推动相关主体提升法治意识,优化区域法治环境,为推动诉源治理创造良好氛围。

1. 数据共享精准“画像”研判反馈诉源治理难题。人民法庭以案为本进行分析研判,为乡镇政府、职能部门、属地企业、乡民村民等不同主体精准“画像”,发现反馈诉源治理薄弱环节,重构乡村社会的秩序规则。其一,针对乡镇政府——审判工作白皮书,分析案件办理基本、涉基层组织案件纠纷情况,对司法活动中发现的诉源治理薄弱环节予以提示。实践中,斋堂、汤河口两家人民法庭建立了涉诉月度通报机制,通过有效缩短问题反馈周期提升治理效能。其二,针对职能部门和属地企业——司法建议,总结分析审判中的新情况、新问题,向职能部门和属地企业提出司法建议,引导完善监管、填补漏洞,把类似矛盾纠纷化解于萌芽。其三,针对人民群众——类案分析通报,结合乡村案件高发领域,对于涉土地流转、婚姻继承、征收拆迁等常见类型案件,分析矛盾纠纷成因、梳理案件裁判标准、总结典型案例形成风险警示提示。

2. 成果共享主动“定制”普法积极传播法治理念。提升全社会的法治理念,不仅是防止矛盾在源头产生的重要手段,而且提升基层治理水平。就人民法庭实践而言,其一,专题式普法,一方面结合重点法律宣传任务,如对《民法典》、防范养老诈骗、“双减”等进行普遍式宣传;另一方面结合区域案件类型特点开展类案专题宣传。其二,巡回式普法,激活人民法庭小、快、灵、可移动性强、贴近人民群众的优势,发挥司法的规范和引领作用,以巡回审判的方式，通过真实生效的司法案例，向广大人民传递正确的价值取向，同时强化法治意识和规则意识，从根源上减少矛盾滋生。

3. 生态共享践行“无讼”理念开展示范村居建设。人民法庭以“无讼示范村居”创建为核心，整合党委政府、人民法庭、派出所、司法所、村（居）委会、基层人民调解组织等纠纷化解力量，形成人民调解、行政调解、司法调解联动衔接工作格局，助力基层社会治理。一是落实递进式调解体系，明确村居矛盾纠纷发生后，涉诉主体按照“村居—司法所、包片法官—法院”的顺序开展调解，四级过滤实现大部分矛盾纠纷化解在诉前；二是协助制定村（居）民自治章程，主动协调基层组织对朴素的乡规民约进行细化和提升，对矛盾多发领域重点规范，形成村（居）民自治章程。比如，门头沟法院斋堂法庭协助36个村制定完善村民自治章程；[①]密云法院溪翁庄法庭制作民间借贷、农村建房等常用合同范本供村民使用。

三、问题检视：人民法庭能动参与诉源治理的现实“瓶颈”

案件数量变化是衡量一个地区诉源治理情况最直接的标准。自2019年以来，人民法庭新收案件数整体呈下降态势，虽然2021年、2022年相较于2020年仍有上涨，但对比2019年和2022年新收案件数，发现样本法庭中有7家实现新收案件数下降，下降幅度在0.2%～45.41%。[②] 其中，乡村型法庭有3家下降、2家上升，平均下降幅度为5.4%，下降幅度最高达到15.19%（见图1）；城乡结合型法庭有4家下降、1家上升，平均下降幅度为39.25%，下降幅度最高达到48.34%（见图2）。由此可以看出，相较于其他领域，乡村法庭仍是人民法院诉源治理的薄弱环节，辖区矛盾纠纷数量无实质性减少，真正的治理问题并未得到进一步解决。

---

① 《深山法官：走出法庭，深入群众，讲一口流利的“斋语”》，载北京日报网2022年4月22日，https://baijiahao.baidu.com/s?id=1730793409023150394&wfr=spider&for=pc。

② 数据来源：北京市高院智慧云数据服务平台。

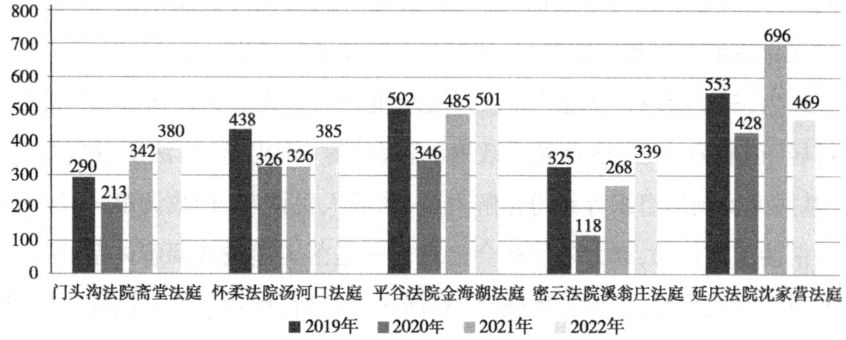

图1　2019—2022 年样本法庭中乡村型新收案件数

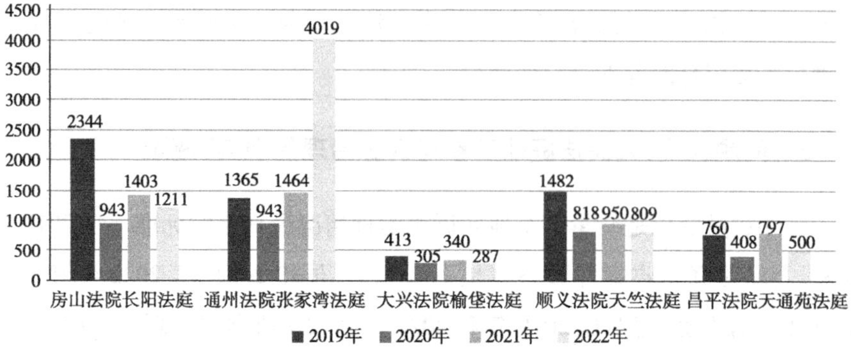

图2　2019—2022 年样本法庭中城乡结合型新收案件数

(一)诉源治理主体资源整合乏力

作为基层治理的系统组成部分,诉源治理充分体现了综合治理、系统治理、依法治理、源头治理相结合,自治、法治、德治三治融合的治理思路,其推进依赖党委的统筹领导与多方主体共同参协同行动。[①] 然而,在当前基层诉源治理格局中,法院主导仍为主要模式,参与主体缺乏主动、缺少融合、各自为政,"非实质协同"导致治理机制难以长效运行;具体到人民法庭,以一对

① 王洛忠、杨济溶:《国内近五年(2016－2021)矛盾纠纷源头治理研究:综述与评估》,载《山东行政学院学报》2022 年第4 期。

多的治理局面不仅暴露出“运动式治理”的问题，实际治理效能亦不能达到预期目标。

1. 主体责任不清，参与治理方式被动。诉源治理参与主体多样复杂，纵向上包括乡镇政府、村居社区，横向上涉及基层治理单位、基层党组织、公共法律服务中心、基层综治中心、矛盾纠纷一体化调处化解中心等。然而，当前诉源治理格局并未有统一政策性文件支持，未对各类主体在诉源治理工作中的具体职责、参与尺度、参与方式、考核标准确予以明确，矛盾化解部门缺少固定议事机构，相互之间沟通协调难、职责明晰难、同向发力难。人民法庭虽然积极主动对接各类主体，围绕区域重点工程主动研判风险、梳理类案风险主动通报，但由于其他主体缺乏主体意识，参与治理的方式仍停留在找法庭、配合法庭的层面，距离实现能动推进治理、源头遏制纠纷的目标相距甚远，使人民法庭诉源治理仍像一支“独奏曲”，缺乏整体协奏配合。

2. 共治平台分散，资源缺乏有机整合。党的十九大以来，最高人民法院主导的诉讼服务体系和司法部主导的公共法律服务体系在各自领域积极探索化解社会矛盾纠纷的治理之道。近年来市域治理概念的提出，更是把化解矛盾纠纷推向高潮。① 然而，各种体系都陷入了“非实质协同”的两难困境。一方面，在中心意识的干扰下，各自为政、各司其法，调解资源、调解数据分散在不同部门和平台，且相互之间对接联通缺乏统筹指导，难以形成合力。另一方面，各类主体之间缺乏常态有效的交流平台，彼此对于治理难点、解纷难点难以有效沟通，虽然人民法庭通过白皮书、司法建议、新闻通报会等形式定期向各治理主体反馈问题，但这种反馈仍局限于单方面输出。

（二）分层解纷机制过滤效用弱化

坚持多元化矛盾解决机制，预警措施、解纷措施和调解措施齐头并进，

---

① 杨凯：《论公共法律服务与诉讼服务体系的制度协同》，载《中国法学》2021年第2期。

是矛盾纠纷源头治理的优选方案。[①] 作为法院的延伸,人民法庭既是多元解纷机制的参与者,也是其成果的享有者,多元解纷机制效用的发挥,决定成诉能否实质性下降。然而,受解纷主体能力水平的影响,多元解纷机制效用并未充分发挥,对矛盾纠纷的分层过滤并不明显,大量可调解矛盾形成诉讼。

案例一 【被继承人债务清偿纠纷案】[②]被告梁1、梁2、梁3、梁4之父梁某在村内开展房屋改造时请原告于某为其装修房屋,约定装修费4万元,在村委会下发的补贴由于某直接领取即可。该房屋系险村改造房屋,申请时梁4因出嫁未取得份额,梁1、梁2、梁3以及其父四人享有份额,补偿款领款人为梁3,后其约定房屋归梁1、梁2所有,梁3享有房屋再拆迁的补偿。之后,梁某去世,村委会发放补偿款后由梁3取得,于某发现补偿款被领取后向村委会反映其曾为梁某家装修房子,约定补偿款4万元为装修费。经村委会调解未果,于某以被继承人债务清偿纠纷为由将梁1、梁2、梁3、梁4诉至法院,人民法庭综合考虑继承情况、分家协议、梁1和梁2之间的债务以及梁4与梁1、梁2、梁3之间的诉讼,最终调解成功,由梁2支付于某4万元,后梁2当庭支付。

调解过程

村委会:围绕欠债还钱这一情理进行反复调解

法院:查明事实(房屋是否属于遗产范围)→释法(释明房屋作为遗产时的分配顺序)→明理(谁具有承担债务的责任)→融情(梁1、梁2已经实际享有的房屋利益,梁3、梁4未实际取得占有房屋,且梁2原本欠梁1一万元)

这是一起当下非常典型的、发生在乡村熟人之间的案件,充分反映了目前多元化纠纷解决机制实际运行存在的困境。

1.传统解纷力量消解,解纷格局尚不完善。当前,中国社会正在由一个

---

① 原珂:《中国城市社区冲突及化解路径探析》,载《中国行政管理》2015年第11期。

② 参见(2022)京0109民初4262号民事调解书。

农业社会、乡土社会、封闭的社会向现代社会、契约社会、开放的社会转变。这种转变伴随而来的是基层权力由高度集中转向分散弱化，乡土社会中原本肩负解纷职责、负有解纷义务的大家长、乡贤的权威逐渐消解。一方面，新格局下的基层组织，其工作人员往往不局限于本地，并且呈年轻化趋势发展，缺乏具有号召力和了解村内历史的"老人"，调解经验、水平和权威均无法满足人民群众的解纷期待。另一方面，由于基层仍是法治化的薄弱环节，村委会在调解过程中往往只着重讲情理，缺少基本的释法过程，而随着法治社会不断进步，人民权利意识增强，简单情感式调解被认为是"和稀泥"，已无法满足人民群众的解纷需求。

2. 诉与非诉衔接不畅，解纷内容叠加重复。新解纷格局下，各主体之间信息数据仍处于"孤岛"状态，这种"信息差"对调解效果有很大影响，如案例一中当事人之间另案情况是村委会无法掌握的关键信息。另外，由于调解职能散见于乡镇、调解组织以及人民法院，分层过滤有时会导致有限的人力资源对相同矛盾纠纷的反复多次调解，各环节缺少畅通的信息交换机制，使相同的法律事实要被多次核实，同样的调解手段、调解内容被不同主体分别适用，导致人力资源浪费的同时，加深了人民群众对调解工作和效力的不信任感。

3. 队伍调解能力不足，解纷效果未达预设。在乡镇，多元解纷机制得以运行的关键，在于一支高素质调解队伍，然而，乡村社会法治基础薄弱的现状，决定了调解力量、调解能力无法如城镇化水平较高的地区一般，因此解纷机制实际分层过滤效果并不显著。以门头沟法院人民法庭为例，2021 年审结的 724 件民商事案件中，446 件以调解撤诉方式结案，占 61.6%。其中，以调解方式结案 245 件，以撤诉方式结案 201 件。调撤占比持续高位反映出人民法院加强多元解纷、推进诉源治理的工作成效明显，同时意味着理想状态下，一半以上的案件能通过多元解纷机制提前过滤，无须进入人民法院。

（三）案件类型传统多元交织

1. 人民法庭收案情况。2022 年，样本法庭全年新收 8866 件，案件类型方面,以传统民商事案件为主,其中民事纠纷占2/3,商事纠纷占1/3。收案的主要纠纷类型依次为:民间借贷纠纷1552件,占比17.5%;婚姻家庭、继承等家事类纠纷1067件,占比12.03%;物权类纠纷1238件,占比13.96%;租赁合同纠纷818件,占比9.2%;建设工程类合同纠纷563件,占比6.3%;买卖合同纠纷378件,占比4.26%;其他合同纠纷1171件,占比13.21%;劳务劳动类纠纷596件,占比6.7%;机动车交通事故责任纠纷263件,占比2.9%;生命权、身体权、健康权纠纷194件,占比2.1%;其他纠纷622件,占比7.01%。

案例二　【墓地迁移案】①王某经村民委员会制定,将从征收范围内迁出的10余座先人墓地葬于a地。于某发现10余座墓地出现在其承包地内,向法院起诉,要求王某将墓地迁出,并要求村民委员会为王某迁墓地提供安置场所。

2. 案件法律关系简单但实质性化解难度大。乡村地区传统类型案件仍是矛盾纠纷的主要类型,以门头沟法院为例,在2022年该院3家人民法庭共审结986件,法官年人均办案数178件。在已审结案件中,案由排名前三的依次为劳动劳务类纠纷,占比17.4%;婚姻家庭继承类案件,占比13.8%;民间借贷纠纷,占比7.7%,共计占比38.9%。这类熟人社会下涉及家长里短、邻里纠纷、日常生活的案件,往往因当事人之间关系复杂、矛盾较深等,诉前调解难度大,"一纸判决"也无法对纠纷实质性化解。比如,案例一中,涉案标的仅4万元,但法官在调解中需要查明大量如拆迁政策、补偿情况以及当事人家属之间的债权债务关系等,才能推进调解;案例二中,王某墓地占用于某承包地,其法律关系并不复杂,但因涉及地方风俗,需要法官办案中做大量疏导和协调工作。

3. 经济发展伴随案件多元但专业化解力量弱。全面推进乡村振兴意味着乡村产业发展,更多的乡村正在向城乡接合地区转变,这种渐进式的变化随之而来的是案件类型的多元化。一方面,大规模开展农村人居环境整治

---

① 参见2014年门民初字第03068号民事判决书。

下，部分村镇大力推行险村改造及美丽乡村建设，在村集体基础设施建设过程中，建设工程合同纠纷、劳务纠纷及相邻关系纠纷矛盾突出涌现。另一方面，农村乡土中存在的特殊问题，诸如乡土中存在的因土地承包、流转、征用和违章建筑等引发的问题，仅凭行政或司法手段，均不能得以有效解决，只有行政、司法合力才能切实解决上述纠纷。

4. 基层组织民商事案件受区域政策性因素影响大。人民法庭地处镇街之中，法官和基层组织联系、融入相较与一般业务庭室更为密切。一方面，受到“两委”换届选举等影响，客观上容易引起短期内基层社情不稳定，“新官不理旧账”等历史遗留问题在此“临界点”更为凸显，特别是部分大额标的债权债务纠纷，成诉后因纠纷时间跨度长、证据缺失、交接不规范等，导致案件事实难查清、化解难度大。另一方面，随着执法权下沉基层，像“基本无违建区”创建等重点工作的快速推进，基层组织在承担大量一线任务的同时，更深入触及群众切身利益，涉及物权保护、租赁合同的后续纠纷涌入法院。

（四）司法服务供给需求对接失衡

1. 诉源治理需求情况。2021 年，北京法院在 12368 开通诉源治理渠道，样本地区法院收到诉源治理类工单 214 个，2022 年增长至 5509 个，同比增长 2474%，社会各界对诉源治理工作需求量激增。① 在 5509 个诉源治理类工单中，需求对象为人民法庭的 2055 个，超过全部工单的三分之一。(1) 从需求主体上看，主要包括镇政府、村委会、司法所、调解委员会及调解员、企业、个人六类主体，其中镇政府 713 个，占比 34.69%；村委会 294 个，占比 14.3%；司法所 559 个，占比 27.2%；调解委员会及调解员 199 个，占比 9.6%；地区企业 137 个，占比 6.67%；居民或村民 151 个，占比 7.3%（见图 3）。(2) 从治理需求上看，可以总结为法律咨询、普法宣传、法律讲座、协助调解四类需求。

① 数据来源：北京法院智慧云数据服务目标责任制考核诉源治理模块。

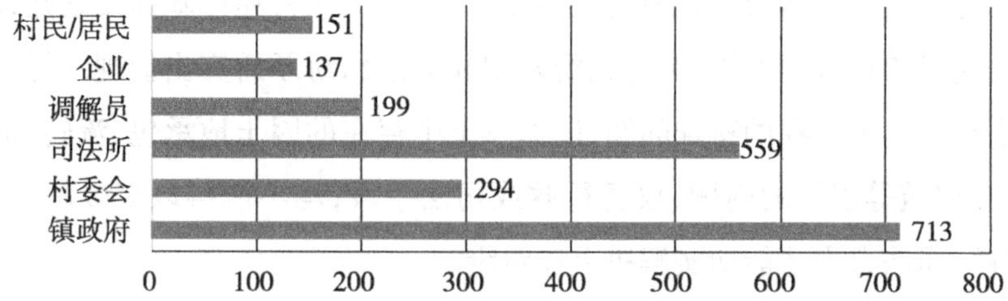

图 3　样本地区人民法庭诉源治理工单需求涉及主体

具体而言，如图 4 所示，法律咨询类 541 个，占比 27%，其中法律风险咨询 399 个；法律案件咨询 142 个，主要涉及征收拆迁、婚姻继承。普法宣传类 435 个，占比 21%，其中需求人民法庭独自开展普法活动 362 个，需求人民法庭协助开展普法活动 73 个，主要涉及《民法典》、农村土地流转、养老诈骗、婚姻继承等普法。法律讲座类 355 个，占比 17%，即需求人民法庭为来电主体内部人员开展法律知识、纠纷解决培训等。协助调解类 724 个，占比 35%，需求人民法庭协助开展调解工作，其中以村委会为需求主体的 217 个，以调解委员会或调解员为需求主体的 507 个。

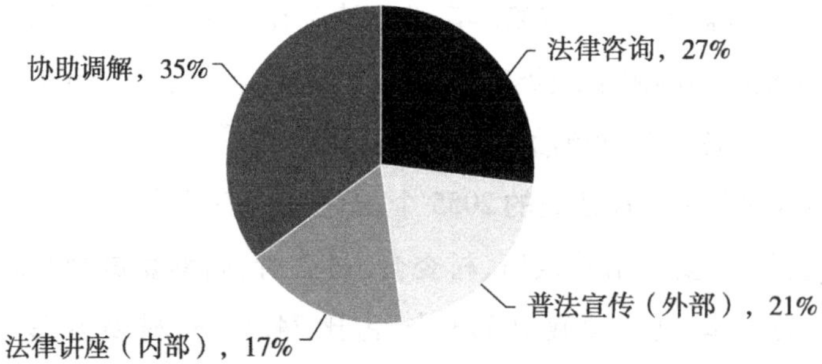

图 4　样本地区人民法庭诉源治理工单需求分析

2. 注重“漫灌式”普法宣传，但忽视参与力量的治理需求。一方面，治理主体与人民法庭在宣传普法上可能存在任务重叠，比如，都需要对《民法典》、防范养老诈骗、扫黑除恶专项斗争等开展宣传。人民法庭由于身处法律一线、具有司法职能，此类宣传普法对其而言具备较多素材、比较容易开展，但其他参与力量由于法律素养欠缺、法律知识不足，在落实相关工作时往往想请人民法庭参与配合，而法庭早已就相关内容单独开展多次宣传，基于时间和工作的双重考量，难以配合指导普法宣传工作。另一方面，人民法庭比较注重针对社会公众的普法宣传，忽视其他治理主体同样需要提升法律意识、依法治理水平。从17%的法律讲座、讲授法律课的需求来看，其他参与诉源治理的主体在非诉讼事务上对于专业化法律指导仍有较高需求。

3. 注重“请进来”配合调解，但忽视调解力量的指导需求。法律咨询和协助调解，本质上都是希望人民法庭针对个案或者类案的解决，提供法律支撑和思路。63%的该类型工单意味着当前制约调解力量发挥分层过滤作用的主要因素在于其能力跟不上当前多样化的纠纷需求。然而，受到司法中立性影响，人民法庭在诉讼进入法院前，介入解纷工作较为审慎，囿于“人案矛盾”仍是人民法庭面对的主要矛盾，在审判工作之外，没有更多的时间和精力为调解力量开展常规培训并对类案提供法律咨询。

（五）人民法庭人员配备不足

1. 人员配置情况。北京10家郊区法院47个人民法庭人员构成方面，人员配备从6人到21人不等，其中6～10人的17家，11～20人的20家，20人以上人的10家，行政编干警占比66%，40岁以下干警占比86.9%，人力资源与人民法庭的定位基本相适应。具体到样本法庭：（1）人员数量方面。派出法庭人员总数130人，平均13人，其中5家乡村型法庭人员为6～11人，5家城乡结合型法庭人员为10～25人。（2）人员身份方面。员额法官35人，占比26.9%；行政编司法辅助人员51人，占比39.2%，其中行政见习人员（入职第一年）16人，占全体行政编司法辅助人员的31.4%；聘用制司法辅助人员44人，占比33.8%（见图5）。（3）年龄分布方面。平均年龄33.21岁，40岁以下干警占比86.8%，其中，20～30岁56人，占比43%；31～40岁57人，占比43.8%；41～50岁9人，占比6.9%；50岁以上8人，占比6.1%（见图6）。

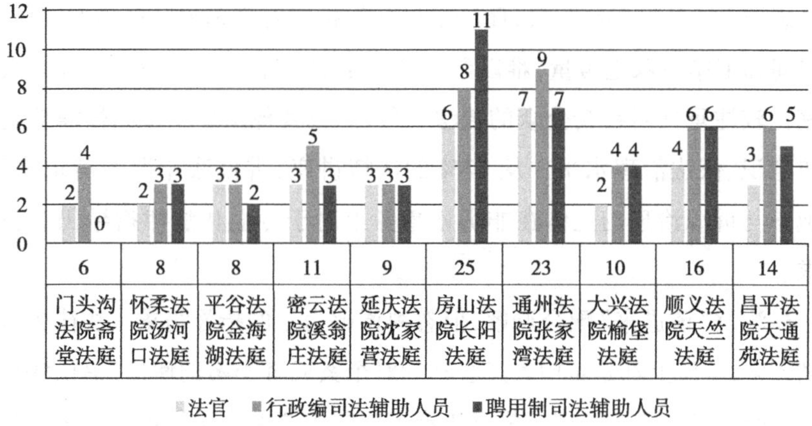

图5　样本法庭人员构成

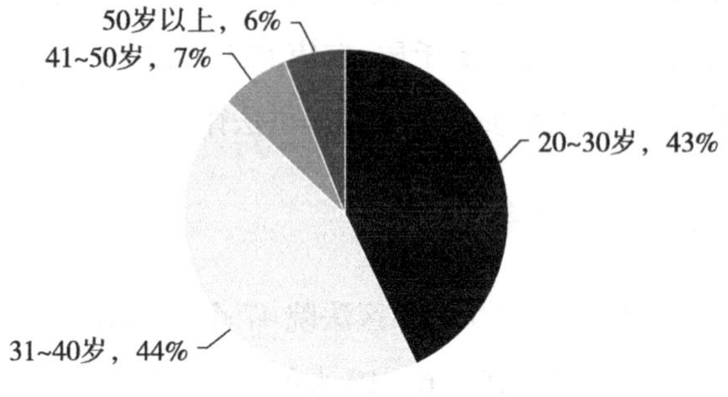

图6　法庭人员年龄分布

2. 人员少年龄轻,专业水平难以应对案多人少矛盾。当前乡村法庭人员配比普遍较少,在郊区 42 家人民法庭中,人员不足 10 人的占比 51.5%,基本等同于普通民事庭 1 ~ 1.5 个团队的人数。从法官人均办案情况来看,10 家样本法庭法官人均结案数为 115 ~ 593 件,平均办理 219 件,约占所在法院全院法官平均结案数的 61.98%(见图 7)。其中,9 家法庭为后端庭室,法官人均办案数未达到所在法院法官人均办案数,仅通州法院张家湾法庭,因配备专门的速裁团队,即前后端一体,法官人均办案数超过全院法官人均办案数。承担办案任务、落实基础工作尚且存在困难,遑论能动地推进诉源治理工作。此外,一些法院积极探索建立新入职人员选派到人民法庭工作锻炼的工作机制,将行政见习人员直接安排至人民法庭,在样本法庭中行政见习人员占全体行政编干警的31.4%。

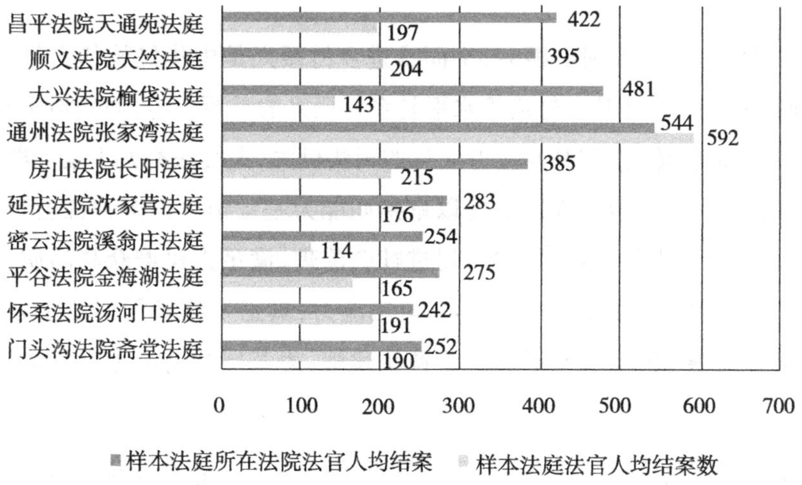

图7　样本法庭法官人均结案数及所在法院法官人均结案数对比

从机制运行情况来看，许多从“校门”直接走进乡村法庭的干警，其以往生长环境、学习背景、知识储备与乡村社会相差甚远，法律知识充分但调解、沟通经验欠缺，专业水平和做群众工作的能力明显与乡村社会司法需求并不匹配。

3. 轮岗多、不稳定，综合能力无法满足诉源治理要求。人民法庭作为法院工作的前沿，是锻炼培养人才的重要平台，一些法院通过安排新晋人员尤其是审判人员、审判辅助人员优先到人民法庭挂职锻炼，建立基层人民法院机关与人民法庭人员之间定期轮岗交流等机制，从而加强人民法庭人员力量，同时消除青年干警个人成长发展之忧。以门头沟法院斋堂、王平村、潭柘寺三家法庭为例，2019年至2022年，人民法庭26人轮岗率达到74%，平均每名干警在法庭时间为1.6年。然而，法庭中的农村非诉事务，特别是诉源治理工作，往往对人员工作阅历、综合能力，尤其是对接党委政府能动参与基层治理的能力、借助社会力量共同对案件实质性化解的能力，具有更高要求，一茬人才养成后，过于频繁的轮岗，让“派驻”变成了“走读”，对法庭开展专业审判以外事务是较大的损失。

四、路径设置:人民法庭能动参与诉源治理的路径完善

民族要复兴,乡村必振兴,全面推进乡村振兴是中华民族伟大复兴的一项重大任务。提升乡村治理水平是乡村振兴的重要内容,而法治是乡村社会治理的保障,法院是高度专业化的司法机关,人民法庭处于服务群众、解决纠纷第一线,也使人民法庭以审判职能为基础衍生出多种社会责任,即立足法定职责推进乡村振兴、促进社会治理、满足人民群众高品质生活需要等。[①] 要不断提高建设水平和司法能力,真正发挥基层司法引领、示范、保障、服务功能,推动矛盾纠纷源头化解,为基层社会治理贡献法治力量。

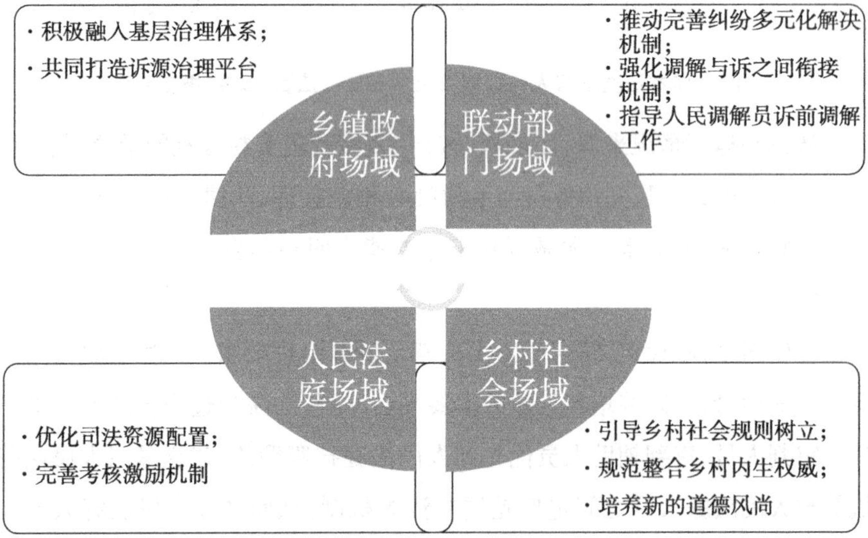

图8

(一)乡镇政府场域:助力健全基层治理体系

《关于推动新时代人民法庭工作高质量发展的意见》中提出,人民法庭

---

① 郑学林、何抒、危浪平、赵志:《〈关于推动新时代人民法庭工作高质量发展的意见〉重点问题的理解与适用》,载《人民司法》2021年第31期。

通过加强源头预防化解矛盾服务基层社会治理。诉源治理与基层治理既有共同目标，又相互促进，基层治理离不开法治手段，而诉源治理正是基层治理法治化的有效模式，人民法庭是基层治理的参与者，同时又是诉源治理的引导者，要多角度、多维度、全方位地融入基层治理体系，借助基层治理大平台推动人民法庭诉源治理工作。

1. 积极融入基层治理体系。全方位融入“党委领导、政府负责、民主协商、社会协同、公众参与、法治保障、科技支撑”的基层社会治理体系，通过研判潜在风险、提供裁判尺度、提出司法建议参与基层治理的同时，紧紧依靠基层治理推动诉源治理工作。把责任融进去，推动基层党委政府出台文件，或在基层治理文件、平安建设文件中，明确公安、检察、司法、政法委、社区（基层组织）等各类治理主体在诉源治理中的具体定位和职责。把任务融进去，找准诉源治理与基层治理在工作目标、工作任务、工作考核之间的结合点，真正形成“有事共协商、难题共探讨、信息共交流、风险共承担、成果共享受”的基层社会治理“利益共同体”，借助基层治理之力，推动诉源治理各项任务得以落实。

2. 共同打造诉源治理平台。发挥整合社会治理资源的作用，在线上，全面整合矛盾调解系统、人民调解大数据平台、在线矛盾纠纷多元化解平台、审判管理系统，打造开放共享的基层治理服务平台，对矛盾纠纷的处理进行可视化管理，对处于萌芽状态的矛盾纠纷及时发现、预警，同时为矛盾纠纷化解工作考核、办案、查人找物等提供大数据支撑。在线下，推动将诉源治理议题纳入乡镇政府议事范畴，实现参与治理主体就 12345 排查涉法涉诉、诉前化解信息、落实诉源治理任务存在的问题等内容进行定期共享，推动人民法庭不断优化工作机制。

（二）联动部门场域：推动源头预防化解矛盾

法院从来不是人们获得正义的唯一渠道，行政、仲裁、调解、和解以及其他各种纠纷解决方式同样可以或实际提供了公正的纠纷解决。① 在联动部门场域,人民法庭是多元化纠纷解决机制的推动者,要借助人民法庭处于矛盾解决第一线的地位,既要保持司法权的中立性又要在基层治理中有所作为,积极发挥与所在地乡镇党委政府及其职能部门、村(居)委会以及其他基层群团组织等各类主体的良性互动关系凝聚起多元解纷的强大合力,从源头上减少诉讼增量。

1. 推动完善纠纷多元化解机制。发挥乡镇、村、社区基层治理的主导作用,以人民法庭和诉讼服务站为依托,以法官联络点为触角,整合行政、司法及人民调解、行业调解组织等资源,构建镇、村(社区)、人民法庭三级纵向网格和部门、行业、协会群团横向网格,形成横向到边、纵向到底的治理格局。推动一站式多元解纷向基层延伸、向社会延伸、向网上延伸、向重点行业领域延伸,健全预防在先、分层递进、专群结合、衔接配套、全面覆盖、线上线下的一站式多元解纷机制,凝聚起多元解纷的强大合力,从源头上减少诉讼增量。

2. 强化调解与诉之间衔接机制。正向畅通调解信息,明确村委会、司法所(调解委员会)、人民法庭调解工作之间的衔接。对于调解员因不熟悉法律规定、不确定调解思路的,依托法官联络室、12345/12368 双号联通等平台及时反馈。对于确实无法调解的,在经过二级调解后,由最后开展调解工作的部门将相关信息和调解情况反馈至人民法庭,便于人民法庭开展后续调解工作。反向推动多元解纷,确定立案后,将家事纠纷、相邻关系纠纷、劳动争议纠纷、交通事故赔偿纠纷“四类案件”委派调解,对达成有给付内容或者履行期限的人民调解协议,调解组织应当告知当事人可以向人民法庭申请司法确认,提升当事人对调解效力的认同度。

3. 指导人民调解员诉前调解工作。要积极培植和扶持各类纠纷调解和协调机构,引入团委、妇联、工商联等群团组织,发挥各类社会组织在纠纷处

① 苏力:《审判管理与社会管理——法院如何有效回应“案多人少”》,载最高人民法院审判管理办公室编:《审判管理研究与参考》(第一辑),法律出版社 2014 年版,第 86 页。

理中的作用，培养乡村居民形成“办事依法、遇事找法、解决问题用法”的行为自觉，为基层建设营造良好的法治环境。加强对人民调解工作的指导，提升调解队伍专业化水平，增强人民调解的权威性。定期对调解员开展法律业务知识和调解技术的培训工作，建立常态化学习机制，通过召开座谈会、经验交流会、组织庭审观摩等方式开展调解业务学习。对于经过村委会、司法所两级调解最终在人民法庭调解成功的案件，定期制作调解要点、难点分析以及调解典型案例，通过座谈会、白皮书等形式向基层调解组织反馈，帮助提升调解队伍能力。

（三）乡村社会场域：加强基层社会法治建设

我国基层社会的治理实践大致经历了一个从“信访治理改革”到“行政执法改革”再到“司法改革”的演变过程，呈现出从高度依赖“行政治理”到逐渐转向“司法治理”的过程。治理是乡村振兴的前提，人民法庭亟须通过加强基层社会法治建设，推动实现自治、法治、德治相结合的乡村治理体系，推动建立共建、共治、共享新格局。

1. 引导乡村社会规则树立。基层社会治理，除了外部力量的干预引导，更重要的是发挥基层乡村的主观能动性，从规范管理上减少矛盾产生才是关键。目前很多基层乡村中的乡规民约一直延续于传统，很多传统已经不符合时代法治的潮流。同时，基于“十里不同风，百里不同俗”的特点，各个不同的乡村村规民俗差异又很大。[①] 因此，人民法庭就要因地制宜地在案件审理过程中总结该地区案件类型特点、乡规民俗习惯，积极参与村规民约的修改、制定与完善，对于乡规民约中与现有法律相悖的，及时提出完善修改意见，并结合乡土人情，制定法律规范范围内又合乎情理的村规村约，理顺规范乡村治理秩序，增强基层自治能力。

2. 规范整合乡村内生权威。2021 年，司法部联合多部门印发《乡村“法

---

① 公丕潜：《人民法庭参与市域社会治理的组织潜能与功能局限》，载《学术交流》2022 年第 11 期。

律明白人”培养工作规范(试行)》,为法治乡村建设提供人才支持,“法律明白人”模式的推进符合习近平法治思想中坚持德才兼备的法治队伍要求。其中“新乡贤”一词被反复多次提及,如大学生村官、机关干部、致富能手、创业模范、成功青年、乡镇企业带头人等就是所称的“新乡贤”队伍。人民法庭要积极吸纳“新乡贤”入编法院队伍,弥合新一代的法官、法官助理对于乡情礼俗的断层,吸纳“新乡贤”进入人民陪审员队伍,通过参与审判弥合法官乡村社会经验的不足,利用常识、常情、常理检验法官对案件事实的判断,尽早提示法院需要注意的风险要点及潜藏的矛盾。借助村规民约、新生乡贤力量来解决邻里之间的生活性矛盾纠纷,推进多元化纠纷解决机制与法治化进程形成良性互动,不断提升案件办理的社会效果。

3. 培养以社会主义核心价值观为主的新道德风尚。人民法庭要立足于职能定位、辖区实际,积极回应乡村社会发展所面临的突出问题,在解决纠纷的过程中充分发挥司法裁判的示范引领功能,推动文明乡村、法治乡村建设。加大以案普法、以案释法和案例指导力度,深入宣传与群众生产生活密切相关的法律法规。通过选取土地承包、婚姻家事、邻里纠纷等与村民生活息息相关的典型案例,深入田间地头、屋场圩场开展巡回审判、以案释法工作,不断提升人民群众的法律素养,努力将社会主义核心价值观内化为乡村居民的自觉行为。

(四)人民法庭场域:提升人民法庭自身水平

人民法庭的高质量发展,是人民法庭能动参与诉源治理、服务基层社会治理的重要保障。面对我国基层社会“诉讼爆炸”状况的产生和“迎法下乡”时代的到来,面对人民法庭“案多人少”、参与基层社会治理乏力的情况,人民法庭可以乘借“司法体制改革”的东风,从人民法庭“资源优化”和“完善保障”的角度进行改革。

1. 优化司法资源配置。针对乡村法庭“人庭矛盾”即法庭比较多、基层治理任务多,人员较少的问题,要通过人员力量倾斜提供解决方案。建立梯队化的轮岗机制,即在选派新入职人员到人民法庭工作的同时,确认选派工作2～3年的法官助理到人民法庭工作，并制定人民法庭干警不低于2年、不超过4年的轮岗期限，完善“以老带新”的传、帮、带制度，确定人民法庭“轮出”的人员类型及比例，确保有足够熟悉社情民意、法庭工作的人员在人民法庭工作，确保干警安心能够安心服务法庭。

2. 完善考核激励机制。充分发挥考核“指挥棒”作用，一方面，推动诉源治理、基层治理工作纳入目标责任制考核人民法庭专项考核指标，引导中、基层法院为人民法庭“减案负、增治效”，将更多司法资源、司法力量主动向人民法庭倾斜。帮助人民法庭找准自身定位，提升工作认识，把参与治理工作当“分内事”而不是“无用功”。另一方面，推动评优评、职级晋升向人民法庭倾斜。由于人民法庭相比院机关业务庭处于相对偏僻地区，办公设施条件存在一定差距，且工作业绩不容易被凸显，被派去人民法庭工作的干警不免有为难情绪。基于此，应当通过激励机制提升主动性，在评优评先、人员提拔上固定人民法庭评选比例，并可适当提高比例，激励和引导更多司法人才甘于扎根基层而不被埋没于基层，充分挖掘优秀人才在基层服务和治理中的聪明才智。

结　语

基层强则国家强，基层安则天下安。习近平总书记强调，“十四五”时期，要在加强基层基础工作、提高基层治理能力上下更大功夫。诉源治理是人民法院参与社会基层治理的重要方式，是一项系统性、基础性、全局性工作，对增强社会矛盾化解能力、提升服务群众工作水平、推动社会治理体系和治理能力现代化具有重要意义。乡村是基层治理的末端，更是基层治理的难点、堵点所在，人民法庭作为国家司法治理的“神经末梢”，是打通司法与民众“最后一公里”的前沿阵地，已经深深地嵌入基层社会治理体系之中，承担着维护基层稳定、化解一线矛盾、保障公平正义的重要职责使命，要充分发挥立足基层、贴近群众的优势，发挥“小法庭”的“大作用”，为基层诉源治理提供坚强法治保障。

民商法治

试析我国数字经济政策的体系化

栾　群[*]　于雯雯[**]

数字经济正在成为新时代经济转型升级的重要引擎和关键力量，发展数字经济是把握新一轮科技革命和产业变革新机遇的战略选择。党的二十大报告明确指出："加快发展数字经济，促进数字经济和实体经济深度融合，打造具有国际竞争力的数字产业集群。"近年来，党中央、各级政府及相关部门等政策制定主体出台了一系列数字经济相关政策文件，指引我国数字经济发展不断做强做优做大。本文尝试对我国国家层面和北京市的数字经济政策集群进行体系化的梳理分析，尝试探讨当前我国国家层面和北京市的数字经济政策布局及发展方向。

一、我国数字经济政策的特点分析和体系分类

（一）我国数字经济政策的特点分析

我国数字经济政策集群伴随着四十多年改革开放，特别是党的十八大以来，国家及地方层面一系列经济改革创新发展过程形成的。从政策目标、政策定位、政策推动、政策内容及政策工具方面来看，我国数字经济政策集群呈现以下主要特点：

---

* 栾群，工业和信息化部赛迪研究院副研究员，法学博士，研究方向为工业和互联网法律、产业布局、城市产业疏解、工业遗产保护利用、数字经济政策等。

** 于雯雯，北京市社会科学院法治研究所副研究员，法学博士，研究方向为网络与信息法。

1. 从政策目标看，数字经济政策主要是以促进传统社会经济数字化转型、提升数字产业化和产业数字化水平、解决新就业（提升劳动者数字化技能）、提高治理现代化水平为目标。

促进数字化转型方面，如《关于推进“上云用数赋智”行动培育新经济发展实施方案》；提升数字产业化和产业数字化水平方面，如《“十四五”数字经济发展规划》《“十四五”国家信息化规划》《“十四五”大数据产业发展规划》《“十四五”软件和信息技术服务业发展规划》《“十四五”信息化和工业化深度融合发展规划》等；解决新就业及提升劳动者数字化技能方面，如《关于发展数字经济稳定并扩大就业的指导意见》提出“扩大就业”和“就业提质扩面”等；提高治理现代化水平方面，如《数字农业农村发展规划（2019—2025年）》提出完善乡村数字治理体系的发展目标。

2. 从政策定位看，着眼于促进数字经济发展的目标，以发展促进类政策为主。

如《“十四五”数字经济发展规划》《“十四五”大数据产业发展规划》等文件的内容以引导、促进型的规范表述为主。再如《关于发展数字经济稳定并扩大就业的指导意见》（发改就业〔2018〕1363 号）把促发展、扩就业的目标和定位直接体现在了题目中。近年来，“产业政策法治化”趋势愈加明显，各地以促进型立法方式将产业政策内容转化为地方性法规内容，如若干省级地方先后制定出台数字经济促进条例。以北京市为例，《北京市数字经济促进条例》于 2022 年 11 月 25 日通过，提出着力夯实数字经济发展的物质和技术基础，确保经济发展成果惠及民生、造福人民美好生活，强化数字经济安全、确保数字经济行稳致远等，为做强做优做大数字经济提供了“北京方案”。

3. 从政策推动看，随着简政放权“放管服”改革持续推进，让市场发挥决定性作用效用日益突出，但政府主导、链主引领的格局将长期持续。

党的十八大以来，党中央、国务院把简政放权“放管服”改革作为政府工作总抓手，陆续出台了《国务院办公厅关于进一步做好“放管服”改革涉及的规章、规范性文件清理工作的通知》《全国深化简政放权放管结合优化服务改革电视电话会议重点任务分工方案》等系列抓实抓细的政策文件，持续在减少行政审批事项、改革商事制度、削减职业资格、清理审批中介、实行减税降费、放开政府定价、压缩专项转移支付、推行清单管理、加强事中事后监管、优化政府服务等方面取得重大进展。习近平总书记指出，使市场在资源配置中起决定性作用、更好发挥政府作用，既是一个重大理论命题，又是一个重大实践命题。政府和市场分别是“看得见的手”和“看不见的手”，有各自作用的边界，要充分发挥市场在资源配置中的决定性作用，更好发挥政府作用，推动有效市场和有为政府更好结合，让一切劳动、知识、技术、管理、资本等要素的活力竞相迸发，让一切创造社会财富的源泉充分涌流，在做大、做好“蛋糕”的同时分好、切好“蛋糕”。

4. 从政策内容看，数字经济政策法律体系目前呈现国家与地方、发展与安全、产业与社会等同时发力的态势，政策内容多点齐发。

从国家层面看，确定数字经济发展作为国家战略，习近平总书记在2022年第2期《求是》杂志发表重要文章《不断做强做优做大我国数字经济》，阐明了发展数字经济的重大意义和重要方向。国家出台《“十四五”数字经济发展规划》《“十四五”大数据产业发展规划》，国家统计局发布《数字经济及其核心产业统计分类(2021)》更加便于数字经济工作开展，都表明国家是将数字经济放在构建国际竞争新优势、助力构建新发展格局的高度来谋划的。从地方层面看，各地纷纷出台数字经济相关政策文件，既是落实国家战略部署，更是挖掘自己的发展优势、抢占新一轮发展的先机，完善当地产业链布局，寻找新发展动力。特别是《法治中国建设规划(2020—2025年)》《法治社会建设实施纲要(2020—2025年)》《法治政府建设实施纲要(2021—2025年)》等明确提出充分利用大数据分析，推动大数据、人工智能等科技创新成果同司法工作深度融合，运用互联网、大数据、人工智能等技术手段促进依法行政等。在各地的数字经济发展政策中，也都既明确了数字经济核心产业发展，又提出加强数字化治理，表现出产业单元也是社会单元的发展和治理理念，体现了新时代产业发展和国家治理的思维转变、组织转变和标准转变。

5. 从政策工具看，除数字经济领域继续应用传统产业政策工具外，为传统工具提供了一些新的可能性，如数字化改造、数字税等。

从政策工具的理论分类上，大致可以分为供给型、环境型和需求型三类简要分类。供给型政策工具为产业发展提供推动力，如对科技创新活动的奖励能促进产业技术水平提升，推动产业高质量发展。环境型政策工具影响产业发展的环境，常对产业发展起到间接影响，如加大知识产权保护力度能提高企业进行研发创新的意愿，随着创新成果的涌现，产业技术水平逐渐提升。需求型政策工具通过稳定并拓宽市场、降低市场不确定性，从而为产业发展提供拉动力，如免征新能源汽车车辆购置税能降低新能源汽车价格，提高消费者对产品的购买意愿。从工具表现形式上看，既有法律法规、各类产业政策、政府采购、国民经济核算、财政拨款/转移支付/补贴等传统政策工具，又有信息化补偿机制、信息化费/税等数字经济领域特有的政策工具，以及 BOT/TOT 等市场化方式，还有新基建如数据交易公共平台等新手段（见表 1）。2022 年 12 月《中共中央、国务院关于构建数据基础制度更好发挥数据要素作用的意见》（业界称为“数据 20 条”）提出，构建数据产权制度、流通交易制度、收益分配制度、数据要素治理制度四方面的数据基础制度，可以预见未来会有更多创新性政策工具出现。

表 1　数据治理政策工具箱

序号	工具名称	主要内容或功能描述
1	法律、法规	《网络安全法》《电子商务法》《数据安全法》《个人信息保护法》等，以及包括国外立法整体或部分制度的借鉴，如美国隐私法案和欧盟的 GDPR 等
2	产业政策	表现为庞杂的国家政策文件，如《中共中央、国务院关于构建数据基础制度更好发挥数据要素作用的意见》《关于促进数据安全产业发展的指导意见》《“十四五”数字经济发展规划》《“十四五”大数据产业发展规划》《国家网络空间安全战略》《关于积极推进“互联网 +”行动的指导意见》等

续表

序号	工具名称	主要内容或功能描述
3	政府采购	一方面,政府采购有利于规范数据治理;另一方面,政府采购本身也需要数据治理,主要包括政府采购预算数据库、项目数据库、监管数据库、代理机构数据库、供应商资料数据库、救济数据、采购绩效评价数据库、业务资料数据库等
4	国民经济核算	国民经济核算是以整个国民经济为对象的宏观核算,这一核算体系与国家的经济体制、国民经济核算范围紧密相关,其中的挂帅指标和主要核算内容对经济社会发展起重要的引导作用
5	财政拨款/转移支付/补贴	财政资金支持产业发展,在数字经济发展初期是必需的;《政府投资基金暂行管理办法》《财政部关于财政资金注资政府投资基金支持产业发展的指导意见》等也有相应规定
6	信息化补偿机制	最典型的是信息化技术改造,这是一种集合行政和市场化手段的制度安排
7	信息化费/税	我国并没有这种税费,但是必要的时候可以考虑用一种惩罚性的纳税或收费方式,刺激主体做数字化转型的安排
8	BOT、TOT 等市场化方式	BOT 即建造—运营—移交方式,TOT 即转让—经营—转让模式,这些投融资模式可以方便政府、企业做投融资运作,更好推进数字建设活动
9	数据交易公共平台	政府可以牵头成立数据交易规范机制,成立专业组织或交易平台,反向倒逼数据采集、隐私保护等关键环节
10	政府强制/行政指导	《行政强制法》明确授权政府可实施暂时性控制行为,一般在数据管理中发现危及网络安全或国家安全时;行政指导通常会结合指导意见等产业政策作出
11	电子政务/信息公开	《政府信息公开条例》明确要求以公开为原则,而政府所掌握的大量的、独有的信息资源的重要性也日渐凸显,政府数据治理的重头戏实际上是自身掌握的数据的治理
12	第三方评测评估评价	绩效评价机制是大数据治理的重要抓手,建立健全"第三方评估"手段,组织开展大数据共享、开放、汇聚、整合、应用的星级评估评价,倒逼地方和部门提升数据治理质量

来源:赛迪智库、西南政法大学《2019 中国数据治理发展报告》

(二)我国数字经济政策的体系分类

政策分类可依据不同的标准进行。较早的分类如从社会性质上分为公有制政策和私有制政策,从范围上分为对内政策和对外政策,从类型上分为基本国策、方针性政策、法规性政策和法律性政策,从作用上分为调节社会经济生活的政策、规范人们行为的政策、鼓励和限制性政策等,从层次上分为全局性整体性和局部个体性政策、特殊政策等,从决策方式上分为主观臆断型政策、实践先导型政策和理论先导型政策等。[①] 根据近期学者的研究,如果按照公共政策的层次和发生、发展的逻辑顺序,在理论上可将政策自上而下分为元政策、总政策、基本政策和具体政策四个层次或类型。展开来讲,即社会主义核心价值观、新发展理念、民主集中制等可归入元政策范畴;社会主义初级阶段基本路线、科教兴国战略、区域协调发展战略等国家战略可归入总政策范畴;计划生育、保护环境等基本国策可归入基本政策范畴。至于具体政策,由于我国的具体政策种类繁多,很难进行科学分类。实际工作中,一般认为只有行政机构的决策才可以称为政策,政策形式主要有行政法规、规章、规范性文件(红头文件)、规划和标准五大类。[②] 此外,还可以依据其他标准对政策进行分类,如按照效力标准,可以分为产业政策和法律法规;按照功能标准,可以分为促进类政策和管制类政策;按照主体标准,可以分为政府政策和行业政策;按照文本标准,可以分为规划、指导意见、方案、指南、细则、标准、指数、目录等。

本研究对数字经济的体系分类主要着眼于其特点、内容及实施目的,大致分为:(1)数字经济基本政策,主要考虑政策层级、宏观引领性及布局性;(2)数字经济区域政策,主要考虑数字经济的跨域网络效应;(3)数字经济平台政策,主要考虑平台在数字经济发展中的关键作用;(4)数字经济安全政策,主要考虑安全对数字经济发展的突出作用。

---

① 王守亚:《论政策的种类》,载《学术界》1988 年第 3 期。

② 耿海清、李南锟、李苗:《我国的政策分类和政策环评主要对象探讨》,载《环境工程技术学报》2022 年第 6 期。

二、数字经济基本政策

我国数字经济基本政策可以从两个维度来解读：一是顶层政策的宏观引领。例如，党的二十大报告指出："加快发展数字经济，促进数字经济和实体经济深度融合，打造具有国际竞争力的数字产业集群。"引领我国数字经济的未来发展。首先，习近平总书记在《不断做强做优做大我国数字经济》一文中已经指出："发展数字经济意义重大，是把握新一轮科技革命和产业变革新机遇的战略选择。"数字经济健康发展，有利于推动构建新发展格局，有利于推动建设现代化经济体系，有利于推动构筑国家竞争新优势。因此加快发展数字经济是我国的必然选择。其次，发展数字经济的主体是促进数字经济和实体经济深度融合。以数字化牵引生产和服务体系智能化升级，带动生产制造、分销售后等环节全面优化升级，促进产业链价值链延展，打造我国经济高质量发展新引擎。最后，我国数字经济发展需要具有国际化的视野和产业集群发展的格局，打造我国的国际竞争新优势。2023 年 2 月，中共中央、国务院印发了《数字中国建设整体布局规划》，将数字经济作为数字中国建设的重要组成部分进行整体布局规划，提出了"2522"整体框架，即夯实数字基础设施和数据资源体系"两大基础"，推进数字技术与经济、政务、文化、社会、生态文明建设"五位一体"深度融合，强化数字技术创新体系和数字安全屏障"两大能力"，优化数字化发展国内国际"两个环境"（见图 1）。二是专项政策的整体布局。如 2021 年 12 月，国务院印发了《"十四五"数字经济发展规划》，对"十三五"时期我国数字经济的发展现状及面临形势进行了分析，明确了"十四五"时期我国发展数字经济的指导思想、基本原则和发展目标，并对"优化升级数字基础设施""充分发挥数据要素作用""大力推进产业数字化转型""加快推动数字产业化""持续提升公共服务数字化水平""健全完善数字经济治理体系""着力强化数字经济安全体系""有效拓展数字经济国际合作"等数字经济发展各方面进行了规划布局。

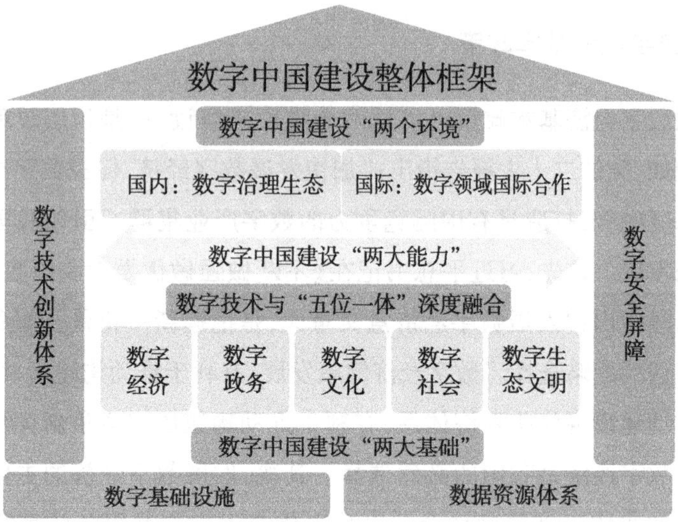

图 1　数字中国建设整体框架

资料来源:网信中国“一图读懂《数字中国建设整体布局规划》”

从北京市的政策情况来看,为了结合本地实际更好落实中央政策部署,北京市也出台了相应的政策文件,促进和保障全球数字经济标杆城市的建设。如 2020 年 11 月,《中共北京市委关于制定北京市国民经济和社会发展第十四个五年规划和二〇三五年远景目标的建议》在“率先探索构建新发展格局的有效路径,建设特色与活力兼备的现代化经济体系”部分专门规定了“大力发展数字经济”,“顺应数字产业化、产业数字化发展趋势,实施促进数字经济创新发展行动纲要,打造具有国际竞争力的数字产业集群,建设全球数字经济标杆城市”。2021 年 7 月,北京市委办公厅、北京市人民政府办公厅印发了《北京市关于加快建设全球数字经济标杆城市的实施方案》,明确了加快建设全球数字经济标杆城市的指导思想、总体目标和阶段性目标,从八个方面打造全球领先的数字经济新体系,组织实施六项标杆引领工程,培育壮大四类数字经济标杆企业等,旨在深入贯彻党中央、国务院关于发展数字经济的决策部署,准确把握新发展阶段,贯彻新发展理念,构建新发展格局,结合本市实际,加快建设全球数字经济标杆城市。2022 年 6 月,北京市第十三次党代会报告指出:“党中央已从战略上布好局,我们要在紧要处落好'五子',即国际科技创新中心建设、'两区'建设、全球数字经济标杆城市建设、以供给侧结构性改革创造新需求、以疏解北京非首都功能为'牛鼻子'推动京津冀协同发展,'五子'联动推进,形成叠加效应,持续提升高质量发展水平",并对"打造全球数字经济标杆城市"进行了专门部署,坚持数字赋能产业、城市、生活,打造引领全球数字经济发展高地。

根据数字经济基本政策布局,数字产业化和产业数字化是我国数字经济发展的两个主要方向。结合《数字经济及其核心产业统计分类(2021)》,数字产业化主要包括计算机通信和其他电子设备制造业、电信广播电视和卫星传输服务、互联网和相关服务、软件和信息技术服务业等;产业数字化是应用数字技术和数据资源为传统产业带来的产出增加和效率提升,是数字技术与实体经济的融合。因此,从纵向上看,围绕这两个主要方向,结合细分领域的具体产业需求,我国数字经济政策体系中还包括为数众多的细分领域的具体产业政策。以软件和信息技术服务业为例,软件是新一代信息技术的灵魂,是数字经济发展的基础,是制造强国、网络强国、数字中国建设的关键支撑。发展软件和信息技术服务业,对于加快建设现代产业体系具有重要意义。党中央、国务院高度重视软件和信息技术服务业发展,实施国家软件发展战略,持续加强顶层设计,专门制定出台了《"十四五"软件和信息技术服务业发展规划》,分析我国所面临的软件拓展数字化发展新空间、新发展格局赋予产业新使命、"软件定义"赋能实体经济新变革、开源重塑软件发展新生态发展形势,提出了"十四五"时期"推动软件产业链升级"、提升产业基础保障水平、强化产业创新发展能力、激发数字化发展新需求、完善协同共享产业生态五方面主要任务。从北京市层面来看,软件和信息技术服务业是北京市的优势产业,北京市在政策方面持续提供保障,如出台了《北京市"十四五"时期高精尖产业发展规划》《北京市推动软件和信息服务业高质量发展的若干政策措施》《北京市区块链创新发展行动计划(2020—2022年)》等,促进和保障产业持续、健康、高质量发展。

三、数字经济区域发展政策

自2015年大数据上升为国家战略,在国家和各级政府的大力推动下,大数据发展持续演进和迭代，大数据因素和政策已经深入人工智能、数字经济、个人信息保护等未来战略制高点和相关国家政策体系之中。2015 年 8 月，国务院发布《促进大数据发展行动纲要》(国发〔2015〕50 号)，发改委、工信部、网信办等部门联合推动建立了 8 个国家级大数据综合试验区(见图 2)。

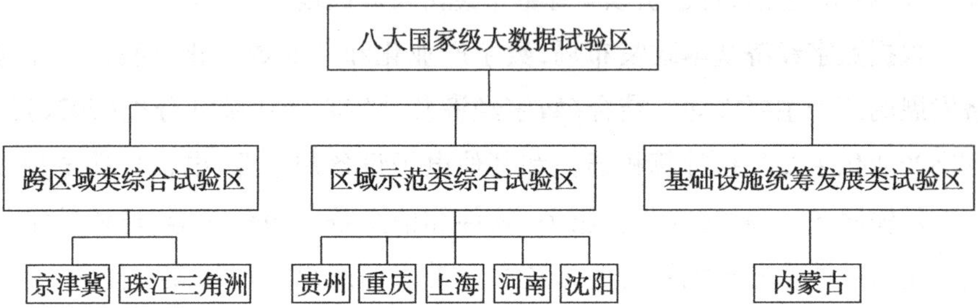

图 2　八大国家级大数据试验区

根据不同的政策侧重，大数据试验区既有京津冀、珠三角等跨区域类综合试验区，也有以重点城市为主要依托的区域示范类综合试验区，还有大数据基础设施统筹发展类综合试验区即内蒙古自治区(见表 2)。设置跨区域类综合试验区主要是支撑跨区域公共服务、社会治理和产业转移，促进区域一体化发展；设置区域示范类综合试验区是着眼于加强大数据产业集聚，更大发挥辐射带动作用；设置基础设施统筹发展类综合试验区是着眼于发挥区域能源、气候、地质等优势，实现统筹、平衡和跨越发展。

表 2　八大国家级大数据综合试验区

地区	试验区	性质	目标效果
贵州	国家大数据(贵州)综合试验区	国家级大数据综合试验区	打造国家级大数据综合试验区。围绕数据资源管理、共享、整合、应用、合作与创新等方面，开展系统性试验，以大数据为引领加快打造创新型中心城市
内蒙古	内蒙古国家大数据综合试验区	大数据基础设施统筹发展类综合试验区	把内蒙古建设成为中国北方大数据中心。具体目标是建设成为中国北方大数据中心、丝绸之路数据港、数据政府先行区、产业融合发展引导区、世界级大数据产业基地

续表

地区	试验区	性质	目标效果
广东	珠江三角洲国家大数据综合试验区	跨区域类综合试验区	形成一批大数据创新应用示范，大数据综合应用居全国领先水平。基于大数据的创业创新和新兴业态蓬勃发展，形成大数据产业集聚发展态势。基本建成辐射带动效应强、示范引领作用显著、具备国际竞争力的跨区域类大数据综合试验区
京津冀	京津冀大数据综合试验区	跨区域类综合试验区	注重数据要素流通，以数据流引领技术流、物质流、资金流、人才流，支撑跨区域公共服务、社会治理和产业转移，促进区域一体化发展
河南	河南国家大数据综合试验区	区域示范类综合试验区	重点在管理机制创新、数据汇聚共享、重点领域应用、产业集聚发展四个方面先行先试，大力提升大数据在促进转型发展中的引领支撑作用，加快推动大数据与传统产业融合发展，不断提高政务民生大数据应用服务能力，探索形成一套适应大数据创新发展的管理机制和发展模式，为国家大数据战略实施提供实践经验和有益借鉴
上海	上海国家大数据综合试验区	区域示范类综合试验区	基本形成数据观念意识强、数据采集汇聚能力大、共享开放程度高、分析挖掘应用广的大数据发展格局，大数据对创新社会治理、推动经济转型升级、提升科技创新能力作用显著
重庆	重庆国家大数据综合试验区	区域示范类综合试验区	加快数据、人才、金融等领域制度创新，激发数字产业化和产业数字化内生动力，培育数字经济新增长点。深度参与数字经济国际合作，共建成渝地区双城经济圈，坚持以数据流带动技术流、物质流、资金流、人才流，推动产业融合、城乡融合、区域融合，加速经济社会数字化转型
沈阳	沈阳国家大数据综合试验区	区域示范类综合试验区	以基础设施统筹、打破信息资源壁垒、发挥数据资源价值为主攻方向，形成若干可复制、能推广的标志性成果，实现全市数据资源全面统筹共享、城市治理能力现代化、产业聚集发展态势明显

来源：根据各国家级大数据综合试验区公开资料整理。

在国家整体规划、区域发展重点确定以后,数字经济政策向着数据+算力平衡方向进一步发展。一方面,随着数据价值和作用的日益凸显,围绕数据的政策布局持续加强。2020 年 4 月,《中共中央、国务院关于构建更加完善的要素市场化配置体制机制的意见》将“数据”首次正式纳入生产要素范围,与土地、劳动力、资本、技术等传统要素并列,我国对于数据的认识更加深化。2022 年 12 月,中共中央、国务院出台了《关于构建数据基础制度更好发挥数据要素作用的意见》,明确指出“加快构建数据基础制度,充分发挥我国海量数据规模和丰富应用场景优势,激活数据要素潜能,做强做优做大数字经济,增强经济发展新动能,构筑国家竞争新优势”。从“建立保障权益、合规使用的数据产权制度”“建立合规高效、场内外结合的数据要素流通和交易制度”“建立体现效率、促进公平的数据要素收益分配制度”“建立安全可控、弹性包容的数据要素治理制度”等方面对数据基础制度进行了政策布局。另一方面,算力网络政策持续推进。2020 年 12 月国家发改委等四部门《关于加快构建全国一体化大数据中心协同创新体系的指导意见》以及 2021 年 5 月《全国一体化大数据中心协同创新体系算力枢纽实施方案》(以下简称《方案》),明确了布局全国算力网络国家枢纽节点,启动实施“东数西算”工程,构建国家算力网络体系。由此可见,传统上我国通信网络主要围绕人口聚集程度进行建设,网络节点也普遍集中于北上广等一线城市;但是近年来,随着数据中心规模快速扩张,对土地供应、能源保障、气候条件等提出了更高要求,现有城市资源,特别是东部一线城市资源,已难以满足持续发展要求,开始向更注重协调发展、更注重数据要素的方向优化调整。

《方案》提出了 8 大国家算力枢纽节点、10 大国家数据中心集群,标志着未来将会围绕数据中心来重构网络格局(见表 3)。这也将成为未来一段时期数字经济发展的重点方向。

表3　国家算力枢纽节点和数据中心集群基本情况

8大国家算力枢纽节点	10大国家数据中心集群	
京津冀	张家口数据中心集群	起步区为张家口市怀来县、张北县、宣化区。积极承接北京等地实时性算力需求,引导温冷业务向西部迁移,构建辐射华北、东北乃至全国的实时性算力中心
长三角	长三角生态绿色一体化发展示范区数据中心集群	长三角生态绿色一体化发展示范区数据中心集群起步区为上海市青浦区、江苏省苏州市吴江区、浙江省嘉兴市嘉善县。芜湖数据中心集群起步区为芜湖市鸠江区、弋江区、无为市。围绕两个数据中心集群,抓紧优化算力布局,积极承接长三角中心城市实时性算力需求,引导温冷业务向西部迁移,构建长三角地区算力资源"一体协同、辐射全域"的发展格局
	芜湖数据中心集群	
粤港澳大湾区	韶关数据中心集群	起步区边界为韶关高新区。积极承接广州、深圳等地实时性算力需求,引导温冷业务向西部迁移,构建辐射华南乃至全国的实时性算力中心
成渝	天府数据中心集群	天府数据中心集群起步区为成都市双流区、郫都区、简阳市。重庆数据中心集群起步区为重庆市两江新区水土新城、西部(重庆)科学城璧山片区、重庆经济技术开发区。平衡好城市与城市周边的算力资源部署,做好与"东数西算"衔接
	重庆数据中心集群	
内蒙古	和林格尔数据中心集群	起步区边界为和林格尔新区和集宁大数据产业园。充分发挥集群与京津冀毗邻的区位优势,为京津冀高实时性算力需求提供支援,为长三角等区域提供非实时算力保障
贵州	贵安数据中心集群	起步区边界为贵安新区贵安电子信息产业园。围绕贵安数据中心集群,抓紧优化存量,提升资源利用效率,以支持长三角、粤港澳大湾区等为主,积极承接东部地区算力需求
甘肃	庆阳数据中心集群	起步区边界为庆阳西峰数据信息产业聚集区。打造以绿色、集约、安全为特色的数据中心集群,重点服务京津冀、长三角、粤港澳大湾区等区域的算力需求
宁夏	中卫数据中心集群	起步区边界为中卫工业园西部云基地。要充分发挥区域可再生能源富集的优势,积极承接东部算力需求,引导数据中心走高效、清洁、集约、循环的绿色发展道路

来源:根据《全国一体化大数据中心协同创新体系算力枢纽实施方案》整理

根据《2022中国数字经济发展研究报告》,我国数字经济的区域发展格局将呈现为“弓箭型”:(1)沿海之“弓”,以京津冀、长三角、粤港澳为核心,环海而立,是打造中国数字产业集群关键所在。(2)长江之“箭”,以成渝、长江中游城市群为核心,连贯东西,推动数字经济从沿海向广袤内陆辐射发展。(3)中部之“弦”,连接京津冀、粤港澳,贯穿中部,中部地区崛起时机成熟,是中国数字经济蓄力张弓、发力放弦的长远需要。当前京津冀、粤港澳、长三角三大城市群数字经济实力稳增,成渝、长江中游城市群加速追赶,区域“五极”悉数登场,中国数字经济“弓箭型”格局已跃然纸上。①

从北京市层面来看,数字经济区域发展政策可以从“两区建设”和“京津冀协同发展”两个方面来观察,而“两区建设”“京津冀协同发展”“全球数字经济标杆城市”正是北京市“五子联动”中的三子。从两区建设来看,北京市是全国唯一的国家服务业扩大开放综合示范区和中国(北京)自由贸易试验区两区叠加城市。两区建设是中央支持北京开放发展的重大政策。根据《深化北京市新一轮服务业扩大开放综合试点　建设国家服务业扩大开放综合示范区工作方案》和《中国(北京)自由贸易试验区总体方案》,数字经济和贸易是九大发展领域之一。从京津冀协同发展来看,京津冀数字经济合作和协同亦是其重要组成内容。如《北京市关于加快建设全球数字经济标杆城市的实施方案》进一步指出:“加快京津冀区域数据中心协同布局,统筹利用周边能源富集地区的算力资源,形成京津冀区域梯次建设、算力一体化的协同发展格局,数据中心密度达到全球领先水平。”围绕数据中心统筹发展,北京市还专门制定了《北京市数据中心统筹发展实施方案(2021—2023年)》。《中共北京市委、北京市人民政府关于加快培育壮大新业态新模式促进北京经济高质量发展的若干意见》指出:“加强京津冀应用场景合作共建。将工业升级改造应用场景作为推动京津冀协同创新重要内容。聚焦津冀钢铁、装备、石化等重点行业的智能化、数字化升级改造需求,深入开展需求挖

---

① 赛迪顾问:《2022中国数字经济发展研究报告》,见《赛迪院长张立发布〈2022中国数字经济发展研究报告〉》,载微信公众号“中国电子信息产业发展研究院”2022年11月16日。

掘和技术梳理，支持企业参与津冀应用场景建设。加快京津冀产业链供应链协同合作，共同构建区域产业创新生态。”

四、数字经济平台政策

平台的概念在产业界最初出现在汽车行业，是指汽车零部件的集成模块，后扩展及整个工业领域，泛指功能模块的集合体。近些年，随着“互联网+”、数字经济特别是移动互联网、工业互联网和物联网的快速推进，在大数据、云计算、区块链等新一代信息技术支撑下，平台经济得到前所未有的迅猛发展，平台更是成为新时代产业经济生态化竞争的主战场和重要载体。现在人们特别是年轻人离不开的网购、团购、餐饮外卖、就诊导医等，都属于平台经济范畴。与以往商业模式相比，平台经济的参与者更多，平台企业本身更是兼具连接、参与、计费、仲裁、管理、监督、保障等多重身份和职责。一些企业已经初步建成或实质上成为相关领域的公共服务平台，甚至具有社会基础设施的性质，其利用类公共权力的优势地位获取了巨大的经济流量。随着平台经济的发展壮大，滥用市场支配地位、不正当竞争、发布违法广告、违法处理个人信息、损害消费者权益等有损公平市场竞争秩序和公共利益的问题日益凸显。平台经济发展对行为规范和责任分配的规则需求比较迫切，而快速更迭的技术与商业模式创新又使具有稳定性特征的法律规则供给的滞后性和不适配性尤为明显。结合表4来看，未来平台经济规范发展、平台经济治理、平台经济监管仍将是重要的方向。

表4　近年来我国平台经济代表性政策动向梳理

时间	文件名称	内容/说明
2022年10月	10月28日在第十三届全国人民代表大会常务委员会第三十七次会议上国家发改委主任何立峰作《关于数字经济发展情况的报告》	提出下一步要支持和引导平台经济规范健康持续发展，完成平台经济专项整改，实施常态化监管，集中推出一批“绿灯”投资案例
2022年5月	全国政协召开“推动数字经济持续健康发展”专题协商会	刘鹤副总理指出要支持平台经济、民营经济持续健康发展，支持数字企业在国内外资本市场上市

续表

时间	文件名称	内容/说明
2022年4月	中共中央政治局会议	提出要促进平台经济健康发展,完成平台经济专项整改,实施常态化监管,出台支持平台经济规范健康发展的具体措施
2022年3月	3月16日国务院金融稳定发展委员会召开专题会议,研究当前经济形势和资本市场问题	关于平台经济治理,坚持稳中求进,通过规范、透明、可预期的监管,稳妥推进并尽快完成大型平台公司整改工作,红灯、绿灯都要设置好,促进平台经济平稳健康发展,提高国际竞争力
2021年12月	国家发改革委等部门《关于推动平台经济规范健康持续发展的若干意见》(发改高技〔2021〕1872号)	坚持发展和规范并重,坚持“两个毫不动摇”,建立健全平台经济治理体系,从治理规则、健全制度、协同治理等方面,为平台经济规范健康持续发展建立章法
2021年9月	《关于加强互联网信息服务算法综合治理的指导意见》	要求健全算法安全治理机制,构建算法安全监管体系,促进算法生态规范发展
2021年8月	《禁止网络不正当竞争行为规定(公开征求意见稿)》	明确禁止二选一、大数据杀熟、强制外链跳转等不正当竞争行为
2021年3月	中央财经委员会第九次会议	我国平台经济发展的总体态势是好的、作用是积极的,同时也存在一些突出问题,一些平台企业发展不规范、存在风险,平台经济发展不充分、存在短板,监管体制不适应的问题也较为突出
2021年2月	《国务院反垄断委员会关于平台经济领域的反垄断指南》	规定了平台、平台经营者、平台内经营者等概念;相关市场界定;有关垄断协议、滥用市场支配地位、经营者集中、滥用行政权力排除、限制竞争等行为的认定

续表

时间	文件名称	内容/说明
2019年8月	《国务院办公厅关于促进平台经济规范健康发展的指导意见》（国办发〔2019〕38号）	提出优化完善市场准入条件，降低企业合规成本；鼓励发展平台经济新业态，加快培育新的增长点；优化平台经济发展环境，夯实新业态成长基础；切实保护平台经济参与者合法权益，强化平台经济发展法治保障

来源：作者根据互联网公开资料整理

从北京市的政策布局来看，主要围绕市场公平竞争特别是加强和改进反垄断和反不正当竞争执法，从优化营商环境和企业合规指引的角度来引领和保障平台经济和平台企业的规范健康发展。如2021年11月，《北京市培育和激发市场主体活力持续优化营商环境实施方案》中规定，"建立全市统一的平台经济监管信息平台，形成'1+N'体系，通过新一代信息技术对平台企业实施智能监测、风险预警、优化服务，及时发现和处置平台垄断和不正当竞争行为。分类制定平台经济'一业一策'工作方案，编制重点领域平台经济合规手册，明确行业主管部门职责，建立健全监管规则，强化合规经营指导；建立行业专家咨询机制，提供反垄断政策法规常态化咨询服务，促进平台经济规范、健康、可持续发展"。2022年1月出台的《北京市营商环境创新试点工作实施方案》在"维护公平竞争秩序"部分指出："加强和改进反垄断与反不正当竞争执法，建立全市统一的平台经济综合监管平台，对平台企业加强监测分析、协同监管，引导平台企业规范、健康、可持续发展。"2021年12月，由北京市市场监管发展研究中心和中国政法大学竞争法研究中心组成课题组发布了《北京市平台经济领域反垄断合规指引》（2021年版），对反垄断法规制的涉嫌垄断行为的基本内容、行为表现和风险提示进行了说明，并列举相应案例，指导平台企业进行反垄断合规管理。在北京市《2023年市政府工作报告重点任务清单》中亦将"积极促进平台经济持续健康发展"作为重点任务之一，指出："创建'全国网络市场监管与服务示范区'，推动形成一批'绿灯'投资案例，支持平台企业在引领发展、创造就业、国际竞争中大显身手。紧扣平台企业在京业务拓展需求,提供更有针对性服务,支持平台经济向硬科技转型。”

五、数字经济安全政策

改革开放以来,我国长期坚持以经济建设为中心,到如今“发展是硬道理”的观念深入人心,“发展是党执政兴国的第一要务,是解决我国一切问题的基础和关键”,国家产业政策也长期紧紧围绕“发展”这一主题。近年来,大国博弈日益激烈、新冠疫情影响深远,之前有利于我国发展的国际环境正在发生变化,竞争对抗意味增加,产业安全紧迫性日益凸显。实际上,从2008年世界金融危机开始国际产业链供应链就进入收缩期,而新冠疫情使供应链本地化和采购多元化力量日盛,这一切都发生在供应链安全和公共卫生安全的政策口号之下。[①] 美国明确将我国置于战略竞争对手的位置,拉拢盟友力图改变所谓以中国为中心的全球供应链体系,拜登总统上台伊始就开展供应链全面审查,泛化使用安全政策。相应地,我国包括数字经济政策在内的产业政策必须着力推进从发展政策向发展—安全政策转型,促进经济社会发展的同时兼顾安全,注重防范化解各类风险。

2022年12月中央经济工作会议提出:“产业政策要发展和安全并举。优化产业政策实施方式,狠抓传统产业改造升级和战略性新兴产业培育壮大,着力补强产业链薄弱环节,在落实碳达峰碳中和目标任务过程中锻造新的产业竞争优势。推动‘科技—产业—金融’良性循环。”会议再次强调发展与安全,虽然从数字经济的政策目的、政策定位、政策推动看发展仍是主题,但是可以想见“十四五”乃至更长一段时期,外部挑战和各种不确定性带来的风险隐患增多,安全始终是政策必须考量的因素。坚持统筹发展和安全是新时代国家安全的必然要求,发展和安全是一体之两翼、驱动之双轮,必须一起谋划、一起部署,协调一致、齐头并进,必须实现高质量发展和高水平

---

① 贺俊:《从效率到安全:疫情冲击下的全球供应链调整及应对》,载《学习与探索》2020年第5期。

安全的良性互动,才能成久安之势、成长治之业。“发展是第一要务”,但是面对复杂多变的环境,要坚持稳中求进的总基调,稳定大局、不断进取。要从问题导向和忧患意识把握新发展理念,构建新发展格局,也要牢牢守住安全发展的底线。《中华人民共和国国民经济和社会发展第十四个五年规划和2035年远景目标纲要》在“营造良好数字生态”一章明确指出:“坚持放管并重,促进发展与规范管理相统一,构建数字规则体系,营造开放、健康、安全的数字生态。”

从安全的角度看,以“安全产业”为颗粒度的政策内容,成为数字经济政策的重要构成部分。网络安全和数据安全需求在产业有效域内被加速释放,进而成为国家关注的事项。我国先后制定了《网络安全法》和《数据安全法》,加强网络安全和数据安全的法律规范和保障。2016年8月,制定出台了《关于加强国家网络安全标准化工作的若干意见》,提出加快开展关键信息基础设施保护、网络安全审查、网络空间可信身份等领域的标准研究和制定工作,深化标准化工作改革,支撑网络安全和信息化发展。习近平总书记强调,要切实保障国家数据安全,强化国家关键数据资源保护能力,增强数据安全预警和溯源能力,要为数字经济营造有利发展环境,加强数据安全合作。党的二十大报告中强调“强化数据安全保障体系建设”,将“数据安全”与经济安全、金融安全、网络安全等放在同等重要位置,将数据安全工作纳入“十四五”规划并连续三年写入政府工作报告。全球数据主权争夺激烈,各国纷纷布局数据安全赛道。美欧等国家和地区从政策、组织机构、市场等方面,引导构建数据安全产业发展格局。2023年1月,工信部等十六部门发布《关于促进数据安全产业发展的指导意见》(工信部联网安〔2022〕182号),提出了提升产业创新能力、壮大数据安全服务、推进标准体系建设、推广技术产品应用、构建繁荣产业生态、强化人才供给保障、深化国际交流合作等方面19条意见,成为落实“数据20条”的产业发展指南。值得注意的是,我国连续四年对外提出数据安全相关倡议,2023年2月我国发布全球安全倡议概念文件,在“重点合作方向”部分明确围绕《全球数据安全倡议》《中国—阿拉伯联盟数据安全合作倡议》《“中国+中亚五国”数据安全合作倡议》展开国际合作,数据安全产业国际合作必将为我国当前扩大深化对外开放打开新的局面。

从北京市的政策情况来看,数字经济安全与数字经济发展同步纳入政策考量。一方面,是根据《网络安全法》《数据安全法》《个人信息保护法》等法律法规的要求,对数字经济参与主体的网络安全管理或保障义务、数据安全管理或保障义务、个人信息保护义务等法律规范通过地方立法或者政策进一步细化,如《北京市数字经济促进条例》专章规定了“数字经济安全”内容,同时加强对相关内容的执法和监管。《北京市“十四五”时期智慧城市发展行动纲要》专门规定,“加强数据安全防护。建立数据分类分级保护体系,明确不同数据安全级别的技术和管理防护措施,完善数据安全监测发现和应急处置体系。建立健全与智慧城市发展相匹配的数据安全治理体系,探索构建零信任框架下的数据访问安全机制。强化对数据专区的安全管控,在深化数据融合应用的同时保障数据安全”。另一方面,是从促进网络安全和数据安全产业发展的角度加强政策引领和保障。近年来北京市基于网络安全企业发展优势大力推进国家网络安全产业园区建设,积极培育网络安全企业集群,如 2021 年 5 月,北京市通州区人民政府制定出台《关于加快推进国家网络安全产业园区(通州园)产业发展若干措施(试行)》,支持激励园区企业发展。

结　语

通过本文的分析,可以大概地看出:我国的数字经济政策无论是在横向政策布局还是在纵向细分领域延伸方面,都在不断丰富和发展,从而形成纵横交错的复杂的数字经济政策体系。北京市从深入落实首都城市战略定位、不断优化提升首都功能出发,根据和落实国家层面的数字经济政策部署,因地制宜制定和出台北京市数字经济相关政策,相应地形成北京市数字经济地方政策体系,推进国际科技创新中心建设、“两区”建设、全球数字经济标杆城市建设、以供给侧结构性改革创造新需求、以疏解北京非首都功能为“牛鼻子”推动京津冀协同发展的“五子”联动,持续提升高质量发展水平。

从发展的角度来看,可能有两个趋势值得关注:一是随着《数字中国建设整体布局规划》的出台,在“2522”整体框架下,数字经济的内涵和外延以及与其他数字领域的关系更加清晰,数字经济政策体系的边界较以往可能会更加明确,在其他领域将会形成相应的政策集群。二是在我国全面依法治国的背景下,政策的法治化趋势将更加明显。当前许多地方已经在加强数字经济立法活动,如北京市制定出台了《北京市数字经济促进条例》,是政策立法形式的创新探索,更是北京市建设数据特区和全球数字经济标杆城市、开展数据基础制度先行示范的制度基础和必要举措。随着数字经济地方立法活跃度的持续增强,国家统一立法进程也将逐步加快。

铸就数字技术创新伦理治理的法治化轨道

毕 娟[*] 董丽丽[**]

数字技术创新是把握好新一轮科技革命和产业变革新机遇的关键和基础,业已成为影响各国经济社会发展的重大变量。习近平总书记指出:"数字技术正以新理念、新业态、新模式全面融入人类经济、政治、文化、社会、生态文明建设各领域和全过程,给人类生产生活带来广泛而深刻的影响。"我国在数字技术研发与应用方面处于世界前列,互联网、大数据、人工智能等数字技术不断取得新突破并造福人民。与此同时,数字技术创新的伦理风险和挑战也随之而来,并日益突出。一旦在研发、设计与应用等环节缺失伦理考量,将直接对人民的安全、尊严、隐私等造成负面影响。中共中央办公厅、国务院办公厅印发的《关于加强科技伦理治理的意见》为以法治思维和法治方式解决数字技术伦理风险问题、加强我国数字技术伦理治理指明了方向。

数字技术创新面临前所未有的伦理挑战。不同于以往任何技术,数字技术正在以前所未有的深度和广度推动人类社会各个领域发生根本性变革,使数字技术创新面临前所未有的伦理挑战、带来特定的伦理问题。首先,互联网、大数据、云计算等数字技术的普及让个人拥有了与物理身份同

* 毕娟,管理学博士,北京市社会科学院管理所副所长、副研究员,研究方向为公共管理、科技政策与管理。

** 董丽丽,哲学博士,北京市社会科学院管理所助理研究员,研究方向为科技政策。

等重要的“数字身份”，一旦个人信息被滥用，将造成隐私泄露、网络暴力等侵害行为，以及信息茧房、数字鸿沟等新型社会不公问题。其次，在自动驾驶、机器人等数字技术应用领域，AI 算法代替人成为新型行为决策主体，此类“数字决策主体”应遵循何种行为规范也是数字伦理亟待解决的重大议题。再次，随着工业物联网、智慧城市等物理世界数字化进程加快，“网络安全”在国家安全中的地位日益凸显，数字技术使用不规范将对国家安全造成重大隐患。最后，元宇宙等新一代数字技术提出建立基于现实社会的“数字孪生宇宙”，这一愿景将打破现有人与世界的基本关系，重构现有经济体系和社会治理体系，从而对建立在“物我两分”世界观基础上的传统伦理观和现有国际经济与社会框架形成根本性挑战。

构建科技伦理治理的法治化体系是数字技术健康发展的重要保障。在个人层面，能够引导个体培养良好的数字伦理素养，防止“隐私泄露”，冲破“信息茧房”，同时化解网络成瘾、短视频沉迷等困扰；在企业与行业层面，有助于减少“数据滥用”风险，防止“数据霸权”与“数据垄断”；在社会层面，可以弥补“数字鸿沟”，维护社会公平；在国家层面，能够保障国家的“网络安全”，同时助力我国提前构建具有全球经济竞争力、政治影响力和话语权的“数字空间”。

构建科技伦理治理的法治化体系，要提升数字技术创新共同体的伦理素养。“徒法不足以自行。”科技伦理治理的法治化体系的社会根基在于社会主义核心价值观主导下的数字技术创新共同体的伦理素养。数字技术创新共同体既包括开发人员、研发机构和企业等数字技术创新主体，也包括政府部门、行业协会等数字技术创新的管理和监督部门，同时还包括公众和消费者等数字技术产品的使用者，以上各个群体共同构成了数字技术创新共同体。社会主义核心价值观主导下的数字技术创新共同体的伦理素养，包括充分认识到数字技术创新与应用中存在的伦理风险，强化底线思维和安全意识，将伦理要求贯穿于技术开发、监管和使用的全生命周期，促进技术创新与伦理协调发展、良性互动，推动数字技术向善发展。

构建科技伦理治理的法治化体系，要健全数字技术创新的伦理治理体制。要推动形成多方参与、协同共治的数字技术伦理治理体系。完善政府数字技术创新伦理管理体制,建立健全由国家科技伦理委员会统筹全局、科技部和国家科技伦理委员会成员单位执行监管与宣教、各地方和行业主管部门分头治理的分层治理体系。同时,在高校、科研机构及企业等创新主体中设立专门的数字技术创新伦理委员会,明确创新主体的权责,发挥其伦理管理主动性。发挥数字技术创新行业协会等社会团体的作用,健全伦理治理社会组织体系。通过加强课题与项目伦理审查和伦理管理等方式,引导数字技术开发人员等自觉遵守数字技术创新伦理规范,确保数字科技活动风险可控、数字技术成果造福于民。

构建科技伦理治理的法治化体系,要完善数字技术创新的伦理治理法律规范体系。习近平总书记明确指出,要加快数字经济、互联网金融、人工智能、大数据、云计算等领域立法步伐,努力健全国家治理急需、满足人民日益增长的美好生活需要必备的法律制度。面对不断创新的数字技术对治理提出的新要求,我国已出台《数据安全法》《个人信息保护法》等法律法规。应在此基础上,加快形成数字技术创新与数字化发展的完备法律规范体系,并配以高效的法治实施体系、严密的法治监督体系,以进一步提升数字技术创新伦理治理的法治化水平。鉴于数字技术创新的国际化特质,应在国家科技伦理委员会统筹规范和协调指导下,积极参与国际数字技术伦理治理相关法律及规则的制定,加快构建具有中国特色、以人民为中心、引领全球的数字技术伦理治理法律及制度体系。

构建科技伦理治理的法治化体系,要强化数字技术创新的伦理评估、审查和监管机制。建立数字技术研发与应用评估及审查机制,开展发布前安全评估审查,确立伦理先行的理念,强调源头治理、注重预防,避免可能出现的各种风险。针对人工智能、无人驾驶等新技术,加强数字技术伦理基础理论研究,为新技术的伦理风险预警、伦理安全评估审查、伦理论证等工作提供支撑和指导。同时,加强对国际合作中的数字技术创新活动的伦理审查和监管。

公司法修订中董监高责任问题的探讨

罗瑞芳*

在《民法典》全面施行和国家大力完善营商环境的背景下,《公司法》启动全面修订。2022 年 12 月,第十三届全国人大常委会第三十八次会议对《中华人民共和国公司法(修订草案二次审议稿)》(以下简称《公司法修订草案》)进行了审议。董监高相关责任制度的完善是本次《公司法》修订的一项重要内容,突出了公司治理中的董事会中心主义倾向。本文将围绕修订中涉及董监高责任问题的相关内容,结合当前司法实践中的热点难点问题,提出几点思考。

一、关联交易相关责任认定问题

所谓关联交易一般是指具有投资关系或者合同关系等关联关系的不同主体之间所进行的交易,又称关联方交易。[①] 我国《公司法》并未明确对关联交易作出界定,仅对关联关系作出规定。《公司法》第 216 条第 4 项中规定:"关联关系,是指公司控股股东、实际控制人、董事、监事、高级管理人员与其直接或者间接控制的企业之间的关系,以及可能导致公司利益转移的其他关系。"关联交易本身是一个中性概念,并且在某些情况下,关联交易于公司而言,还有提高交易效率、节省交易成本等重大价值。但毕竟存在关联人滥

---

* 罗瑞芳,北京市社会科学院法治研究所副研究员,博士,研究方向:物权法、公司法。

① 杨永清、潘勇锋:《公司法修订若干问题探讨》,载《法律适用》2023 年第 1 期。

用控制权、存在巨大利益输送的风险,可能会损害公司利益、股东利益或构成不公平交易。因此,《公司法》第 21 条[①]明令禁止损害公司利益的关联交易行为,并且明确规定如果利用关联关系损害公司利益,给公司造成损失的,应当承担赔偿责任。但非常遗憾的是,《公司法》虽然对禁止损害公司利益的关联交易行为作出了概括性规定,但却缺乏判定属于损害公司利益的禁止性关联交易行为的系统性规则。实践中,主要是从交易信息是否充分披露、交易程序是否合法、交易对价是否公允这三个方面来考察认定关联交易是否合法有效,也即是否损害公司利益。当然,由于交易对价是否公允的问题更多地需要从公司交易自治的角度进行衡量,所以在《最高人民法院关于适用〈中华人民共和国公司法〉若干问题的规定(五)》(以下简称《公司法司法解释(五)》)颁布之前,有司法裁判观点认为关联交易只要未违反程序公平,便可认定为是符合公司自治的,也就不存在自我损害的问题,便可不审查交易对价是否公允等实质公平问题,而直接认定属于合法有效的交易行为。

《公司法司法解释(五)》第 1 条第 1 款规定:“关联交易损害公司利益,原告公司依据民法典第八十四条、公司法第二十一条规定请求控股股东、实际控制人、董事、监事、高级管理人员赔偿所造成的损失,被告仅以该交易已经履行了信息披露、经股东会或者股东大会同意等法律、行政法规或者公司章程规定的程序为由抗辩的,人民法院不予支持。”[②]该条解释规定通常被理解为履行法定程序不能豁免关联交易赔偿责任,即关联交易损害赔偿责任的核心审查标准为实质公平交易,即使关联交易事前已经得到充分披露且程序正当,只要交易对价不公允,法院依然可能判定该关联交易损害公司利益,相关主体需承担赔偿责任,甚至有的法院在审判过程中,根本未对关联

---

① 《公司法》第 21 条规定:“公司的控股股东、实际控制人、董事、监事、高级管理人员不得利用其关联关系损害公司利益。违反前款规定,给公司造成损失的,应当承担赔偿责任。”

② 《公司法司法解释(五)》于 2019 年 4 月 29 日起施行,2020 年 12 月 23 日修正。关于第 1 条的修正内容,主要是增加了《民法典》第 84 条的规定,其他内容没有任何修正变化。本文此处引用的是 2020 年修正后的条款原文。

交易是否已合法表决等程序性事项进行审查。①

《公司法司法解释(五)》第1条规定引入的大背景是为了提升我国在世界银行营商环境评估报告中相关指标的得分。世界银行营商环境评估中"纠纷调解指数"指标包含三个三级指标,其中一个是董事责任程度指数。因为我国公司法体系下追究关联交易项下董事责任的体系设计比较复杂,法律表述也不够清晰,需要做大量的体系性解释才能理解。由此导致我国在关联董事及非关联董事的责任问题上均未得分。② 但是如此绝对化地以实质性交易对价是否公允作为判断标准,会在结果上导致无论是关联董事还是非关联董事均可能仅仅是根据股东会决议实施,完全未参与决策意见的行为承担责任,可能存在对董事苛责过度,同时也使程序的合法性意义落空的问题。有学者也指出,"在董事免责制度立法供给不足的现状下,将相关事项提交作为公司所有者的股东自己决定本可成为董事寻求自我保护和免责的一个重要方式,但《公司法司法解释(五)》所体现的董事责任结果论彻底否定了这一可能性,从而使董事除了要为自身错误承担责任外,还要无条件为股东的错误承担责任,这无疑大大增加了董事的职业风险"。③

《公司法修订草案》承继了《公司法》第21条关于关联交易的概括性规定。同时又增加了关于关联交易的具体程序性规则。《公司法修订草案》第183条规定:"董事、监事、高级管理人员,直接或者间接与本公司订立合同或者进行交易,应当就与订立合同或者进行交易有关的事项向董事会或者股东会报告,并按照公司章程的规定经董事会或者股东会决议。董事会决议时,关联董事不得参与表决,其表决不计入表决权总数。出席董事会的无关联关系董事人数不足三人的,应将该事项提交股东会审议。董事、监事、高

① 参见新疆维吾尔自治区高级人民法院生产建设兵团分院(2018)兵民终32号民事判决书。转引自张漠、钟敏、刘会琳:《浅析非上市公司关联交易损害公司利益的认定标准》,载威科先行·法律信息库网2023年1月19日,https://law.wkinfo.com.cn/professional-articles/detail/NjAwMDAyMDc2NTY%3D?q=%E5%85%B3%E8%81%94%E4%BA%A4%E6%98%93&module=&from=editorial&searchId=675d01576b41451f96e45fcf61bc1468#8。

② 丁勇:《董事执行股东会决议可免责性研究》,载《法学》2020年第5期。

③ 丁勇:《董事执行股东会决议可免责性研究》,载《法学》2020年第5期。

级管理人员的近亲属,董事、监事、高级管理人员或者其近亲属直接或者间接控制的企业,以及与董事、监事、高级管理人员有其他关联关系的关联人,与公司订立合同或者进行交易,适用前款规定。”该规定明确了董监高披露义务适用情形以及关联董事回避原则。与之相关的,第 184 条规定:“董事、监事、高级管理人员,不得利用职务便利为自己或者他人谋取属于公司的商业机会。但是,有下列情形之一的除外:(一)已经向董事会或者股东会报告,并经董事会或者股东会决议通过;(二)已经向董事会或者股东会报告,但董事会或者股东会明确拒绝该商业机会;(三)根据法律、行政法规或者公司章程的规定,公司不能利用该商业机会。”也就是说,在履行了披露义务的前提下,经合法的程序决议是可以豁免其关联交易责任的。同时,针对董事因执行股东决议行为而可能产生的过度苛责的问题,《公司法修订草案》第 191 条规定:“公司的控股股东、实际控制人指示董事、高级管理人员从事损害公司或者股东利益的行为的,与该董事、高级管理人员承担连带责任。”这在一定程度上对分担和平衡董事权责具有实际意义。

公司作为独立于股东的法人主体,当然应突出强调其独立的自主意志能力及有效的责任能力,突出公司董事会的中枢作用,赋予其独立于股东、对公司负责的自主责任能力。因此,不能仅仅是以服从于股东会决议的理由就豁免其关联交易损害公司利益的责任。但是过度以结果论是否构成损害公司利益的关联交易,又难免陷入司法过度干预公司自治、董事责任风险过大,难以调动董事积极性的问题。由此,本文认为,《公司法修订草案》在对关联交易相关披露和决策程序作明确规范的前提下,应当进一步考虑原《公司法司法解释(五)》第 1 条是否保留适用的问题。根本的认识理念是,公司治理需要把握好平衡公司自主经营和司法干预之间的合理限度。《公司法司法解释(五)》制定当时,是囿于法律对于关联交易没有规定普遍适用的正当程序,没有推定结果公平的使用前提,因此在该司法解释中规定了关联交易无论是否遵守程序,交易人均需要证明交易结果公平。但是在本次《公司法》修订已明确了关联交易正当程序的前提下,不公平关联交易的认定规则,就应当理解为遵守了法定程序本身就可推断交易的公平性,只有在没有遵守法定程序的情况下，才需要由交易方进一步举证证明交易结果确实是公平的。[①] 在法定程序前提下的推定公平，即使不作唯一和绝对的认识，也应当在举证责任分配和举证要求方面对主张损害赔偿的公司一方科以更严格的要求，要求其举证证明存在实质上违反法定程序的情形，以及该交易结果实质损害公司利益的情况。

二、关于忠实勤勉义务的一般规定

忠实、勤勉义务，是公司董事、监事、高管对公司负有的基本义务，现行《公司法》第 147 条有明确规定。但是究竟何为忠实义务、何为勤勉义务，公司法并没有给出明确的界定。现行《公司法》仅在第 148 条规定中，以列举的方式列明了违反忠实义务的几种表现形式。这可以说给司法实践中认定忠实义务提出了一些指引，但是对于勤勉义务却没有具体规定。故而，对于勤勉义务的认定一直游走于个案判例的突破中。比如，(2017)京行终 3225 号判决书中，对于任职丹东欣泰电气股份有限公司外部董事胡某勇的责任承担提出了明确的意见，“法律对公司董事的勤勉义务规定较为原则，没有相应的细化标准，但是没有可操作性的细化标准不等于没有标准。与公司内部董事相比，外部董事的职责更侧重于对公司经营活动的监督。设置外部董事等非执行董事的主要作用之一即在于提高董事会的独立性，强化公司的内部监督力度，虽然外部董事一般不直接参与公司的具体经营，但仍然应当具备公司管理所需的必备专业知识，充分了解公司的经营状况，并基于自己的独立判断履行职责”。判决书载明，从“本案胡某勇参加董事会讨论相关财务报告文件的记录看，在董事会表决时，胡某勇的意见都只有简单的‘同意’以及手写的签名，没有任何关于对相关财务会计资料以及外部专业审计机构审计报告的仔细研究、审慎讨论以及提出疑问或风险等记载。在这种情况下，相关财务会计文件经过了外部专业审计机构审计和公司内部审计部门的审核，即使可以适当降低胡某勇证明自己履行勤勉尽责义务的

---

① 杨永清、潘勇锋：《公司法修订若干问题探讨》，载《法律适用》2023 年第 1 期。

程度,但现有证据也不足以就此认定胡某勇已经适当履行了董事所承担的法定勤勉尽责义务”。从该案判决可以看出,对于勤勉尽责的判断标准应当是以董监高善意、合理、审慎履行自己职责为标准,并且对履行勤勉义务提出了独立性要求,即便就专业问题已委托外部专业审计机构开展独立工作,但董监高职责范围内仍负有合理、审慎的注意义务和独立履行职责的义务。

关于何为审慎、合理的履职注意义务,实践判例也提出了明确的判定标准。比如,(2009)沪一中民三(商)终字第969号案判决书提出,判断董事等高级管理人员是否履行了勤勉义务,应该从三个方面加以辨别:(1)须以善意为之;(2)在处理公司事务时负有在类似的情形、处于类似地位的具有一般性谨慎的人在处理自己事务时的注意义务;(3)有理由相信是为了公司的最大利益的方式履行其职责。该案中,李某华在全面负责川流公司经营期间,仅以口头协议的方式与相对方日华公司发生交易行为。按照经营的一般常识,采用口头协议交易的方式,一旦与交易对象产生纷争时,无法明确各自的权利义务关系。因而李某华应有理由相信采用口头协议方式的经营判断与公司的最佳利益不相符合,然而其无视该经营风险的存在,没有以善意(诚实)的方式,按照其合理地相信是符合公司最佳利益的方式履行职务。并且,以一种可以合理地期待一个普通谨慎的人,在同样的地位上,类似的状况下能够尽到的注意义务,履行一个高级职员的职责。因此,李某华明显违反了勤勉义务。

吸收司法实践中提出的对于忠实和勤勉义务的判定标准,《公司法修订草案》第180条对于忠实义务和勤勉义务作出界定,“董事、监事、高级管理人员对公司负有忠实义务,应当采取措施避免自身利益与公司利益冲突,不得利用职权谋取不正当利益。董事、监事、高级管理人员对公司负有勤勉义务,执行职务应当为公司的最大利益尽到管理者通常应有的合理注意”。相较现行《公司法》规定,在法律上明确了忠实、勤勉义务的基本判断标准和原则,应当予以肯定。在确定此具体的判定标准的前提下,《公司法修订草案》第182条仍保留了《公司法》第148条关于忠实义务的列举性规定,从条款的精简、科学性等方面进一步作出修订。但是关于勤勉义务,在《公司法修订草案》中却没有如忠实义务一般作出列举,概因此等合理注意的义务内容和形式难以总结为同一的模式,故以“合理注意”为判断标准更为妥当。

三、关于监督、维持公司资本的职责

现行《最高人民法院关于适用〈中华人民共和国公司法〉若干问题的规定(三)》第13条第4款规定:“股东在公司增资时未履行或者未全面履行出资义务,依照本条第一款或者第二款提起诉讼的原告,请求未尽公司法第一百四十七条第一款规定的义务而使出资未缴足的董事、高级管理人员承担相应责任的,人民法院应予支持;董事、高级管理人员承担责任后,可以向被告股东追偿。”该规定的认知逻辑在于,将催缴增资义务视为董事及高级管理人员应履行的勤勉义务范畴。但是该规定本身也有几点语焉不清之处。首先,关于催缴出资的董高责任是否仅适用于增资情况下;其次,关于董高责任承担的前提是否应实质性判断其未履行勤勉义务的表现及与出资未缴足之间的因果关系;再次,关于责任形式究竟为补充责任还是连带责任;最后,责任主体是否限于董高,而排除监事,排除的合理基础和理由是什么?

司法实践也存在诸多观点不一。关于未催缴出资行为本身是否属于未履行勤勉义务行为存在不同的认识。(2014)深中法涉外终字第36号案中,一审法院深圳市福田区人民法院认为,“董事丘某良、黄某贵在2004年11月3日起担任公司董事后,并无证据证明该二人曾经向未完全履行出资义务的股东履行过催缴的义务,也没有证据证明其曾向有关机关要求对股东的该行为进行查处。因此,认定董事丘某良、黄某贵存在怠于履行勤勉义务的情形,依法应当对股东陈某在本案中所确定的对债权人所负债务承担补充赔偿责任”。但深圳市中级人民法院认为,所谓董事的勤勉义务,就是以善良管理人的注意处理公司事务,尽职尽责。但基于经济活动的复杂性以及对董事勤勉义务判断的主观性,不能把公司所有经营的不利后果都归结于董事未尽勤勉义务。结合《公司法》等有关规定发现《公司法》并未对董事的勤勉义务作出明确规定,因此无法判断未催缴股东出资是否属于违反了董事勤勉义务,为此二审改判撤销了董事丘某良、黄某贵对股东未出资债务承担补充赔偿责任的判决。

关于董事未催缴出资与公司所受损失之间是否存在因果关系的问题,也存在不同的认识观点。浙江省平湖市人民法院审理的“艾克森光电(嘉兴)有限公司、陈某追收未缴出资纠纷”案[(2021)浙0482民初2943号]中,法院认为,出资义务是股东的基本义务,而非董事的法定义务,公司董事负有向为全面履行出资义务的股东催缴出资的义务,此亦属于董事勤勉义务的范畴,然而,公司董事未向股东催缴出资与公司所受损失之间并不必然存在法律上的因果关系,不能将该损失一概归咎于公司董事。山东省菏泽市(地区)中级人民法院审理的“江苏润圆地产有限公司、李某君等股东出资纠纷”案[(2021)鲁17民终5264号]中,法院则认为董事李某君未尽到对公司所负的勤勉义务,应当承担责任。当然,在该案中,法院综合考虑董事、高管人员的催收只是股东缴纳出资的外部条件,认缴期限届满后董事任职时间较短等情节,酌定承担在欠缴出资总额5%以内承担补充支付责任。

关于董事催缴出资的义务仅限于增资,还是也约束设立出资催缴呢?从查阅的判例来看,绝大部分是限于增资范围内的出资,典型的例外判例是最高人民法院审理的“斯曼特微显示科技(深圳)有限公司、胡某生损害公司利益责任纠纷”案[(2018)最高法民再366号]。该案提出,公司设立时认缴出资的股东负有的出资义务与公司增资时是相同的,董事、高管人员负有的督促股东出资的义务也不应有所差别,参照适用增资规定。六名董事未履行催缴出资义务的行为与公司所受损失之间存在法律上的因果关系,董事对股东未实际出资金额承担连带责任。

综上,虽然在查阅的判例中判定董事、高管人员承担责任的居多,但也有上述不完全一致的认识观点,承担责任的类型有的判定连带责任,有的判定补充责任,责任范围也有认定全部责任和不同比例责任的差别。鉴于目前《公司法》规定不明确,司法实践观点不一的问题,《公司法修订草案》第51条第1款明确:“有限责任公司成立后,董事会应当对股东的出资情况进行核查,发现股东未按期足额交纳出资的,应当向该股东发出书面催缴书,催缴出资。”这一规定的意义在于:第一,从法律规定层面,明确了催缴义务为公司董事会的法定义务，如果怠于履行该义务，当然就属于董事违反勤勉义务的范畴，这就解决了催缴是否属于董事应履行勤勉义务的认识之争；第二，明确催缴义务为董事会义务，排除了高级管理人员可能被无辜追责的问题，责、权、利更为统一；第三，从规范意义上明确董事会应当进行核查并书面催缴的程序和形式要求，对于司法实践中是否已履行催缴义务及是否存在过错等可能认定不一的问题起到了规范适用的作用；第四，该规定将催缴义务明确界定为董事会应履行的义务，避免董事个人行使权利和履行义务不当，而出现对个别董事过度苛责的问题。同时明确规定为公司成立以后即附随于董事会的义务，也解决了现行《公司法》及司法解释下，仅限于增资场景下适用的问题。但是，按照《公司法修订草案》的规定，在理解适用中也会出现另一个问题，董事会承担责任和董事个人承担责任之间是否完全一致？如果出现持续出资不到位期间，董事会成员更换的问题，那么更换董事是否还需要承担责任？本文认为，还是需要在修订草案或配套司法解释中进一步明确的。

股东出资或增资的催缴义务在现行《公司法》已有涉及，并且在司法中已践行适用多年，其核心逻辑有二：第一，资本维持原则是公司基本原则；第二，股东与公司利益独立，董监高等机构或人员隶属公司组织机构，应当对公司负责。由此，在《公司法修订草案》中，除了对催缴股东出资的规则作出了进一步的完善和修改以外，还明确其他几条规定，以进一步充实资本维持原则的落实。《公司法修订草案》第 207 条规定：“公司违反本法规定在弥补亏损和提取法定公积金之前向股东分配利润的，股东应当将违反规定分配的利润退还公司；给公司造成损失的，股东及负有责任的董事、监事、高级管理人员应当承担赔偿责任。”第 222 条规定：“违反本法规定减少注册资本的，股东应当退还其收到的资金，减免股东出资的应当恢复原状；给公司造成损失的，股东及负有责任的董事、监事、高级管理人员应当承担赔偿责任。”第 163 条规定：“公司及其子公司不得为他人取得本公司的股份提供赠与、贷款、担保以及其他财务资助，公司实施员工持股计划的除外。为公司利益，经股东会决议，或者董事会按照公司章程或者股东会的授权作出决议,公司可以为他人取得本公司或者其母公司的股份提供财务资助,但财务资助的累计总额不得超过已发行股本总额的百分之十。董事会作出决议应当经全体董事的三分之二以上通过。违反前两款规定为他人取得本公司股份提供财务资助,给公司造成损失的,负有责任的董事、监事、高级管理人员应当承担赔偿责任。"

上述法条中均规定了"负有责任的董事、监事、高级管理人员应当承担赔偿责任",其中,"负有责任"应当是指存在实施或为相关的违法违规行为提供积极或消极帮助的行为,违反勤勉义务应当承担的法律责任;"赔偿责任"的形式则应当结合具体案情情况、过错情况、损失情况等决定,可以是连带责任,可以是补充责任,可以全部承担责任,也可以部分承担责任。

四、关于董事责任保险

《公司法修订草案》在现有《公司法》基础上构建了董事对公司、股东和第三人的责任框架,反映了立法机关强化公司董事责任、提升公司治理水平的立法初衷。[①] 董事对公司的责任,延续《公司法》对董事忠实、勤勉义务的主体责任规定,同时也结合司法实践探索作出了一些修正和完善;董事对股东责任方面,《公司法修订草案》第 189 条延续了《公司法》第 152 条规定,"董事、高级管理人员违反法律、行政法规或者公司章程的规定,损害股东利益的,股东可以向人民法院提起诉讼";董事对第三人责任方面,现行《公司法》有所缺失,《公司法修订草案》第 190 条明确了董事对第三人责任,"董事、高级管理人员执行职务,给他人造成损害的,公司应当承担赔偿责任;董事、高级管理人员存在故意或者重大过失的,也应当承担赔偿责任",体现出董事履职行为与社会利益相关联的立法态度。[②] 此外,新《中华人民共和国证券法》第 85 条规定了董事在发行人公司违反信息披露义务时,应与公司承担连带赔偿责任,旨在保护证券市场投资者;《公司法修订草案》第 228 条

① 叶林、叶冬影:《公司董事连带/赔偿责任的学理考察——评述〈公司法修订草案〉第 190 条》,载《法律适用》2022 年第 5 期。

② 姜婷婷:《上市公司董事责任保险之责任范围界定》,载《保险研究》2022 年第 12 期。

新增董事为公司清算义务人,与《民法典》接轨,将清算义务人与清算责任相连接。

综观我国公司法治实践与发展趋势,立法脉络上已初步搭建起了董事责任的框架。在强化董事履职责任和义务的同时,亦应当关注董事履职的保护,这也是充分调动董事积极性的要求。《公司法修订草案》第192条第1款规定:"公司可以在董事任职期间为董事因执行公司职务承担的赔偿责任投保责任保险。"在立法层面首次提出了董事责任保险。董事责任保险,又称董监高责任保险,是一种为公司董监高等人员履职不当行为产生的赔偿责任提供赔付保障的职业责任保险。① 当然,在具体的责任保险产品上,不同的保险公司对于保险责任的条款要求亦不相同。比如,安联公司将董事责任保险的保险责任限于股东和第三人提起的索赔,将投保公司排除在外;华泰和美亚也将被保险公司提出的赔偿请求作为除外责任加以排除。我国在移植董事责任保险制度时,亦将该除外责任作为保险合同内容。②

本文认为,在《公司法修订草案》作出明确规定,以及公司治理结构不断完善发展的背景下,董事责任保险制度必然会日趋完善。具体的责任制度亦应契合我国《公司法》发展的需要,完全移植国外的制度模式,可能存在不能适应我国公司法制度的问题,亦不能发挥该保险制度应有的作用。在我国的法律环境中,随着公司立法的发展完善,出于加强公司治理的实践需要,应当考虑在特定情形下,重新审视将投保公司赔偿请求排除在外的合理性问题。

---

① 赵亚宁:《董监高责任保险法律关系论——以投保公司的复合法律身份为基点》,载《甘肃政法大学学报》2022年第1期。

② 姜婷婷:《上市公司董事责任保险之责任范围界定》,载《保险研究》2022年第12期。

有限合伙人派生仲裁的管辖与适用问题研究

付　冰*

有限合伙人派生(代表)仲裁,其内涵与派生诉讼大体一致,即指当合伙企业的合法权益受到侵害,而执行事务合伙人怠于行使权利追究相关第三人责任时,有限合伙人为了合伙企业的利益,以自己的名义、根据仲裁协议之约定直接向第三人提起的仲裁。《中华人民共和国合伙企业法》(以下简称《合伙企业法》)第68条第2款第7项规定:"有限合伙人的下列行为,不视为执行合伙事务:执行事务合伙人怠于行使权利时,督促其行使权利或者为了本企业的利益以自己的名义提起诉讼。"该条为有限合伙人提起派生诉讼提供了相应的法律依据。相较而言,我国现行法律并没有关于有限合伙人"派生仲裁"的明确规定,使司法及仲裁实践对派生仲裁的管辖认定以及适用条件等问题尚未形成统一的认识。

本文通过梳理和总结现有司法及仲裁实践的观点,就有限合伙人派生仲裁的管辖及构成要件等问题进行分析和讨论,以期对仲裁实践中有限合伙人根据《合伙企业法》第68条第2款的规定,以自己的名义提起仲裁时仲裁机构是否受理等相关问题的解决有所裨益。

---

* 北京仲裁委员会/北京国际仲裁中心立案室,仲裁秘书。

一、关于有限合伙人派生仲裁的管辖问题

(一)现有司法实践观点的总结

鉴于派生诉讼制度的产生系出于保护公司股东或有限合伙人的合法权益,赋予其在满足特定的条件下,突破合同相对性原则,对于侵害公司或合伙企业合法权益的第三人,以自己的名义代表公司或合伙企业向该第三人主张的权利。这就导致该原则的适用与仲裁协议的相对性产生一定的冲突。据此,有限合伙人派生仲裁的管辖问题实质是合伙企业与第三人之间达成的仲裁协议对有限合伙人是否产生效力。现有司法实践就该问题主要存在以下观点。

1. 观点一:否定仲裁协议约束有限合伙人,认为应当由法院进行管辖

部分法院明确持否定观点,认为有限合伙人派生仲裁不属于法律明确规定的仲裁协议效力扩张的情形。当事人采用仲裁方式解决纠纷,应当自愿达成仲裁协议。然而,有限合伙人与第三人之间并未达成仲裁协议,故其提请裁决的事项不属于仲裁协议的范围,应当由法院进行管辖。[①] 其中,陕西省西安市中级人民法院曾以派生仲裁属于《中华人民共和国仲裁法》(以下简称《仲裁法》)所规定的"没有仲裁协议"以及"裁决的事项不属于仲裁协议的范围或者仲裁委员会无权仲裁"的撤销仲裁裁决的情形,[②]撤销了西安仲裁委员会作出的裁决。

不过,需要指出的是,近几年,部分持否定观点的法院亦存在裁判观点的变化情形,如浙江省宁波市中级人民法院在2019年所出具的两个裁定中,

---

① 浙江省宁波市中级人民法院关于钜洲资产管理(上海)有限公司、广州市喜飞广告策划有限公司、宁波高新区新湃玄影股权投资合伙企业合同纠纷一审民事裁定书,(2019)浙02民初175号之一;浙江省宁波市中级人民法院关于钜洲资产管理(上海)有限公司、贵州新湃传媒有限公司、宁波高新区新湃玄影股权投资合伙企业合同纠纷一审民事裁定书,(2019)浙02民初176号之一;上海市高级人民法院关于刘璐、王蓉与上海创丰投资管理股份有限公司、彭某其他合同纠纷二审民事裁定书,(2020)沪民终711号。

② 陕西省西安市中级人民法院关于陕西硒谷产业发展有限公司与朱某某、陈某某申请撤销仲裁裁决特殊程序民事裁定书,(2019)陕01民特6号。

否定了仲裁协议能够约束有限合伙人,但在2020年就类似的案件,[①]却作出了认可仲裁协议约束有限合伙人的裁定。

2. 观点二:肯定仲裁协议约束有限合伙人,仲裁机构有管辖权

部分法院或仲裁庭持肯定观点,认为有限合伙人虽然不是载有仲裁协议的当事人,但是其是基于合伙企业与第三方之间的合同关系向第三方主张合伙企业在该合同项下的相关权利,故应当受合伙企业与该第三方达成的仲裁协议的约束。[②] 有限合伙人可以以自己的名义依据该仲裁协议,向仲裁机构提出关于该第三方向合伙企业支付相应款项或履行相应义务的仲裁请求。

(1)陆某某、邵某等合伙纠纷案[③]

该案中,有限合伙人陆某某、邵某主张如下观点:一是合伙人代表诉讼,与一般的合同纠纷不同,应当按照《合伙企业法》并参考《最高人民法院关于适用〈中华人民共和国公司法〉若干问题的规定(四)》第48条、第49条、第50条及第55条的指导精神,向一审法院提起诉讼,由法院进行管辖。二是有限合伙人并未与昆吾九鼎投资管理有限公司达成仲裁合意,双方不存在合同关系,不受仲裁条款的约束。

对此,江苏省苏州市中级人民法院认为,陆某某等人作为合伙企业的有限合伙人,起诉要求昆吾九鼎投资管理有限公司向合伙企业返还多收取的管理费,属于合伙人代表诉讼。案件审理的争议应为昆吾九鼎投资管理有限公司与合伙企业间的《委托管理协议》争议,故应当按照该协议中的仲裁条款来确定管辖。

---

① 浙江省宁波市中级人民法院关于钜洲资产管理(上海)有限公司、广州乐福文化发展有限公司、喀什乐福娱乐有限公司等合同纠纷二审民事裁定书,(2020)浙02民终725号。

② 黑龙江省高级人民法院关于楼某某合伙协议纠纷二审民事裁定书,(2019)黑民终142号;江苏省苏州市中级人民法院关于陆某某、邵某等与昆吾九鼎投资管理有限公司、苏州昆吾九鼎投资中心管辖裁定书,(2018)苏05民辖终1492号;宁波高新技术产业开发区人民法院关于钜洲资产管理(上海)有限公司合同纠纷一审民事裁定书,(2019)浙0291民初2860号;浙江省宁波市中级人民法院关于钜洲资产管理(上海)有限公司、广州乐福文化发展有限公司、喀什乐福娱乐有限公司等合同纠纷二审民事裁定书,(2020)浙02民终725号。

③ 江苏省苏州市中级人民法院关于陆某某、邵某等与昆吾九鼎投资管理有限公司、苏州昆吾九鼎投资中心管辖裁定书,(2018)苏05民辖终1492号。

(2)北京仲裁委员会/北京国际仲裁中心(以下简称北仲)受理的部分案件

北仲所受理的部分案件仲裁庭亦是持此肯定观点。主要理由:一是在管辖方面,仲裁庭认为申请人的仲裁请求在仲裁标的、争议范围、请求依据以及诉讼(仲裁)利益归属等方面,均未超出案涉合同仲裁条款所约定的仲裁事项范围,故应当依据案涉合同项下的仲裁条款确定管辖;二是就申请人是否享有诉权的判断方面,仲裁庭认为当事人的争议焦点系基于案涉合同管辖权所产生的,属于仲裁庭有权裁量的范围。基于此,部分案件的仲裁庭认为北仲对案涉争议有管辖权。

3. 观点三:涉及实体审查,可由仲裁庭依仲裁程序进行判断

此外,实践中,部分案件当事人向法院提起的"确认仲裁协议对有限合伙人生效或不生效之诉",从而试图通过司法审查的途径得到法院就有限合伙人派生仲裁问题的相关态度或观点。然而,部分法院并未就该问题给出明确的结论,而是从侧面论述法院对仲裁协议效力的司法审查仅限于就"仲裁协议本身的效力"进行判断,即是否具有《仲裁法》第 16 条规定的请求仲裁的意思表示、仲裁事项和选定的仲裁委员会这三个要素以及是否存在第 17 条规定的无效情形。关于"仲裁协议对当事人是否具有约束力"的问题,因涉及实体审查,应由仲裁庭依仲裁程序作出裁决,当事人可向仲裁庭进行主张,亦可在仲裁裁决生效之后以此为由申请撤销仲裁裁决。[①]

例如,北京市第四中级人民法院在钜洲资产管理(上海)有限公司与贵州新湃传媒有限公司申请确认仲裁协议效力纠纷案中,[②]认为有限合伙人以其并非仲裁协议签订人为由,请求法院确认其加入的合伙企业与案外人签订的三份协议中的仲裁条款对有限合伙人无法律约束力,该申请提出主体及内容均不是仲裁协议效力审查案件的受理范围。故北京市第四中级人民

① 马军、杨晋东、邢富顺编著:《商事仲裁司法审查案件审理规范指南》,法律出版社 2020 年版;北京市第四中级人民法院关于钜洲资产管理(上海)有限公司与贵州新湃传媒有限公司申请确认仲裁协议效力民事裁定书,(2019)京 04 民特 661 号;北京市高级人民法院关于钜洲资产管理(上海)有限公司与贵州新湃传媒有限公司申请确认仲裁协议效力二审民事裁定书,(2020)京民终 372 号。

② 北京市第四中级人民法院关于钜洲资产管理(上海)有限公司与贵州新湃传媒有限公司申请确认仲裁协议效力民事裁定书,(2019)京 04 民特 661 号。

法院对当事人的申请不予审查,驳回了申请。后该案的有限合伙人上诉至北京市高级人民法院,北京市高级人民法院亦维持了原裁定。①

实际上,相较于前述明确否定有限合伙人可提起派生仲裁的观点,该种观点在仲裁协议对当事人效力的问题判断上,肯定了仲裁庭的裁量权,并赋予当事人事后撤裁的救济途径,从一定程度上来说体现了司法实践对于仲裁的支持,对于仲裁机构受理该纠纷具有一定的参考意义。

(二)有限合伙人派生仲裁管辖的可行性分析

前述司法实践的不同观点,实际上是实体法规定与程序法规定之间并未进行有效衔接所导致的,故部分法院及仲裁机构在法律未作明确规定的情况下不轻易认可或受理相关派生仲裁纠纷,但却给有限合伙人依法维护合伙企业的合法权益造成了障碍。一方面,若有限合伙人依据《合伙企业法》第68条的规定,以自身名义向法院提起派生诉讼,法院可能以有限合伙人起诉所依据的合伙企业与第三方的协议已明确约定仲裁管辖为由不予受理。另一方面,若有限合伙人依据合伙企业与第三方的协议约定向仲裁机构递交仲裁申请,仲裁机构则可能会以其并非仲裁协议签署方为由拒绝受理。如此便导致有限合伙人基于《合伙企业法》第68条的规定维权陷入困境。

笔者认为,仲裁作为多元化争议解决的重要方式,在处理商事争议方面发挥着越来越重要的作用。随着司法对于仲裁逐渐支持的态度,有限合伙人突破仲裁协议效力相对性提起派生仲裁具有可行性。

1. 理论基础:长臂仲裁协议理论——仲裁协议效力的扩张理论

传统理论将仲裁协议可约束的当事人范围限定在签署书面仲裁协议的当事人之间,对于未签署仲裁协议的第三人,传统理论认为其不应受到仲裁协议的约束。然而,随着商事交易活动的越发复杂,传统理论的适用逐渐存在一定局限性,其无法解决非仲裁协议签字主体享有实体权利却无法援引

---

① 北京市高级人民法院关于钜洲资产管理(上海)有限公司与贵州新湃传媒有限公司申请确认仲裁协议效力二审民事裁定书,(2020)京民终372号。

合同项下的纠纷解决条款的问题。有鉴于此，不同国家的司法实践逐渐认可特定情形下的仲裁协议可约束非签字方，理论界将其称为长臂仲裁协议理论，即仲裁协议效力扩张理论。该理论突破了合同相对性原则，区分“仲裁协议签订的主体”与“仲裁协议所约束的主体”这两个概念，使在某些情况下，仲裁协议所约束的当事人范围得到扩张，从而保障主体动态变化中仲裁解决纠纷的正当性。[①] 在有限合伙人派生仲裁适用的可行性方面，具体体现如下：

（1）有限合伙人派生诉权源于合伙企业的直接诉权

“派生”一词的内涵可以从以下两方面进行解释：一是相对于合伙企业的原始诉权，有限合伙人虽然有权以自己的名义起诉，但必须是在特定情况下行使的，即因执行事务合伙人怠于行使诉权，故有“派生”之意。二是派生诉权具有代位性，即有限合伙人代合伙企业之位对侵害企业权利之人提起诉讼（仲裁）与代表性，即有限合伙人代表其他未起诉的合伙人提起诉讼（仲裁）。[②] 正如北仲受理的某一案，仲裁庭在裁决中所论述，申请人基于案涉合同所提出的仲裁请求，其依据、内容、诉讼（仲裁）利益归属等，均系合伙企业与被申请人之间签订的合同范围下产生的，其诉权系由合伙企业所产生的，基于《合伙企业法》的规定，合伙人由此产生的诉权，申请人单独以自己的名义提起的仲裁，属于法定诉讼（仲裁）担当人。基于案涉合同而产生的仲裁，其裁判后果约束三方（合伙企业、被申请人、合伙企业的各个合伙人），合伙人在仲裁案件之中，与合伙企业处于相同的程序法地位，当事人形式上不同，而实质上相同。故仲裁庭认为仲裁机构受理该案有着充分的法理与经验支持。

据此，有限合伙人派生诉权系法定的程序性权利，而仲裁作为具有准司法性的争议解决方式之一，亦应当得到适用。

（2）禁反言原则、诚实信用原则

从仲裁协议本质系当事人合意的角度解释，有限合伙人派生仲裁的适

---

① 乔欣：《仲裁协议的“长臂”效力：突破与扩张》，载《司法改革论评》第9辑，厦门大学出版社2009年版。

② 祝辉良：《公司法对股东派生诉讼制度作了哪些规定》，载华律网2023年6月11日，https://www.66law.cn/laws/202676.aspx。

用亦具有可行性。在仲裁协议效力的确认方面,英美法体系下"禁反言原则"常得到适用和援引,其原则内涵系指如果一方通过明示、默示或者特定行为表明了他的立场,而相对方已经对他的立场产生了信赖,那么基于公平和信赖原则,该方不能因为个人私利改变立场或提出与该立场矛盾的主张。该内涵在大陆法系下便体现为诚实信用原则。在禁反言原则以及诚实信用原则下,解释仲裁协议的约束力范围应考虑争议方对仲裁协议有效性的理解和合理期待。①

据此,就与合伙企业达成仲裁协议的第三方来说,其与合伙企业订立仲裁协议、签署仲裁协议的行为即表明其愿意将该协议项下的争议提交仲裁解决,并对于该种争议解决方式具有一定的预期性。在发生派生争议的情况下,如果仅是因为主张权利的主体不同,相对方签署的仲裁条款就可能被排除适用,即仲裁协议就可以被主张无效或者争议无法由仲裁庭受理的话,显然与该第三方关于适用仲裁解决纠纷的期待是不相符合的。② 此外,再加上有限合伙人的诉权本系基于合伙企业直接诉权而派生来的,其诉讼(仲裁)利益的归属仍是合伙企业,并且有限合伙人提起仲裁的行为也意味着其作出了仲裁的意思表示,故有限合伙人与第三方亦存在达成仲裁合意的基础。因此,从当事人意思自治的角度,司法实践亦应当尊重当事人就争议解决条款的选择和合理期待,考虑当事人在纠纷产生后达成仲裁合意的可能性,而不是简单地以争议主体非签字方为由,直接否定已达成的仲裁协议适用的可能性。

2. 法律基础:仲裁法(修订)征求意见稿③对于派生仲裁管辖的规定

除了从法理层面解释有限合伙人派生仲裁适用的必要性和可行性之外,更具有说服力的是,《中华人民共和国仲裁法(修订)(征求意见稿)》(以下简称征求意见稿)也为有限合伙人派生仲裁制度的适用提供了明确的法

---

① 刘晓红:《国际商事仲裁协议的法理与实证》,商务印书馆2005年版,第201页。

② 崔强:《刍议派生仲裁》,载《北京仲裁》2019年第2期。

③ 《中华人民共和国仲裁法(修订)(征求意见稿)》(2021年7月30日发布),载中华人民共和国司法部网,http://www.moj.gov.cn/pub/sfbgw/zlk/202107/t20210730_432958.html。

律适用基础，征求意见稿第25条规定："公司股东、合伙企业的有限合伙人依照法律规定，以自己的名义，代表公司、合伙企业向对方当事人主张权利的，该公司、合伙企业与对方当事人签订的仲裁协议对其有效。"同时，征求意见稿第26条亦赋予当事人实体法权利与程序法权利相统一的一般性条款："法律规定当事人可以向人民法院提起民事诉讼，但未明确不能仲裁的，当事人订立的符合本法规定的仲裁协议有效。"

由此可见，仲裁法的修订将排除有限合伙人派生仲裁在管辖层面的适用障碍，并将进一步证明派生仲裁当下存在的管辖问题实际上是立法技术的问题，而并非其与仲裁协议相对性理念的冲突导致的，有限合伙人派生仲裁制度有其存在的价值和合理性。故综合现有司法实践以及仲裁法修改对于派生仲裁的支持态度，对于有限合伙人以自己的名义作为申请人，依据合伙企业与第三方的仲裁协议并以第三人作为被申请人的相关纠纷通过仲裁解决具有可行性。据此可以得出结论，有限合伙人派生仲裁应当属于仲裁机构所受理的范围。

二、关于有限合伙人派生仲裁的构成要件分析

（一）有限合伙人派生仲裁（诉讼）与股东派生仲裁（诉讼）构成要件之对比

《中华人民共和国公司法》（以下简称《公司法》）第151条[①]对于股东派

---

① 《公司法》第151条规定：董事、高级管理人员有本法第一百四十九条规定的情形的，有限责任公司的股东、股份有限公司连续一百八十日以上单独或者合计持有公司百分之一以上股份的股东，可以书面请求监事会或者不设监事会的有限责任公司的监事向人民法院提起诉讼；监事有本法第一百四十九条规定的情形的，前述股东可以书面请求董事会或者不设董事会的有限责任公司的执行董事向人民法院提起诉讼。

监事会、不设监事会的有限责任公司的监事，或者董事会、执行董事收到前款规定的股东书面请求后拒绝提起诉讼，或者自收到请求之日起三十日内未提起诉讼，或者情况紧急、不立即提起诉讼将会使公司利益受到难以弥补的损害的，前款规定的股东有权为了公司的利益以自己的名义直接向人民法院提起诉讼。

他人侵犯公司合法权益，给公司造成损失的，本条第一款规定的股东可以依照前两款的规定向人民法院提起诉讼。

生仲裁(诉讼)的提起进行了一定的限制,主要体现为:一是提起派生诉讼(仲裁)的股东资格,即应当满足一定持股比例及天数要求;二是设立履行穷尽公司内部救济的前置程序,主要是指股东通过公司的监事会、董事会等机构或人员提出书面请求后被拒绝,或者公司的前述机构或人员自请求之日起30日内未提起诉讼(仲裁)。然而,相比之下,《合伙企业法》关于有限合伙派生仲裁(诉讼)适用条件主要规定为,“执行事务合伙人怠于行使权利”“有限合伙人督促其行使权利或者为了本企业的利益”这几个要素并未对“有限合伙人的资格”以及“是否应当履行穷尽内部救济的前置程序”进行明确规定。

北仲受理的部分案件仲裁庭认为,在有限合伙的模式下,有限合伙人以其出资额为限对合伙企业的债务承担有限责任的法律地位与公司制下的股东地位存在相似之处。然而,二者又存在区别。合伙企业是所有权与经营管理权合一的企业,其与合伙人之间的关系并不像公司与股东之间相互分离,合伙制具有更高的人合性,故合伙人所享有管理性质的权利更多。那么相较之下,执行事务合伙人怠于行使权利侵害合伙企业权益对于有限合伙人的权益侵害程度更高,故法律对于有限合伙人派生诉权的行使不宜规定过多的限制条件,其不必然需要达到与股东派生诉讼(仲裁)所规定的限制条件同等的程度。从司法实践认定的角度,股东派生诉讼的前置条件亦可以作为参照,用来判断有限合伙人派生诉权行使的正当性及合理性,以及判断是否构成派生仲裁的标准。

因此,对合伙人提起派生诉讼的限制条件,相较于有限责任公司的股东而言,理应更为宽松,其不应当高于有限责任公司股东的起诉限制条件。

(二)司法及仲裁实践对于有限合伙人派生仲裁构成要件的认定

1. 关于有限合伙人的主体资格问题

(1)经过工商登记的有限合伙人为适格的提请主体

派生仲裁的提请主体应当系合伙企业的有限合伙人,且应当经过工商登记备案，才具有对外的对抗效力。该判断标准系基于司法实践在认定股东资格方面所延伸得出的。[①] 在万某某、丽江宏瑞水电开发有限公司股东资格确认纠纷案[②]中，最高人民法院认为，股东身份的确认，应根据当事人的出资情况以及股东身份是否以一定的形式为公众所认知等因素进行综合判断。在上述判决中，最高人民法院以“实缴出资”及“股东身份记载于《章程》，并以股东身份参与经营管理”两个要件作为股东身份的认定条件。

依据上述裁判原则，在对外效力的判断上，提起派生仲裁的有限合伙人资格应当遵循工商登记的公示效力，因而，实践中，对于隐名合伙人提起派生诉讼（仲裁）则可能存在诉讼（仲裁）主体不适格的风险。

（2）合伙人所持份额比例不影响派生仲裁的提出

在刘某某、长沙吉信房地产开发有限公司合同纠纷案中，[③]湖南省长沙市中级人民法院认为，《合伙企业法》关于有限合伙人提起派生诉讼并未限定其在个人出资额范围内提出诉讼请求，只要满足以合伙企业的利益为目的这一要求即可。

2. 关于前置程序的履行：不高于股东派生诉讼（仲裁）的提起标准

司法实践普遍认为，有限合伙人提起派生诉讼，还是应履行适当的前置程序，即有限合伙人需要通过企业内部救济程序或按照内部合伙协议约定的方式进行处理。但在该前置程序的具体履行程度和标准上司法实践中却存在不同的认识。

部分法院认为，有限合伙人派生仲裁的提请标准应当不低于或参照《公司法》股东派生诉讼（仲裁）的标准。例如，在“是否应当履行内部救济的前置程序”这一要件的判断上，蔡某、深圳平安大华汇通财富管理有限公司合

---

① 傅莲芳、张少东：《合伙企业派生诉讼制度实务解析——以全国首例私募基金派生诉讼案件为例》，载个人图书馆网2019年3月14日，http://www.360doc.com/content/19/0314/15/53070605_821457071.shtml。

② 最高人民法院关于万某某、丽江宏瑞水电开发有限公司股东资格确认纠纷再审审查与审判监督民事判决书，(2014)民提字第00054号。

③ 湖南省长沙市中级人民法院关于刘某某、长沙吉信房地产开发有限公司合同纠纷二审民事裁定书，(2018)湘01民终6537号。

伙协议纠纷案中,[1]法院认为,相较于公司的管理者来说,有限合伙企业依赖于"无限连带责任"督促普通合伙人履行经营管理者的勤勉义务与忠实义务,普通合伙人怠于履行义务给合伙企业造成的损失越大,其自身承担的风险也越大。对于有限合伙人来说,如果执行事务合伙人(普通合伙人)不按照《合伙企业法》的规定给有限合伙人分配利润,那么该部分未分配的利润即形成合伙企业对有限合伙人的债务,有限合伙人(普通合伙人)有权向合伙企业主张该笔债权,同时有权根据《合伙企业法》的规定,向执行事务合伙人(普通合伙人)主张承担连带清偿责任。因此,当有限合伙人提出请求时,执行事务合伙人(普通合伙人)即应承担连带清偿责任。因此,有限合伙人代表诉讼的前置程序应不低于或可参照《公司法》关于股东代表诉讼前置程序的要求。

笔者认为,法院的上述观点有待商榷。该观点忽略了本文前述关于合伙与公司制度之间的区别,即合伙企业由于具有更高的人合性使合伙人享有更多的管理性权利。那么相较之下,执行事务合伙人怠于行使权利侵害合伙企业权益,对于有限合伙人的权益侵害程度更高,不应当设立高于公司股东派生诉讼(仲裁)的限制条件。

在此观点基础之上,关于前置程序履行程度的具体判断标准可以参照《公司法》股东派生诉讼的规定,具体表现为:(1)有限合伙人是否有多次"书面请求",执行事务合伙人履行其义务或向企业内部治理机构提出积极行使权利或采取其他有效手段维护企业合法权益的书面请求。(2)前述书面请求是否经过了一定时间的等待期后仍未得到回复或解决。《公司法》规定了30日的等待期,有限合伙人亦可以参考此标准。(3)紧急情况下有限合伙人有权以自己的名义直接起诉(仲裁)的情形。

3. 关于执行事务合伙人怠于行使权利的标准认定

有限合伙人派生仲裁还需要证明"执行事务合伙人存在怠于履行义务

---

① 广东省深圳市中级人民法院关于蔡某、深圳平安大华汇通财富管理有限公司合伙协议纠纷二审民事裁定书,(2018)粤03民终9204号。

行为”。司法实践中承认的、通常接受的“怠于履行权利”的标准，主要体现为该权利是执行事务合伙人应当行使的，如到期债权、诉权或管理权等，但其怠于或拒绝行使。具体体现为：

(1)消极的不作为

①对于合伙企业到期的债权未通过诉讼或仲裁的方式进行及时主张

在安徽瑞智房地产开发有限公司与焦某、刘某、李某某金融借款合同纠纷案中，[①]最高人民法院认为，执行事务合伙人和信资本公司在第三人瑞智公司两笔委托贷款到期后不提起诉讼或仲裁，依然未主动参加一审诉讼或以另行提起诉讼或仲裁的方式向瑞智公司主张权利，即为怠于行使权利。

②执行事务合伙人失去联系

在光大兴陇信托有限责任公司与北京广义祯投资管理有限公司合同纠纷案中，[②]法院认为，有限合伙人光大兴陇公司曾向普通合伙人广义祯公司预留的地址发送催促普通合伙人履行执行事务合伙人职责的函件，系行使合伙协议约定的正当权利。然而，广义祯公司搬离预留地址导致函件因原址查无此人退回，足以印证广义祯公司存在上述怠于行使权利的情况。

此外，部分学者还认为“执行事务合伙人仅行使部分权利，而放任其余部分权利到期后不予主张”以及“债权到期后，未与债务方达成任何保障债权实现的协议”的行为亦属于怠于履行权利的情形。[③]

(2)积极的不作为：明确拒绝行使合伙企业对第三人的诉权

在北仲受理的案件中，仲裁庭认定执行事务合伙人在有限合伙人已经补充缴纳出资的情形下，仍主张合伙企业缺少提起仲裁的必要资金，属于明确拒绝的积极行为，其程度高于怠于履行的消极行为，故符合前提条件。

---

① 最高人民法院关于焦某、刘某等与安徽瑞智房地产开发有限公司金融借款合同纠纷二审民事判决书，(2016)最高法民终756号。

② 北京市朝阳区人民法院关于光大兴陇信托有限责任公司与北京广义祯投资管理有限公司合同纠纷民事判决书，(2019)京0105民初208号。

③ 傅莲芳、张少东：《合伙企业派生诉讼制度实务解析——以全国首例私募基金派生诉讼案件为例》，载个人图书馆网2019年3月14日，http://www.360doc.com/content/19/0314/15/53070605_821457071.shtml。

同样地,在赣州国瑞新能源汽车产业发展有限公司与合肥中航新能源科技有限责任公司、杭州武林置业有限公司合伙协议纠纷案中,安徽省高级人民法院认为,执行事务合伙人中金祺德公司向有限合伙人国瑞公司出具的《关于同意国瑞公司依法以自己名义起诉中航公司及其实际控制人的复函》,明确表示其不提起诉讼,并同意有限合伙人国瑞公司以自己的名义起诉被告,属于怠于履行权利的情形。

(3)执行事务合伙人不当行使权利

执行事务合伙人不当行使权利的情形,主要是指虽代表合伙企业与相关第三方债务人就债权实现事宜进行协商,但是达成的处理结果却变相减损或不利于合伙企业进一步实现权益的情形。

例如,在安徽瑞智房地产开发有限公司与焦某、刘某、李某某金融借款合同纠纷案中,[①]最高人民法院认为,执行事务合伙人和信资本公司在第三人瑞智公司两笔委托贷款到期后被动地应瑞智公司的请求同意有步骤地解除对瑞智公司抵押物的抵押权,放任瑞智公司一再拖延到期债务,即是其怠于行使权利的证明。

此外,实践中,在就派生仲裁纠纷进行裁判的同时,还应当注意是否同时存在执行事务合伙人就案涉合同提起的平行仲裁或诉讼的情形,一是为了避免出现管辖权冲突,二是上述情形的存在将为有限合伙人证明执行事务合伙人构成"怠于履行权利"这一行为增加了难度,使派生仲裁失去了前提性的基础。

4.关于派生仲裁提起的目的:督促执行事务合伙人行使权利或者保护合伙企业的利益

关于派生仲裁还应满足系有限合伙人出于"督促执行事务合伙人履行义务"或"保护合伙企业利益不受侵害"的目的而提起的。实际上这两种情形,所最终实现的目的均是维护合伙企业的利益不受侵害。据此,在派生仲

① 最高人民法院关于焦某、刘某等与安徽瑞智房地产开发有限公司金融借款合同纠纷二审民事判决书,(2016)最高法民终756号。

裁的情境下，有限合伙人虽以自己的名义作为申请人来提起仲裁，但鉴于有限合伙人的诉权系派生于合伙企业的原始诉权，故裁决结果的利益归属应为合伙企业而并非有限合伙人本身。

这具体体现在实践中便是有限合伙人作为仲裁申请人所提出的仲裁请求系向“第三人（合伙企业）履行之诉”，即要求被申请人向合伙企业履行相应的给付义务，而非向有限合伙人本身履行。例如，在刘某某、长沙吉信房地产开发有限公司合同纠纷案中，[①]有限合伙人王某提起诉讼，请求刘某某、长沙吉信房地产开发有限公司向自己返还本金及收益。对此，湖南省长沙市中级人民法院认为，王某作为有限合伙人就其单独所占合伙份额为了自身利益以自己的名义向吉信房地产公司、刘某某提起诉讼，该提起诉讼的行为不属于以维护合伙企业的利益为目标，且可能损害其他合伙人的利益，故未支持当事人的请求。

三、结论

综上所述，笔者认为，现有法律既然赋予有限合伙人在执行事务合伙人怠于履行权利的情况下的提起诉讼的权利，那么仲裁作为争议解决方式之一，具有准司法性，亦应当具有适用的可行性。关于派生仲裁的管辖问题，实际上是程序法的立法技术层面所待解决的。考虑到现有司法实践对于仲裁的支持程度，并基于征求意见稿对有限合伙人派生仲裁制度的认可，仲裁机构在派生仲裁纠纷的处理上将具有受理和管辖的法律依据。

---

① 湖南省长沙市中级人民法院关于刘某某、长沙吉信房地产开发有限公司合同纠纷二审民事裁定书，(2018)湘01民终6537号。

诚信原则在劳动争议案件中适用的困境与解决路径

——以社会主义核心价值观融入司法裁判为视角

李彦宏[*]　冒南君[**]

引　言

随着奋斗者协议、社保弃权协议等案件经过媒体的广泛报道,司法机关对于劳动者违反诚信的反悔行为给予不同的评价,使诚信原则在劳动争议中的适用受到理论和实务的集中关注,也引发了诚信原则适用方法之争。如果将劳动合同作为民事行为的下位概念,那么诚信原则应该可以直接适用于劳动合同,根据该原则确立当事人的行为效力。如果劳动者单方违反协议应该是受到否定的评价,并且得到失权的效果。但是判决结果可能会引发两个极端,要么企业规避了应有的社会责任,要么职工的基本权利无法得到保障。因此法官如何通过优化诚信原则的适用,使上述类型的案件达到法律效果与社会效果的统一,真正实现公正的社会效果和价值指引成为应该思考的问题。

一、问题检视:诚信原则在劳动争议案件中适用的错位与缺位

诚信原则作为民法的帝王条款,其在劳动争议案件中也被不断地引用,

---

* 李彦宏,北京市东城区人民法院立案庭法官。

** 冒南君,北京市东城区人民法院立案庭法官助理。

通过梳理司法机关的裁判文书可以看出，诚信原则在劳动争议案件中适用存在以下问题：

（一）诚信原则适用缺位：未能贯穿适用劳动合同订立始终

基于“禁止拒绝裁判”的原则，法官有权对存在法律空白的案件作出漏洞填补式的处理，而法律原则的功能之一便是填补法律漏洞，为法官裁判提供大提前。由于《劳动合同法》只规定订立劳动合同时应当遵守诚实信用的原则，并未明确诚信原则在劳动合同订立前、履行中、解除后等全过程中的提纲性作用，使法官处理相关案件存在找法难的问题，也间接引发了通过不予受理来拒绝裁判的不良后果。通过检索近三年裁判文书发现，司法实践中诚信原则在劳动争议案件中发挥漏洞填补功能不足，并未贯穿劳动合同订立的始终，尤其在劳动者与用人单位应尽的附随义务中未充分显现。

2020 年 1 月至 2022 年 6 月，全国各级法院在审理劳动争议案件时，引用诚信原则作为裁判理由的案件为 4484 件，涉及附随义务的 517 件，而在附随义务中适用诚信原则的仅 19 件（主要涉及先合同义务与后合同义务）。对该 19 件案件分析发现，审判实践中对于附随义务的处理与认定不一，存在同案不同判的情形，其中判决驳回起诉占据一定的比例，如图 1 所示。

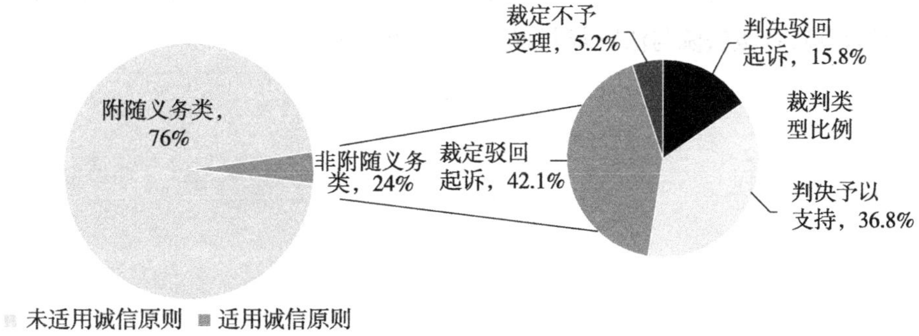

图 1　附随义务类案件中适用诚信原则的比例

劳动合同从订立前的磋商到合同成立后的履行再到劳动合同解除后的善后,是一个动态发展过程,在此过程中每一个环节均可能存在缔约任何一方失信不履行义务的行为。如果违约行为发生在劳动合同履行过程中,那么双方可通过合同约定或法律规定来处理分歧。但是,实践中,存在用人单位发放入职通知后又反悔拒不录用劳动者,导致劳动合同未签订;也存在劳动合同解除后,劳动者未遵守保密义务,损害用人单位利益的不诚信行为,那么双方因此类行为发生争议,要承担什么样的责任,《劳动合同法》并没有明确规定。理论上将合同双方在订立合同前或订立合同后应负的义务统称为附随义务,附随义务的理论基础就是双方因订立劳动合同这一目标而产生了人身信赖关系,产生了相互的忠实和照顾义务,任何一方违背承诺或者违背忠实义务,均要基于诚信原则,承担损害赔偿责任。因此,在法律未规定附随义务的情况下,需要法官主动适用诚信原则填补法律漏洞。

(二)诚信原则误用:未考虑劳动法的特殊性

在法律规则与法律原则的选择适用时,法律原则具有后位性,即法律原则不能直接适用于个案。诚信原则只有通过个案的适用得以具体化,通过个案的利益衡量确定其内涵。司法实践中,法官在劳动争议案件中适用诚信原则时出现了价值偏差,造成诚信原则在劳动争议案件中陷入同案不同判的窘境,各级法院与法官裁判观点不一(见表1)。

表 1　各级法院及法官适用诚信原则裁判情形

主体	类型		表现	裁判观点
劳动者	协议类	自愿弃保类	劳动者自愿签订弃保类协议，后反悔主张未缴纳社保的损失及解除补偿	1. 认定协议有效：真实意思表示，劳动者违背诚实信用原则。① 2. 认定协议无效：社会保险具有强制性，是用人单位法定义务。② 3. 认定协议无效：用人单位与劳动者根据过错比例承担相应责任③
		奋斗者协议类	劳动者自愿加班并放弃休息休假等权利，后反悔主张加班工资、年休假工资	认定协议有效：只要劳动者无法证明系被迫签订"奋斗者协议"，劳动者必须基于诚信原则履行协议内容④
		服务期类	劳动者获得户口后反悔离职，用人单位主张违约责任	认定协议有效：劳动者对服务期以及违约金进行承诺，系双方真实意思表示，应属有效⑤
	附随义务类：后合同义务		劳动者离职后未办工作交接，用人单位拒不出具离职证明	判决用人单位为劳动者出具离职证明：劳动者是否交接工作不能成为用人单位履行法定义务的抗辩⑥

① 湖南省长沙市中级人民法院(2020)湘01民终1473号民事判决书、湖南省张家界市中级人民法院(2019)湘08民终22号判决书、山东省高级人民法院(2021)鲁民再11号裁定书。

② 福建省厦门市中级人民法院(2018)闽02民终3287号、北京市高级人民法院(2021)京民申3465号裁定书。

③ 湖北省高级人民法院(2018)鄂民申1855号民事裁定书。

④ 广东省高级人民法院(2020)粤民申2577号民事判决书、陕西省西安市雁塔区人民法院(2020)陕0113民初11579号民事判决书。

⑤ 上海市静安区人民法院(2018)沪0106民初42555号民事判决书。

⑥ 北京市海淀区人民法院(2020)海民初字第37552号民事判决书。

续表

主体	类型		表现	裁判观点
用人单位	附随义务类:先合同义务		用人单位向劳动者发出录用确认函后,又以原岗位取消为由不与劳动者建立劳动关系	认定用人单位具有缔约过失:双方在缔约过程中产生了信赖利益,公司一旦下发录用通知不得随意撤销,其取消录用的行为构成缔约过失①
	滥用解除权类	隐婚隐孕类	用人单位以劳动者未如实告知怀孕为由解除劳动合同	认定用人单位违法解除:女职工一般没有主动告知怀孕事实的义务,用人单位据此解除劳动关系,违背诚实信用原则②
		规章制度名实不符	用人单位以名义上并未执行的规章制度开除劳动者	认定公司违法解除:用人单位纵容劳动者违章办事后又借规章制度之名行解除之实,有违诚信③

在"奋斗者协议"或"自愿弃保"类案件中,只要劳动者没有证据证明是受胁迫签订的协议,法院都以协议内容系双方真实意思表示而认定协议有效。劳资双方都必须严守协议内容,任何一方均不得反悔。劳动者有处分自己权利的自由,即使劳动者反悔也被认为是其自愿放弃了权利而不予支持。支持协议有效的观点均是沿用了民法上意思自治和平等保护的理念,而没有考虑劳动法的保护弱者或者倾斜保护理念。因为劳动关系中,用人单位处于一种强势地位,劳动者常常处于一种较为弱势的地位,如果在劳动争议的案件中也是"一刀切"地适用民法中合同的相关原则,则不利于最大限度地保护劳动者的权益。用人单位在劳动者违纪时享有单方解除劳动合同的权利,但是在部分案件中,用人单位存在规章制度名实不符,平时未严格执行规章纪律,在内部纵容劳动者的违纪行为,造成用人单位内部潜规则盛行,而一旦用人单位不想继续用工时,就会随时以名义上的规章为由将劳

① 天津市南开区人民法院(2021)津0104民初3329号民事判决书。

② 广东省广州市中级人民法院(2021)粤01民终16054号民事判决书。

③ 北京市房山区人民法院(2019)京0111民初24901号民事判决书。

动者开除,鼓励了用人单位滥用解除劳动合同权利的背信行为。此类案件,如果不处罚劳动者,劳动者确实存在违纪行为;如果处罚用人单位,用人单位又存在钓鱼解除的背信行为,因此产生了法律适用的困境。

(三)诚信原则越位:存在向一般条款逃逸问题

在原则与规则的适用方法上,法理学上存在规则优先适用的理论。这主要是为了防止法官滥用自由裁量权,在未穷尽规则的情况下,径行适用法律原则,造成法律适用的不稳定和不可预期。虽然越来越多的劳动争议的判决开始引入诚信原则,但是大部分的判决书中对诚信原则的说理论证还不充分,基本上都是以大的"诚信原则"为切入点,通常是一笔带过,鲜有能够展开详细论述的判决。案例中诸如"行为人的行为违背了诚信原则"等概括式表述普遍存在,既没有体现裁判中法与理结合所明示的社会价值取向和公民行为准则,也未能起到串联裁判结果与说理、增强支撑裁判结果可接受程度的作用,仅满足了形式上的宣示意义(见图2)。

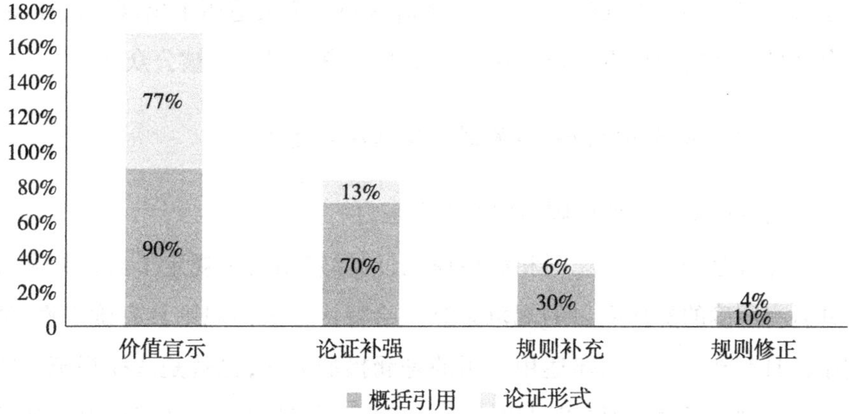

图2 诚信原则在劳动争议中的论证形式和概括引用比例

以隐瞒怀孕入职类案件为例,用人单位以劳动者故意隐瞒入职信息构成欺诈为由解除劳动关系,那么劳动者隐瞒怀孕是否构成欺诈,实际上涉及劳动者的告知义务,也就是《中华人民共和国劳动合同法》(以下简称《劳动合同法》)第8条的理解和适用。该条规定了用人单位有了解劳动者与劳动合同直接相关的基本情况的权利,劳动者有如实说明相关情况的义务。该条仅是对劳动者的说明义务进行了规定,但是未对说明的范围给予明确限定。从上述条款理解,劳动者仅就与劳动合同直接相关的情况有说明义务。但什么是与劳动合同直接相关的情况,劳动者的婚姻信息、身体状况是否与劳动合同直接相关,容易产生理解上的分歧。需要法官结合告知义务、用人单位的管理权、劳动者的个人信息保护等法律内的价值对告知范围进行界定,实践中,很少对是否构成欺诈进行论证,而是以法律规范不明为由,在用人单位规章制度明确规定劳动者需如实告知个人情况时,劳动者若有所隐瞒、并未如实告知,则违反诚信原则而受到否定评价。

二、裁判困境:诚信原则蕴含的诚信价值与其他法律价值的冲突

从上述诚信原则在劳动争议案件中适用的现状检视可以看出,将诚信原则作为裁判依据,均发生在利益冲突交织的案件,法官依据诚信原则作出价值衡量和评判。但由于诚信原则本身的抽象和不确定性,及司法适用中民事思维与劳动法思维的冲突,造成诚信原则在个案适用中出现价值冲突,部分案件的裁判结果不符合大众的心理认知,裁判结果不被公众认可。

(一)法律规范适用层面:原则与规则冲突适用

1. 目的解释与诚信原则适用的内在张力

法律规范分为法律规则和法律原则,法律规则是指规定了具体权利义务并且有明确的责任后果的规范条款。哈特认为法律规则具有确定性,适用结论具有唯一性。法律适用采用的是涵摄的方法,也就是法律规范与案件事实达到周延时,就可以得出法律条文规定的结果。但基于语言表达的模糊性和法律规定的概括性,法律概念在运用到司法实践时往往需要进行解释,其中一个重要的解释方法就是在通过文义解释无法得出结论时,要通过探究规范背后之目的来解释法律条文,使法律规范适用于案件事实。以我国《劳动合同法》第 82 条为例,该条规定了未签订书面劳动合同时,用人单位需承担双倍工资差额的惩罚性赔偿责任。从文义上理解,只要双方未

签订书面劳动合同,用人单位就要承担支付双倍工资差额的责任。但是实践中未签订劳动合同的原因多样,既有用人单位故意不签订劳动合同规避法律责任的情形,也有劳动者故意不签订劳动合同恶意获取双倍工资赔偿的情况。那么在什么情况下,用人单位才要承担未签订劳动合同的法律责任?若仅从法律的规定看,只要用人单位与劳动者事实上未签订劳动合同,用人单位就要承担法律责任。然而,此种判决结果必然会引发劳动者的道德风险。比如,实践中,用人单位的人事主管、高管人员,在掌握公章和人事管理权的情况下,故意不签订劳动合同或者将保存的劳动合同隐藏,进而向用人单位提出赔偿。此时就需要对《劳动合同法》第 82 条的立法目的进行探究,该条的目的是通过规定赔偿责任来倒逼用人单位遵守法律规定,与劳动者签订书面劳动合同,通过书面劳动合同明确双方的权利义务,更好地保护劳动者的权利。如果是劳动者恶意不签订劳动合同,那么明显劳动者没有受此规范保护的必要性。如果仍然让用人单位严格承担相应的赔偿责任,则无异于变相鼓励了劳动者的不诚信行为。因此通过目的性限缩解释,可以将劳动者恶意不签订劳动合同的情形排除在该条调整的范围。在通过目的解释可以解决法律适用的问题时,就不宜直接引用诚信原则作为裁判的依据。

2. 法律规则与法律原则的冲突选择

在协议类案件中,包括奋斗者协议、弃保协议、解除协议等案件中,对于用人单位与劳动者签订的协议的效力审查,根据《劳动合同法》第 26 条的规定,劳动合同如果存在意思表示不真实的情况下,劳动合同无效,这也是民法意思自治原则在劳动合同法中的体现。在上述协议的签订上,如果从当事人的意思表达来看,只要是劳动者与用人单位自由协商签订了协议,不存在胁迫、欺诈等影响意思表示真实的因素,此类协议就应该属于有效的协议。根据有约必守原则,有效的协议任何一方不能随意违反,否则要承担违约责任,包括赔偿责任。但是从法律规定看,该条还规定了用人单位与劳动者签订的协议不得违反法律、行政法规强制性规定,也就是说,当事人自由签订的协议,要想具有法律上的效力仍需要经过法律的评价之后,行为与法律规范相符。实践中,我们以自愿弃保案件为例进行分析,劳动者与用人单位签订自愿弃保协议,往往是以用人单位承诺给予劳动者一定的现金补偿为条件,也就是劳动者之所以答应用人单位不缴纳社会保险就是想获得现金补偿。因此,在获得现金补偿后,劳动者就反悔,要求用人单位补缴社会保险,承担缴纳社保的责任,或者以用人单位未缴纳社会保险为由而解除劳动合同,要求支付补偿金。这类案件之所以使法官难以作出司法判断,是因为劳动者利用了用人单位的违法行为,获得额外的利益。那么对于这样一种不诚信行为是否应该给予保护,使法官陷入价值平衡的地位。如果不认定当事人签订的协议有效,劳动者就可以任意地悔约,从而获得不当利益,将助长劳动者的不诚信行为;如果认定当事人签订的协议有效,那么也存在用人单位可以规避缴纳社会保险的法定义务,影响社会保障基金的充实和安全。

(二)法律价值层面:不同位阶法律价值的冲突

通过对司法实践中法官审理疑难案件的结果来看,法官审理案件不仅是认定案件事实,更重要的是在两种冲突的判决结果之间如何作出合理的选择,而这种选择的过程就是法律价值判断的过程。

1. 个人利益与社会福利的价值偏差

司法实践对于协议类的自愿弃保类案件的裁决不一,法官在作出裁判时存在价值偏差。如果严格依据民法上的诚信原则,认定用人单位与劳动者签订的"自愿弃保"协议有效,则用人单位依据该协议不为劳动者办理社会保险兼具有事实和法律上的正当性,用人单位根据民法的契约严守精神获得了司法的救济,但却牺牲了劳动者的社会保障权,而社会保险是社会福利的稳定器,社会保险具有分散投入、集中保障的功能,只有社会保险的集中缴纳才能形成整体的社保基金,在某个职工发生危险时才能及时获得社会救济。如果所有职工为了自己的眼前利益,获得现金补贴,均不想为社会保险作出贡献,那么将造成社会保险基金的不足和保障能力的下降,劳动者在发生工伤、疾病时,将得不到社会保险的有效救助,最终在自力救济不足时，牺牲的还是劳动者的个人利益。

2. 个人发展与集体发展的价值偏差

诚信原则的适用与否是个人发展与集体发展价值偏差的体现。在奋斗者协议中，若认定用人单位与劳动者签订的奋斗者协议有效，则意味着保护了用人单位的契约严守精神，但却牺牲了劳动者的休息休假权利，而劳动者的休息休假权对社会的整体发展至关重要，保证劳动者在工作之外有休息休假时间，是为了鼓励劳动力的再生产。劳动者的素质决定了生产力和生产效率，只有劳动者有充足的休息时间，才能使劳动者有时间进行知识更新，提高自己的素质，从而提高劳动生产率，促进社会生产力的整体提高。如果用人单位鼓励劳动者奋斗，牺牲劳动者的休息休假权，短期来看会使企业的生产力增长，但是从长远角度看，将导致企业的恶性竞争，导致劳动力资源的枯竭，不利于社会生产力的整体发展与提高。若认定奋斗者协议无效，表面上看违背了诚信原则在民事法律规范中的运用，让反悔的劳动者获得了利益，在一定程度上引发不诚信的示范效应，但却保护了劳动者群体整体的合法权益，有利于促进社会的发展和进步。

3. 民事权利与宪法基本权利的冲突

在法律规范体系中，宪法具有最高的地位，部门法将宪法规范得以具体化。如果部门法的适用未遵循宪法权利的至上性，将破坏法律秩序的统一。民事权利与宪法基本权利的价值偏差也是司法适用的困境成因之一。比如，在女职工隐瞒怀孕事实案件中，用人单位要求女职工报告身体健康情况一般就是为了不录用怀孕女职工，是对女职工的一种就业歧视。如果因女职工隐瞒其怀孕的事实违反了诚信原则，就构成欺诈被用人单位解除劳动合同，表面上保护了用人单位的用工自主权，实质上却牺牲了女职工的就业权和生存权。我国《宪法》明确规定国家保护妇女的权利和利益，实行男女同工同酬，牺牲妇女的就业权与生存权，不仅会影响妇女在就业市场中的公平对待，也不利于《宪法》对于妇女基本权益保障功能的落实。

从上述案件可以看出，诚信原则在劳动争议案件中出现了诸多困境，法官在审理劳动争议案件中，应该对个案的价值选择作出衡量，谨慎适用诚信原则作出司法裁判。

三、理论探究:诚信原则在劳动争议案件中适用的方法论

《最高人民法院关于深入推进社会主义核心价值观融入裁判文书释法说理的指导意见》第7条明确,案件涉及多种价值取向的,法官应当依据立法精神、法律原则、法律规定以及社会主义核心价值观进行判断、权衡和选择,确定适用于个案的价值取向。诚信原则所蕴含的诚信价值在个案中与其他法律价值发生冲突时,需要法官在不同的利益之间进行价值衡量,找到适合个案的利益平衡点,保证裁决结果达到法律效果与社会效果的统一。

(一)司法的价值属性:法律适用过程中的价值判断

法律的生命在于实施,司法裁判就是将立法要传导的价值指引付诸实践,通过判决结果对违反价值目标的行为进行制裁,对遵守价值目标的行为给予肯定,从而引导当事人按照法律规范的指引行事,保障社会秩序的稳定。

1. 利害衡量:法官的价值判断

在成文法国家,法官审判案件的方法就是逻辑三段论,即大前提寻找法律规则,小前提确定案件事实,最后将案件事实涵摄于法律规范下得出唯一的结论。不论是作为大前提的法律规范还是作为小前提的案件事实,都不是独立给定的,需要法官不断地往返于大小前提之间,参照案件事实寻找法律规范,根据法律规范内容厘清案件事实。在此推理过程中,法官并不是被动地适用法律,而是通过自己的认知、经验、对规范的理解来主动地进行法律解释、事实判断,因此法官的价值判断是法律论证不可或缺的重要一环。根据案件的难易程度,案件分为常规案件和疑难案件。在常规案件中,法官的裁判需要对案件事实为何选择了此规范提供说明的理由,需要对规范与事实之间的符合性作出判断性陈述。在疑难复杂案件中,法官并不能通过形式上的逻辑推理就得出案件结果,可能存在拟裁判案件找不到法律规定,需要法官通过类推或法律续造来填补法律漏洞,也可能是根据法律规则得

出的裁判结果难以获得社会公众的认可，存在“规则悖论”，需要法官以后果考量的裁判思维，来推翻形式推理得出的不当结果，此时就需要法官充分运用价值判断对不适用现有规则给出更优的解释，这种推理论证过程就需要法律原则和社会公共意见来支撑。[①]

2. 价值判断的公众考量：社会主义核心价值观的引入

前述我们分析了价值判断的难点在于价值标准的寻找，法官如果不能寻找到为社会所接受的价值标准进行利害的衡量，那么其判决结果很可能是自己主观意见的表达，无法得到社会公众的认可，而社会主义核心价值观是全体人民共同形成的价值观，并且也被写进了《宪法》。作为正式法源，其既是法官作出价值判断的依据，也是约束法官自由裁量的标尺。

社会主义核心价值观体现了依法治国理念的价值取向。[②] 作为目标导向的法治，与建设社会主义法治国家、国家现代化建设的总体目标相契合，因而与社会主义核心价值观国家层面的价值目标存有关联；作为规范体系的法治，对于公民个人行为产生明确的指引、评价和预期功能，因而与社会主义核心价值观个人层面的价值准则密切相关。[③] 社会主义核心价值观存在自身内在逻辑，具有不同层面、不同维度的价值内涵。适用社会主义核心价值进行司法裁判时，应根据个案情形依据其价值位阶进行综合判断，国家层面的价值观是终极目标，社会层面的价值观是中级目标，而个人层面的价值观处于最基础阶段，当价值冲突产生时，应该按照“国家—社会—个人”层面进行优先选择。

3. 价值判断的正当化评价：后果考量理论

司法裁判在一定程度上具有后果主义的色彩，体现为裁判不仅要考量直接的法律后果，很多时候还要考量法律之外的其他后果或影响。在理论上，通常将司法裁判的过程切分为两个阶段：“法的发现”与“裁判的证成”。

---

① 姜永伟：《论价值判断作为裁判依据的二阶性》，载《浙江社会科学》2021年第2期。

② 刘峥：《论社会主义核心价值观融入裁判文书释法说理的理论基础和完善路径》，载《中国应用法学》2022年第2期。

③ 刘峥：《论社会主义核心价值观融入裁判文书释法说理的理论基础和完善路径》，载《中国应用法学》2022年第2期。

前者涉及如何为待决案件找到适当的备用法源,后者聚焦于如何将一般性法律与具体个案事实相对应从而证成某个裁判结论。[①] 裁判结论要符合社会公共认知和道德标准,但是怎么判断裁判结果的正当性? 有学者提出后果考量理论。后果考量指的是,在证立司法裁判时,考量裁判未来可能引发的一般社会后果,并根据这种后果来修正法律解释或其他论证活动。[②] 它可以包括两种形式:一种是通过指出特定行为可能会带来的有利后果来支持关于这一行为之可欲性的主张,另一种则是通过指出特定行为可能会带来的不利后果来支持关于这一行为之不可欲性的主张。[③] 上述论证过程包括正向和反向两种思维方法,从正向而言是通过判决结果指导行为人应该从善而为,从反向而言是通过判决结果指导行为人禁止从事违背社会公序的行为。在劳动争议纠纷的裁判中,面对个人诚信与公共利益的价值衡量时,就要考量如果在个案中坚守诚信原则,否定个人不诚信行为,那么这样的裁判结果能否达到法官所追求的目标,将会给劳资双方甚至是劳动力市场产生什么样的影响。比如奋斗者协议案,如果认定协议有效,劳动者应当遵守协议条款,对于其已经放弃的休息休假权将得不到支持,这样短期来说可以充分激发劳动者的工作潜能,企业可以迅速地积累壮大,但是将突破保护劳动者基本权利的法律底线,使劳动法失去赖以存在的法理基础。

(二)价值判断的方法:位阶和类型化衡量

在司法裁判过程中,法官并不是被动地适用法律,法律也不是万能的,不能程式化地解决所有社会问题。随着司法哲学的精细化和司法实践的复杂化,价值判断"进入法律解释、法律推理和法律论证已成为一个不争的事实",[④]为了指引法官作出正确的价值判断,防止自由裁量权的滥用,法官在进行利益衡量时需要遵循法律适用的方法。

---

① 孙海波:《裁判运用社会公共道德释法说理的方法论》,载《中国应用法学》2022 年第 2 期。

② 雷磊:《司法裁判中的价值判断与后果考量》,载《浙江社会科学》2021 年第 2 期。

③ 转引自雷磊:《司法裁判中的价值判断与后果考量》,载《浙江社会科学》2021 年第 2 期。

④ 孙海波:《在"规范拘束"与"个案正义"之间——论法教义学视野下的价值判断》,载《法学论坛》2014 年第 1 期。

1. 价值判断的内在逻辑：价值位阶

法的价值具有多样性。鉴于人的需求和利益具有多层次性，而法的价值又与此密切相关，所以法的价值也是多样的。其中，既有法所要体现的基本价值或一般价值，也有法的特殊价值（如阶级价值）；既有个人价值、集体（社会）价值，也有国家价值、人类价值；既有物质价值，也有精神价值；既有应然价值，也有实然价值等。[①] 法的价值体系应当至少包括以下三个层面：(1)法的最高终极价值，如正义、文明、善良、公共幸福、人类进步；(2)法的一般价值，包括对个人的价值（如自由、平等、人权）和对社会的价值（如秩序、和平、安全、民主等）；(3)法的自身价值，如统一、便利、明确、实用、有效、合理、稳定等。[②] 当法律利益发生冲突时，何种利益应被优先保护，何种利益应被暂时放弃，要遵循价值位阶原则，也就是法的最高价值优于一般价值，在先的价值优于在后的价值。比如，在当事人意思自由与公共福利发生冲突时，应该以公共福利优先，适度限制当事人的自由处分权。

2. 价值判断的工具：比例原则

庞德认为“法律价值问题，实际上是对各种互相冲突和互相重叠的利益进行评价的某种准则”。[③] 在同一位阶的价值发生冲突时，就需要结合个案来判断某种价值被选择优先考量后，能以最小的损害获得最大的利益。这就是比例原则，是指为保护某种较为优越的法的价值必须侵犯另外一种价值时，不得逾越此目的所必要的程度。在法律价值冲突时，我们应当结合此法律的目的和要保护的具体利益的种属来判定其中价值体现的分配情况是否合理。即使某种价值的实现必然以其他价值的损害为代价，也应当使被损害的价值减低到最小限度。[④] 比例原则要求如果一个法官要通过违背一个基本权利的规定来肯定某种利益，那么他必须确定这种利益比基本权利具有更强的分量，而且他在此情形之下必须要作出论证。

---

① 舒国滢主编：《法理学》（第五版），中国人民大学出版社2019年版，第187页。

② 舒国滢主编：《法理学》（第五版），中国人民大学出版社2019年版，第187～188页。

③ ［美］罗斯科·庞德：《通过法律的社会控制》，商务印书馆2010年版，第55页。

④ 覃革：《从法律价值位阶出发浅析“恶法非法”之衡量标准》，载《法制与社会》2011年第13期。

3. 价值判断的具体化:类型化衡量

卡尔·拉伦茨认为,“作为原则,其并非可直接适用于具体个案的规则,毋宁为一种指导思想……借助一些案例使之更为清晰,划定其与其它原则及实证规定之间的适用界限,针对一些案件类型将之具体化,最后将之扩充为稳固的学理”。[①] 法律原则的适用是在个案中具体化衡量的过程。

第一步:根据法律原则与法律规则的关系,在有明确法律规则情况下规则优先适用,而法律原则与法律规则的冲突又是原则与规则背后原则的冲突。因此可以将法律原则与法律规则适用的关系分三种情况:一是法律原则与法律规则适用到案件中相一致。二是没有针对个案的相关的法律规则,需要运用法律原则来填补法律规则的漏洞进行裁决。这种情况就需要法官进行很强的说理论证,因为这在一定程度上属于法律续造的范畴。三是虽然有明确的法律规则,但依据法律规则作出的裁决与法律原则所代表的价值与目的严重相背离,从而以法律原则修正法律规则的情况。上述第二种、第三种情况都需要法官进行严格的法律论证和价值判断与衡量。

第二步:价值判断出现在法律原则的冲突和竞争性适用过程中,法律原则的适用可分为以下几个步骤:第一步是寻找可适用于待决的具体案件的法律原则,包括支持结果的原则和不支持结果的原则。第二步是一个衡量过程。在这个过程中,就是要对相互冲突的原则进行法益的对比,来确定彼此的重要性。先确定某原则之不满足程度或受侵害程度,再确定与此原则相冲突的彼原则之满足的重要性程度。第三步则将第一步确立的受侵害程度与第二步确立的重要性程度相互比较,确定与此原则相冲突的彼原则之满足的重要性程度是否足以证立对于此原则之受侵害程度。[②] 实际上就是利益衡量方法的运用,民事案件的司法裁判实质就是处理不同层次、不同主体之间的利益关系,如个人利益与公共利益,意思自治与社会保障、公司自

---

① [德]卡尔·拉伦茨:《法学方法论》,陈爱娥译,商务印书馆2003年版,第293~294页。

② 李鑫:《法律原则适用的方法模式研究》,山东大学2011年博士学位论文。

主管理权与劳动者权利保护等,因此法官在个案中遇到价值冲突时,要进行价值排序,同等价值冲突时,要进行价值优先保护的证成(见图3)。

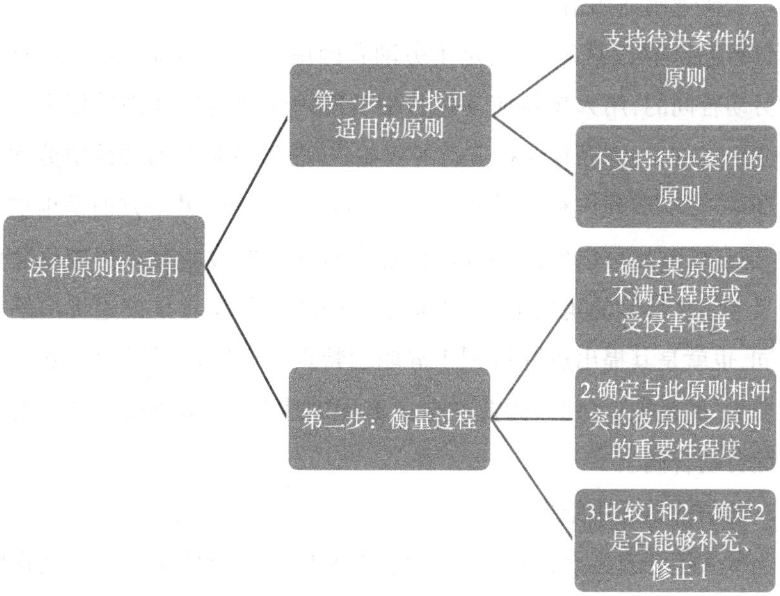

图3　法律原则的适用

四、进路探寻:诚信原则在劳动争议案件中适用的具体方法

诚信价值是诚信原则背后蕴含的社会价值,在个案中选择适用诚信原则,实际上也是诚信价值的考量过程。诚信原则在劳动争议案件适用中并不是简单的逻辑嵌入,而是需要在衡量诸多相互冲突的价值基础上,平衡劳动者与用人单位的利益,有的放矢地适用诚信原则。以下笔者就争议的典型案例进行分析,为诚信原则的适用提供方法路径。

(一)协议类案件中:诚信原则与社会权益冲突时的价值判断

当事人双方通过自愿签订协议处置其自身的权利,属于当事人行使自由分处权的表现。协议必须以当事人意思表示自由为基础,只要当事人是自由处分自己的权利就应当认定此类协议有效。在劳动关系领域,对于用人单位与劳动者签订的奋斗者协议、自愿弃保协议、解除协议,如何认定其效力,劳动者的自由处分权是否应该受限制,我们以自愿弃保协议为例进行分析。

1. 法律规则适用结果的审查

《劳动合同法》第 38 条规定了劳动者因用人单位不缴纳社会保险被迫解除劳动合同的,用人单位应支付劳动者解除劳动合同经济补偿金。本条款的立法目的,一方面是保护劳动者权益,社会保险是劳动关系中劳动者的根本利益,不能实现该利益时则劳动者可以解除合同;另一方面是维护公共利益,通过该制度可以倒逼用人单位遵守对社会保险基金承担的社会保险缴纳义务。从解除的角度而言,该条强调的还是劳动者是被迫提出解除劳动合同,也就是其提出解除区别于辞职的特点在于劳动者提出解除并不是自愿所为,而是被迫所为,因此在自愿弃保的情况下,不能认为劳动者是被迫解除劳动合同。

2. 诚信价值适用结果的审查

当事人签订自愿弃保协议后,劳动者又以用人单位未缴纳社会保险为由,解除劳动合同,要求用人单位支付解除劳动合同经济补偿金。此类案件从意思自由原则来看,劳动者自愿放弃自己的权利,属于对权利的自由处分,其事后反悔,将解除劳动合同归因于用人单位未缴纳社会保险,并据此要求用人单位给予经济补偿金,明显是一种背信的行为,从背信行为的后果来看,就是当事人失权,也就是不应该再因其背信行为而获得补偿。从裁决结果来看,劳动者不应获得补偿金是其自己的处分行为所致,并不存在侵害其利益的后果。再如,用人单位滥用解除权的案件,如某医药公司在规章制度中明确规定医药销售代表不能以任何形式向医院医生提供礼品、红包等不正当利益输送,否则将构成商业贿赂,用人单位有权解除劳动合同。实践中,用人单位又规定医药代表在推销产品时可以报销各种费用,有些医药代表就会在推销药品时,给医生购买礼品进行促销,并且用人单位对于费用也进行了报销。一旦用人单位与劳动者产生纠纷,那么用人单位就会以劳动者存在利益输送违反规章制度为由解除劳动合同。用人单位利用劳动者的违规行为达到恶意解除劳动合同之目的,明显有违诚信,也属于滥用解除权的行为。

3. 从后果考量来看，判决用人单位不支付经济补偿金是否产生严重的不利后果

在社会保险补贴约定违法的情况下，从劳动者和用人单位角度看，二者均不应从自己的违法行为中获益，不论支付经济补偿还是不支付都因此存在困境，无法权衡；但从倒逼用人单位承担社会保险缴纳义务角度看，让用人单位承担经济补偿义务，更有利于该目的实现。社会保障是属于全社会福利，如果用人单位都不缴纳社会保险将使劳动者在遇到困难时无法得到保障，从长远来看，强制用人单位缴纳社会保险更符合社会公共利益。因此，在社会保险补贴约定无效时，判决劳动者可以主张经济补偿的观点更具有合理性。

4. 价值衡量：原则与原则竞合时，位价较高的原则优先

正如阿列克西认为，原则作为一种“最佳化诫命”，其适用方式应该是衡量。原则要在具体个案中得以实现，必须要与个案中所涉及的其他原则进行权衡，如果能胜出，才能够得以适用。[①] 自愿弃保类案件中，存在诚信价值与社会保障权利价值的冲突。具体适用时应充分考虑基本权利位阶次序。所谓基本权利位阶次序就是认为基本权利本身价值有高低之别，既然价值有高低，那么所受到的保护程度也就强弱不同了。在自愿弃保类案件中，虽然劳动者因不诚信获得利益，使用人单位遭受了损失，但任何约定都不能以剥夺公民的社会保障权为前提。为职工购买社会保险是用人单位的法定义务，单纯适用诚信原则明显没有考量公民社会保障权这一强制性规范。从利益保护的范围来看，个案中采取诚信原则，保护的仅是某个劳动者个人的补偿金，但是失去的将是社会保险的安全性价值，无法保护大多数人利益。从多数人的福利提高而言，社会保障权的价值位价明显高于诚信价值。因此最终应以保护社会整体利益为目的，督促用人单位完成社会保险的缴纳，避免劳动者以此为契机、利用用人单位未缴纳保险的违法行为获得利益的

---

① 何永红：《德国法规审查标准之类型化——基于学说与实务视角的法理分析》，载《时代法学》2008 年第 6 期。

不诚信行为发生。在用人单位滥用解除权的案件中,就存在用人单位滥用权利的不诚信行为与劳动者违规行为之间如何取舍的问题,如果认为用人单位滥用解除权行为不当,认定解除行为违法,那么将间接纵容劳动者的违规行为。因此,诚信价值与商业秩序之间,法官需要作价值衡量,优先保护商业秩序,认定用人单位解除行为合法,但是对于用人单位滥用解除权的行为,法官会通过引入核心价值观给予否定评价。

(二)服务期案件中:诚信原则对法律规则的修正功能

诚信原则对规则具有修正功能。所谓修正现行法的规则是指对现行法中具体规则的内涵作出调整,以法律错误为前提,是一种法官对法律的拒绝服从和反抗。根据德国学者的分类,这种修正既可能只是表面上对法律的背离,包括对条文文字的修改、对例外漏洞的补充等,其背离的目的在于更好地实现法律的目的;也可能是对规范目的的修正。①

1. 严格适用规则是否会产生严重不妥当的法律后果

《劳动合同法》第 22 条中规定,用人单位为劳动者提供专项培训费用,对其进行专业技术培训的,可以与该劳动者订立协议,约定服务期。通过服务期约定条件的限制看,法律仅规定了在用人单位投入专项教育培训才能与劳动者约定服务期,并不包括其他条件。实践中,用人单位通过解决户口约定服务期明显不属于教育培训的范围,不能成为约定服务期的条件,即使作出约定也应属于无效。此类案件在认定有效和无效时是否存在本质上的区别,如果用人单位为劳动者办理户口而约定服务期被认定为无效,劳动者可以不遵守约定提前离职,约定无效的法律后果是恢复原状,返还原物。劳动者离职户口也随之转移,用人单位可以说是无法向劳动者主张任何权益,反而会纵容劳动者的违约行为和不诚信行为,使劳动者通过不诚信行为获得利益。

---

① 沈建峰:《论社会主义核心价值观融入劳动争议裁判的路径与方法——以核心价值观入宪为背景》,载《苏州大学学报(法学版)》2022 年第 1 期。

2. 查明规则的立法目的,并证明本案无法在立法目的的范围内妥当处理

《劳动合同法》第22条之所以限制服务期,主要是为了保障劳动力资源的自由流动,同时保证用人单位为劳动者进行的特定投资得到回报,保护用人单位为人力资本投入的意愿。该条内含的价值主要是保护劳动者的择业自主权,显然立法并不鼓励用人单位通过高投入来限制人才的流动,这属于立法者的有意疏忽。户口虽然是非常重要的社会资源,但是并不是用人单位投入的人力成本,也无法用货币价值来衡量。

3. 引入新的权衡要素,诚信价值

实践中,特定城市的户口属于稀缺资源,附着了许多的社会资源,包括子女入学、购房资格、购车资格等,而且对于一个单位而言户口指标有限量,被占用后他人就无法再享有,所以户口也成为吸引人才的一项重要资源手段。劳动者在入职前对于户口资源的价值也是有认知的,也是为了寻求这种高额回报才入职,在获得既有利益后,劳动者却反悔,要求提出离职,明显是对于法律制度的一种滥用,应属于违背诚信原则的制度滥用类型,如果对用人单位的投入损失要求劳动者承担一定赔偿责任,一方面可以警示劳动者慎重作出选择,另一方面并不会损害劳动者的个人利益。

4. 诚信原则的修正功能,产生但书

诚信原则修正功能与目的性限缩是两种不同的方法论工具,双方区分的核心就在于对"目的"的界定。目的性限缩中"立法目的"是具体的法条目的,而非法律的目的。在适用规则产生的结果对违反规则的一方当事人反而有利时,就是产生行为人违反规则的动因,反而不利于法律规定的稳定性,也会造成法律关系的不可预期。因此,在某类案件适用法律规则出现严重不公的后果时,法官就需要主动适用原则来对法律规则的功能进行修正,同时也会增加法官的论证负担,也就是法官要对修正的正当性进行法律上的推理以及进行法律后果的评价。

(三)附随义务类案件:诚信原则的漏洞填补功能

在劳动法规范无法涵摄个案事实时,即存在法律漏洞,法官需要援引法

律原则来填补法律漏洞。

1. 穷尽规则:劳动者保密义务的来源

《中华人民共和国劳动法》(以下简称《劳动法》)和《劳动合同法》均有对保守用人单位商业秘密可以约定适用的规定。上述规定是授权性法律规范,也就是当事人可以自由约定保守商业秘密,并非一种劳动者的法定义务。在当事人未约定保密义务的情况下,劳动者就不需要履行该项义务了吗?显然,答案并不是肯定的。从立法目的来看,之所以将商业秘密交由用人单位与劳动者约定,一方面是因为对于商业秘密的范围,法律上未作出明确界定,而用人单位作为商业秘密的保有方和受益者,对商业秘密的认知和管理具有便利性,负有更高的注意义务;另一方面侵犯商业秘密的行为,在《民法典》和《中华人民共和国反不正当竞争法》(以下简称《反不正当竞争法》)中均有规定,无须再在《劳动法》上作出特别规定。依据《反不正当竞争法》第9条的规定,用人单位的员工实施了该条第1款规定的经营者不得实施的侵犯商业秘密的行为,也视为侵犯商业秘密的行为。那么《劳动法》上虽未明确规定劳动者不得侵犯商业秘密的义务,但是假如劳动者存在利用不正当手段获得商业秘密的行为,并允许他人使用的,也构成侵犯商业秘密的行为。因此,从法律规范看,《劳动法》的规定虽存在空白,但是通过准用其他法律规定也可以确定劳动者的保密义务。

2. 规范涵摄:现有法律无法囊括劳动者侵犯商业秘密行为

商业秘密一般包括技术信息、经营信息,而经营信息一般是指用人单位的销售方案、客户资料、价格成本、人员激励计划等涉及企业运营有关的不为竞争对手知悉的信息。侵犯商业秘密的主体包括第三人,也包括企业内部的员工,对于经营信息更多的是通过内部员工来泄露,因为员工通过职务行为可以接触到核心经营信息。实践中,职工将利用职务获得的信息出售给他人,获取非法利益。在用人单位因劳动者存在出售经营信息而解除劳动合同的案件中,劳动者一般均是否认经营信息是商业秘密而抗辩其并不构成侵权行为,要求确认解除行为违法。然而,劳动争议中,如果劳动者存在有违忠实义务的行为,即使并不构成侵权,但也属于一种违反诚信原则的行为,用人单位可以解除劳动合同。因此,《劳动法》上劳动者的保密义务范围要大于《民法典》及《反不正当竞争法》等的规定。即使存在《劳动法》与其他部门法的交叉,但是基于劳动者身份的特殊性,在劳动关系履行过程中,劳资双方产生了人身信赖关系,而使劳动者要承担比普通人更高的注意义务和保密义务。在当事人未约定保密义务的例外情形,通过寻找其他法律规范也无法涵盖劳动者的保密义务时,就构成了法律上的漏洞。

3. 规则续造:诚信原则对法律漏洞的填补

哈特提出,"在任何法体系中,一定存在着某些未受法律规范的案件,在这些案件中从法律无法导出特定的决定,也因此法律乃是部分地不确定或不完整的。因而法官针对法律的这种特性应该行使其有限的造法裁量权限以填充法律的漏洞"。[①] 诚信在劳动合同中包括用人单位诚信和劳动者诚信,而劳动者诚信的一个重要体现就是基于劳资双方的人身信赖关系,劳动者负有对用人单位的忠实义务。此种忠实义务表现在两个方面:一方面是积极地履行义务,也就是劳动者要忠诚尽职,恪尽职守;另一方面就是劳动者有不得侵害用人单位利益的不作为义务,包括上述不得泄露用人单位的商业秘密之义务。即使用人单位的商业秘密未采取保密措施,但是基于诚信原则,劳动者同样负有不得泄露之义务,更不能利用职务便利作出有损公司利益的背信行为。

结　语

丹宁勋爵说过,"一个法官绝不可以改变法律织物的编织材料,但是他可以,也应该把皱折熨平"。[②] 法官在审理疑难复杂案件时,如果固守法律文本会得出不合理的判决结果,就需要法官能动司法,运用社会公共价值进行利益衡量作出裁判。诚信价值是法律的普遍价值,但是诚信价值在具

---

① ［英］H. L. A. 哈特:《法律的概念》,许家馨、李冠宜译,法律出版社 2006 年版,第 253 页。

② ［英］丹宁:《法律的训诫》,杨百揆、刘庸安、丁健译,法律出版社 1999 年版,第 13 页。

体化时,需考虑不同案件事实及所涉及的法律规范,作出利益轻重之权衡。在适用诚信原则时,应根据价值位阶原则进行价值衡量,解决价值冲突时的原则适用问题,同时也要发挥诚信原则的修正功能,补正法律规则的不足。

行政法治

浅析我国私募基金市场的监管现状

——以《私募投资基金登记备案办法》的出台为视角

王　莉*

一、引言

根据中国证券投资基金业协会(以下简称中基协)①官方网站发布的数据,②截至2023年1月末,我国存续的私募基金管理人为22,156家,管理基金数量为146,345只,管理基金规模为20.23万亿元人民币。私募基金已然成为助力我国社会主义市场经济腾飞的重要引擎,是物联网、集成电路、云计算等新一代信息技术产业以及其他新兴领域发展的资金提供者和市场连接者,在优化企业资金供应以及促进科技创新、调整经济结构、服务实体经济等方面发挥着关键作用。

与此同时,私募基金爆雷事件却层出不穷,③轻者为私募基金到期不能分配,重者为实际控制人失联、挪用资金甚至涉嫌刑事犯罪,造成大量的个

* 王莉,北京市中伦律师事务所资深律师。

① 中基协成立于2012年6月6日,是依据《证券投资基金法》和《社会团体登记管理条例》,在民政部登记的社会团体法人,是证券投资基金行业的自律性组织,接受证监会和民政部的业务指导和监督管理。

② 载中基协网:https://www.amac.org.cn/researchstatistics/report/zgsmjjhysjbg/202302/P020230215615611938989.pdf。

③ 相关的报道非常多,部分可见链接:https://finance.sina.com.cn/tech/2021-03-17/doc-ikkntiam4141067.shtml;https://www.jiemian.com/article/5906554.html。

人投资者哭诉无门,不仅其资金损失难以追回,更是严重扰乱了私募基金的行业秩序。为此,监管层对私募基金行业的整治日益趋严。这一定程度上也与我国在私募基金行业层面的低门槛准入标准和宽松的治理环境存在关系。

二、我国私募基金市场的监管现状

我国关于规范私募基金行业的最高层级规定为《中华人民共和国证券投资基金法》(以下简称《证券投资基金法》),然而,该法重在规范公募证券投资基金,仅在第十章规定了非公开募集基金的一般性原则,对于已成为私募市场主流的私募股权投资基金,尚无其他直接的法律层级上的渊源。

事实上,私募基金行业的主要监管规定为中国证券监督管理委员会(以下简称证监会)于 2014 年 8 月 21 日发布并生效的《私募投资基金监督管理暂行办法》(以下简称《暂行办法》),该办法首次提出私募基金管理人应当在中基协进行登记、私募基金应当在中基协进行备案,并对应当报送的基本信息等相关事项作出相对比较明确的规定。但《暂行办法》仅规定了应当报送的信息,并未对私募基金管理人登记和私募基金备案应当满足的具体条件(如实缴出资、从业人员经验等)作出进一步要求。可以说,在《暂行办法》的监管时代,我国私募基金行业处于起步阶段。

2016 年 2 月 5 日,中基协发布《关于进一步规范私募基金管理人登记若干事项的公告》(中基协发〔2016〕4 号,以下简称 4 号文),进一步加强对私募基金管理人登记的管控,其重大意义在于首次提出私募基金管理人在中基协申请登记的,应当提交法律意见书,并且已经登记的私募基金管理人后续发生变更控股股东、变更实际控制人、变更法定代表人或执行事务合伙人等重大事项的,应当出具专项法律意见书。这意味着,在 4 号文以后,申请私募基金管理人登记已不能由机构以自主报送信息的方式完成,而需要接受第三方律师的审查。这在一定程度上提高了私募基金市场的准入门槛。

此后,中基协对私募基金行业的监管力度不断加码,连续出台了关于私募基金管理人登记的问答共计 15 项,发布《私募投资基金管理人登记和基金备案办法(试行)》、《私募基金管理人登记须知》(已失效),并就私募基金的募集、基金合同、基金备案等合规事项接连发布《私募投资基金募集行为管理办法》、私募投资基金合同指引1~3号、证券期货经营机构私募资产管理计划备案管理规范1~4号、《私募投资基金备案须知》等规定。2020年12月30日,证监会发布《关于加强私募投资基金监管的若干规定》,进一步对私募基金管理人及私募基金的设立、登记和备案、募资和投资等方面的合规事项作出规定。

从前文可以看出,我国在私募基金行业的监管上,存在法律层级相对较低、规定相对较多且比较分散,并且监管起步时间较晚,面临经验不足的局面。

在此背景下,2023年2月24日,中基协发布《私募投资基金登记备案办法》及三项配套指引①(以下简称《登记备案办法》),对私募基金管理人登记和私募基金备案作出新的统一规定,其部分内容系对中基协原发布的有关规定的总结和细化,并就长期引发从业人员问询的部分问题(如员工兼职、高级管理人员从业经验的认定等)作出回应。

值得一提的是,中基协曾于2022年12月30日发布《登记备案办法》之征求意见稿,就已经迅速引发市场热烈讨论。距离发布征求意见稿不足两个月,《登记备案办法》随即出台,速度之快、业内反响之大,前所未有,主要是因为本次《登记备案办法》在吸收中基协对私募基金行业先前监管规定的基础上,对私募基金管理人和私募基金均作出了更为细致、严格的规定,堪称目前最为严格的私募基金管理规定。这体现出监管层对进一步加强整治私募基金行业的决心,可以预见未来的私募市场将是一个高门槛准入并且日益专业化的行业。这也与私募基金受托管理的本质相符,因为只有专业化的私募基金管理人才有募集和管理私募基金的能力,才能更好地掌握社

---

① 包括:(1)《私募基金管理人登记指引第1号——基本经营要求》(《1号指引》);(2)《私募基金管理人登记指引第2号——股东、合伙人、实际控制人》(《2号指引》);(3)《私募基金管理人登记指引第3号——法定代表人、高级管理人员、执行事务合伙人或其委派代表》(《3号指引》)。以上指引详细规定了私募基金管理人应当满足的条件。

会主义市场经济的这一资金引擎。

三、《登记备案办法》对私募基金市场的影响

根据规定,《登记备案办法》于2023年5月1日起施行,并且根据新老划断的原则,在2023年5月1日前提交办理但未完成登记的私募基金管理人的登记事项,也适用《登记备案办法》。这意味着对于拟从事或后续可能发生管理人重大事项变更的个人或机构来说,认真研习《登记备案办法》并结合自身情况确认是否满足合规要求,已经成为私募基金从业人员的必修课。

因篇幅有限,现将《登记备案办法》的有关要点梳理如下,以供快速参考:

(一)设定私募基金管理人和私募基金的最低实缴出资要求

《私募基金管理人登记须知》(已失效)规定,私募基金管理人(以下简称管理人)的资本金应满足运营要求,能够覆盖一段时间内的合理人工薪酬、房屋租金等日常运营开支。但该等规定并未列明管理人具体的实缴出资金额,导致在申请管理人登记的实践中,律师、申请机构、中基协对管理人的实缴出资金额理解不一,亦存在部分申请主体以低成本换取管理人资质的投机问题。

此次《登记备案办法》明确规定,管理人的实缴货币资本不低于1000万元人民币或者等值的可自由兑换货币,对专门管理创业投资基金的管理人另有规定的,从其规定。我们理解由于创业投资型基金管理人的整体规模可能相对较小,同时亦是出于对创业投资型基金的政策支持,对其管理人的最低实缴出资要求可能会放低,但目前尚未出台相关规定。

此外,值得注意的是,《1号指引》规定,管理人应当具有良好的财务状况,不存在大额应收应付、大额未清偿负债或者不能清偿到期债务等可能影响正常经营的情形。这意味着,管理人的出资人在实缴1000万元出资后,应不能以借款或往来款等名义将该等出资收回或占用。因此,通过明确规定

管理人的实缴出资金额要求，将淘汰部分资金实力不足的申请机构。

除前述外，《登记备案办法》也首次提出了成立私募基金的金额门槛，其中规定：私募基金初始实缴募集资金规模除另有规定外应当符合下列要求：(1)私募证券基金不低于1000万元人民币；(2)私募股权基金不低于1000万元人民币，其中创业投资基金备案时首期实缴资金不低于500万元人民币，但应当在基金合同中约定备案后6个月内完成符合前述初始募集规模最低要求的实缴出资；(3)投向单一标的的私募基金不低于2000万元人民币。

这意味着，规模低于1000万元的小型私募基金将难以在中基协完成备案。

(二)要求特定人员应持有管理人一定比例的股权或财产份额

《登记备案办法》规定，法定代表人、执行事务合伙人或其委派代表、负责投资管理的高级管理人员(以下简称特定人员)均应直接或者间接合计持有管理人一定比例的股权或者财产份额，且合计实缴出资不低于管理人实缴资本的20%，或者不低于管理人最低实缴资本的20%(前述第1项所述的1000万元的20%，即200万元)。

也就是说，特定人员应最低持有管理人200万元的股权或财产份额。此为《登记备案办法》的新增内容，我们理解在管理人层面引入该等最低权益投资要求，有助于进一步强化特定人员对管理人的资金投入，以督促其勤勉尽责，实现风险共担。但《登记备案办法》并未限定特定人员的持股方式，直接或间接持股均应可以被接受，这就需要申请机构在设定股权结构时充分考虑在满足合规要求的基础上，是否有必要留有相应的灵活空间，比如设立特定人员专门持股平台，以避免因特定人员变动频繁引发管理人层面的股权变动，但亦需要结合管理人的出资结构合规要求予以综合考虑。

(三)强化管理人工作人员的人数及经验要求

《私募基金管理人登记须知》(已失效)规定，管理人的员工总人数不应低于5人，此次《登记备案办法》予以重申，强调管理人的专职员工不少于5

人,并就“专职员工”给出界定,是指与管理人签订劳动合同并缴纳社保的正式员工,签订劳动合同或者劳务合同的外籍员工、退休返聘员工,以及国家机关、事业单位、政府及其授权机构控制的企业委派的高级管理人员。

关于高级管理人员的兼职问题一直引发业内广泛关注,这也是管理人登记过程中经常被中基协反馈的问题之一。此次,《登记备案办法》将法定代表人、高级管理人员、执行事务合伙人或其委派代表、其他从业人员的下列兼职情形认定为不违反员工的兼职要求,具体包括:(1)在高等院校、科研院所、社会团体、社会服务机构等非营利性机构任职;(2)在其他企业担任董事、监事;(3)在所管理的私募基金任职;及(4)中基协认定的其他情形。

此外,《私募基金管理人登记须知》(已失效)规定,管理人的从业人员应具备与岗位要求相适应的职业操守和专业胜任能力,但并未明确该等专业胜任能力的具体要求,特别是对投资总监的专业能力要求更是比较模糊。由此导致在申请管理人登记的实践中,管理人经常不知从何入手以证明其从业人员具备专业胜任能力。这是我们作为律师在出具管理人登记法律意见书时经常被客户咨询的问题之一,也是中基协在审核登记申请时比较关注的事项。

此次《登记备案办法》给出了较为明确的判断标准,提出管理人的法定代表人、执行事务合伙人或其委派代表、经营管理主要负责人以及负责投资的高级管理人员应当具有5年以上相关工作经验,管理人的合规风控负责人应当具有3年以上投资相关行业合规、风控、监管和自律管理等工作经验。具体认定标准可参见《3号指引》第4~8条。在此特别指出,对于私募股权基金管理人负责投资管理的高级管理人员的投资管理业绩,是指最近10年内至少2起主导投资于未上市企业股权的项目经验,投资金额合计不低于3000万元人民币,且至少应有1起项目通过首次公开发行股票并上市、股权并购或者股权转让等方式退出,或者其他符合要求的投资管理业绩。其中主导投资是指相关人员主持尽职调查、投资决策等工作。上述业绩要求应当提供尽职调查、投资决策、工商确权、项目退出等相关材料。并且,作为投资者参与的项目投资因无法体现投资管理能力而将不被接受。

从前述可以看出,《登记备案办法》对私募基金管理人中的关键人员提出了非常高的从业经验要求。这反映出监管层进一步肃清私募基金市场之从业人员鱼龙混杂局面的态势,也要求私募基金管理人除具备从业所需的资金实力外,拥有满足合规要求的专业人才更是不可或缺。

(四)强化对管理人之实际控制人及控制权的监管

在管理人的出资结构方面,《登记备案办法》提出:(1)管理人的控股股东、实际控制人、普通合伙人应当具备经营、管理或从事资产管理、投资、相关产业等相关经验且该等经验应满5年;(2)管理人的出资架构应当简明、清晰、稳定,不存在层级过多、结构复杂等情形,无合理理由不得通过特殊目的载体设立两层以上的嵌套架构;(3)管理人的控股股东、实际控制人、普通合伙人所持有的股权、财产份额或者实际控制权,原则上自登记或者变更登记之日起3年内不得转让,但在同一实际控制人的不同主体直接进行转让或继承等原因导致的转让除外。

这意味着,除对管理人的相关高级管理人员提出前述第3项所述经验要求外,管理人的控股股东、实际控制人、普通合伙人亦需要具备该等工作经验。

综合前述规定,我们理解未来新设申请机构时,应仔细斟酌出资人的经验资质并设计结构简单的出资结构,尽量避免多层嵌套架构。此外,我们初步理解私募基金管理人为满足前述第2项所述的特定人员的跟投要求而设立专门持股平台应视为具有合理理由,但建议由该等特定人员在持股平台中直接持股,尽量避免多层嵌套。

此外,为进一步打击买卖管理人资质的行为,《登记备案办法》规定,管理人实际控制权发生变更的,变更之日前12个月的管理规模应当持续不低于3000万元人民币,且应当就变更后是否全面符合管理人登记的要求提交法律意见书,中基协按照新提交管理人登记的要求对其进行全面核查,而非原规定的提交专项法律意见书。这实际上是要求管理人的控制权只能在全面符合管理人合规要求的主体之间进行转让,大大限制了管理人资质的倒卖行为。

(五)严控私募基金"资质挂靠"行为

《登记备案办法》提高了私募基金委托管理的要求,其中规定管理人设立合伙型基金,应当担任执行事务合伙人,或者与执行事务合伙人存在控制关系或者受同一控股股东、实际控制人控制,不得通过委托其他私募基金管理人等方式规避关于管理人的相关规定。

也就是说,如果有限合伙制基金拟委托执行事务合伙人以外第三方进行管理的,需要证明执行事务合伙人与该管理人之间存在控制关系或者受同一控股股东、实际控制人控制。

有限合伙制基金的委托管理要求从先前被中基协认可的"关联方"标准向"控制"标准转变,进一步压缩了私募基金资质挂靠的空间。

整体而言,《登记备案办法》沿袭了监管层对私募管理人登记及私募基金备案的强监管姿态,对管理人的最低实缴出资金额、私募基金的初始规模提出了具体要求,对管理人的从业人员及实际控制权变更等有关事项作出了更为明确、也相对较高的标准,体现出监管层对优化私募基金行业入门门槛的决心。

四、结语

《登记备案办法》的出台,从资金实力、人员经验、控制权变更等维度拉高了私募基金市场的准入门槛,从源头落实了对"伪、劣、乱"私募的治理,有助于遏制我国私募基金市场的行业乱象,进一步净化行业生态。这种扶优限劣的政策理念,亦有助于专业的私募从业人员增加行业获得感。可以预见,在《登记备案办法》生效后,将有大批资质堪忧的管理人及从业人员被市场清退。

此外,值得关注的是,国务院曾于2017年8月30日发布《私募投资基金管理暂行条例(征求意见稿)》,但时至今日该行政法规并未出台。私募市场目前的主要监管规定仍为部门规章《暂行办法》以及中基协的自律规则(包括本次出台的《登记备案办法》),监管规定碎片化,并缺少上位法支持。《登记备案办法》的施行有助于培育监管经验,相信在时机成熟的前提下,吸收现行合理规定,出台行政法规对私募基金市场作出新的、统一的、法律位阶较高的监管亦为时不远。

刑事法治

妨害药品管理行为刑法规制的新发展和司法适用

——以《刑法修正案(十一)》为视角

岳启杰[*]　徐　点[**]

根据我国《刑法》第142条之一妨害药品管理罪规定,违反药品管理法规,实施生产、销售国务院药品监督管理部门禁止使用的药品的,未取得药品相关批准证明文件生产、进口药品或者明知是上述药品而销售的,药品申请注册中提供虚假的证明、数据、资料、样品或者采取其他欺骗手段的,编造生产、检验记录的,这四种妨害药品管理行为,足以严重危害人体健康的,以妨害药品管理罪定罪论处。为了保障法律的统一正确实施,回应司法实践中的难点问题,2022年3月最高人民法院、最高人民检察院联合发布《关于办理危害药品安全刑事案件适用法律若干问题的解释》(以下简称《解释》),对妨害药品管理行为的定罪量刑作出了具体规定,有利于保障法律正确适用。鉴于立法、司法解释的新变化,如何准确理解妨害药品管理犯罪行为的刑法规制及司法适用,是当前司法实务中面临的重大课题。为此,有必要对其进行研究,以期有所裨益。

---

* 岳启杰,北京市门头沟区人民检察院员额检察官。本文系2022年院级调研课题。

** 徐点,中国人民公安大学网络空间安全与法治协同创新中心研究员。

一、妨害药品管理犯罪行为的刑法规制现状

随着经济社会的快速发展,药品违法犯罪出现了新情形、新特征。电影《我不是药神》此前热映,反映出的"假药"定义、"代购"未经国家批准进口药品等问题引发社会广泛讨论。2019 年《药品管理法》以问题为导向,对药品管理规范作了较大修改,主要体现在:对假药、劣药的范围作了调整;从事药品研制,要符合法定要求;强调数据完整性,保证全过程信息真实、准确、完整和可追溯;强调药品上市后管理;加大对药品违法行为的处罚力度,等等。其中对假药、劣药的认定将之前"科学成分上的假"和"法理、流程上的假"区别对待,对于未经批准进口的国外已上市药品"流程假"不以假药范畴论处,使药品的认定回归到实质层面,更加符合公众朴素认知。妨害药品管理行为具有行政违法和刑事犯罪的双重违法性,不仅违反了《药品管理法》等行政管理法规,还触犯了《刑法》相关规定。从犯罪性质上讲,危害药品安全犯罪具有一定的法定犯性质,其在修订和适用的过程中,除要与犯罪治理实践保持密切关联外,还必须与前置性行政法律规范保持有序衔接。[①] 法秩序统一原理要求,前置法内容发生变化的,作为保障法的刑事立法必然随之作出相应调整,确保内容的协调一致。《刑法》作为整个法律体系中的最后一道防线,既不能缺位,也不能越位,只有与其他法律衔接好,才能实现良法善治的效果。[②] 为了回应药品安全保护的现实需要和前置法的修订动态,《刑法修正案(十一)》对涉药相关罪名规定作了完善,扩充了行为类型,增设妨害药品管理罪,明确了四种妨碍药品管理的行为类型,进一步织密了对危害药品安全犯罪行为的刑事法网。《解释》对《刑法修正案(十一)》中涉药规定作了具体解释,为司法办案提供了法律支撑,便于司法操作。

二、妨害药品管理行为刑法规制的行为类型

根据《刑法》第 142 条之一的罪状表述,妨害药品管理罪在刑法理论上

---

① 梅传强:《危害药品安全犯罪的最新修订及其适用研究》,载《当代法学》2021 年第 5 期。

② 刘仁文:《食品药品安全犯罪的刑法规制》,载《检察日报》2021 年 1 月 21 日,第 3 版。

为具体危险犯，并非一实施有关行为就构成犯罪，而是以“足以严重危害人体健康”为入罪要件。这一方面体现了立法者重视药品安全管理，提前立法预防药品犯罪风险。另一方面为了防止《刑法》打击半径过大，限缩了该罪的刑事处罚边界。对于足以严重危害人体健康的认定，《刑法》第142条之一的妨害药品管理罪规定四种行为方式，而《解释》第7条第1款又作了具体规定，进一步细化为八种行为方式，其中还设置“其他足以严重危害人体健康的情形”兜底规定。下面结合《刑法》《解释》的规定，进行具体分析。

（一）生产、销售国务院药品监督管理部门禁止使用的药品

《药品管理法》第67条规定，禁止进口疗效不确切、不良反应大或者因其他原因危害人体健康的药品。同时第124条第1款第5项规定，药品生产者和药品经营者生产、销售国务院药品监督管理部门禁止使用的药品，将承担相应的行政处罚。生产、销售国务院药品监督管理部门禁止使用的药品，往往对公众健康的影响较大，仅仅依靠行政法调整，尚不足以惩治该类行为，在刑法层面对违反这一规定的行为加以规制是非常必要的。《解释》第7条第1款第1项规定，生产、销售国务院药品监督管理部门禁止使用的药品，综合生产、销售的时间、数量、禁止使用原因等情节，认为具有严重危害人体健康的现实危险的，应当认定为《刑法》第142条之一规定的“足以严重危害人体健康”。由此可见，鉴于此类药品事先经过批准生产，与未经药品管理部门批准的药品在对人体健康的危害程度不同，《解释》对其作了限缩规定，在一定程度上抑制了《刑法》打击面过宽的倾向。对于生产、销售国务院药品监督管理部门禁止使用的药品，不能一律入刑追责，而是要求综合“生产、销售的时间、数量等情节”，全面考量其社会危害性，最终作出是否定罪处罚的判断。

（二）未取得药品相关批准证明文件生产、进口药品或者明知是上述药品而销售的

药品是特殊商品，药品的生产、进口、销售要经过国家药品监督管理等

相关部门的批准,才能保障药品安全和药品市场秩序。《解释》第 7 条第 1 款第 2 ~5 项,将该行为方式细化为四种具体方式。

1. 未取得药品相关批准证明文件生产药品或者明知是上述药品而销售,涉案药品属特定对象、特定类型情形的。

我国对生产药品采取行政许可或批准制度,《药品管理法》第 41 条中规定,从事药品生产活动,应当经所在地省、自治区、直辖市人民政府药品监督管理部门批准,取得药品生产许可证。第 51 条第 1 款规定,从事药品批发活动,应当经所在地省、自治区、直辖市人民政府药品监督管理部门批准,取得药品经营许可证。从事药品零售活动,应当经所在地县级以上地方人民政府药品监督管理部门批准,取得药品经营许可证。无药品经营许可证的,不得经营药品。由此可见,没有取得药品生产许可证、经营许可证的,不得生产、销售药品。《解释》对此类行为类型作了限制,仅限于涉案药品属于本解释第 1 条第 1 项至第 3 项规定情形,即以孕产妇、儿童或者危重病人为主要使用对象,麻醉药品、精神药品、医疗用毒性药品、放射性药品、生物制品,以药品类易制毒化学品冒充其他药品的,以及注射剂药品、急救药品。凡是未取得药品生产许可证的,生产上述特定对象、特定类型的药品行为不仅属于行政违法行为,还触犯了《刑法》规定,将承担刑事责任。

2. 未取得药品相关批准证明文件生产药品或者明知是上述药品而销售,涉案药品的适应症、功能主治或者成分不明的。

按国家相关规定,化学制剂等西药产品均需在其说明书或标签上注明“适应症”,中药产品(主要是成药)需在其说明书标签上注明“功能与主治”。根据用药常识和生活经验,药品的适应症、功能主治或者成分不明的,往往具有严重危险性,严重侵蚀公众的生命健康。未取得药品相关批准证明文件的“黑作坊”生产药品或者明知是上述药品而销售,法益侵害性较大,如涉案药品的适应症、功能主治或者成分不明的,以妨害药品管理罪定罪处罚;如果涉案药品经鉴定被依法认定为假劣药的,还可能构成生产、销售假药罪、生产、销售劣药罪。

3. 未取得药品相关批准证明文件生产药品或者明知是上述药品而销售,涉案药品没有国家药品标准,且无核准的药品质量标准,但检出化学药成分的。

《药品管理法》第 28 条第 1 款规定,药品应当符合国家药品标准。经国务院药品监督管理部门核准的药品质量标准高于国家药品标准的,按照经核准的药品质量标准执行;没有国家药品标准的,应当符合经核准的药品质量标准。国家为了保护用药安全,设置了国家药品标准和药品质量标准,如果药品没有国家药品标准、药品质量标准,药品的安全性将无法得到有效保证,可能存在造成因用药延误治疗,残疾或者其他严重后遗症,或致使病情加剧的安全隐患。《刑法》对此类情形予以规制,是保障公众药品安全的重要保障。

4. 未取得药品相关批准证明文件进口药品或者明知是上述药品而销售,涉案药品在境外也未合法上市的。

《药品管理法》第 64 条第 1 款规定,药品应当从允许药品进口的口岸进口,并由进口药品的企业向口岸所在地药品监督管理部门备案。海关凭药品监督管理部门出具的进口药品通关单办理通关手续。无进口药品通关单的,海关不得放行。未按照法律规定程序报备而私自进口药品的,属于违反药品管理法规的违法行为,但是否构成犯罪,《解释》作了排除性规定,如果涉案药品在境外合法上市的,则不构成妨害药品管理罪。现行《药品管理法》对"假药"采取实质认定标准,未经批准走私进口药品的不再当然认定为假药。对于进口境外合法上市的药品,虽然属于《药品管理法》规定的妨害药品管理行为,但对用药人不会造成安全隐患,反而对治疗有关疾病有效果,明显不属于"足以严重危害人体健康"情形。为此《解释》还作了进一步规定,其第 18 条中规定,不以营利为目的实施带有自救、互助性质的生产、进口、销售药品的行为,不应当认定为犯罪。对于涉案药品是否在境外合法上市审查认定,《解释》第 7 条第 2 款规定,应当根据境外药品监督管理部门或者权利人的证明等证据,结合犯罪嫌疑人、被告人及其辩护人提供的证据材料综合审查,依法作出认定。

（三）药品申请注册中提供虚假的证明、数据、资料、样品或者采取其他欺骗手段的

药品注册是管控药品市场准入的前置性管理，是对药品上市的事前管理。为了保证药品质量，保障人体用药安全，实现药品注册管理。药品注册“批准文号”即“国药准字号”是药品生产合法性的标志。《药品管理法》第24条规定：在中国境内上市的药品，应当经国务院药品监督管理部门批准，取得药品注册证书；但是，未实施审批管理的中药材和中药饮片除外。实施审批管理的中药材、中药饮片品种目录由国务院药品监督管理部门会同国务院中医药主管部门制定。申请药品注册，应当提供真实、充分、可靠的数据、资料和样品，证明药品的安全性、有效性和质量可控性。同时《药品注册管理办法》也有相应规定，其第3条中规定，药品注册是指药品注册申请人依照法定程序和相关要求提出药物临床试验、药品上市许可、再注册等申请以及补充申请，药品监督管理部门基于法律法规和现有科学认知进行安全性、有效性和质量可控性等审查，决定是否同意其申请的活动。药品申请注册中提供的相关证明材料直接关系药品的安全性、有效性和质量评价，因此，药物注册申请人违反上述程序性义务的行为有通过《刑法》调整的现实必要。① 在药品申请注册过程中，任何弄虚作假的行为都是违法的，而这些弄虚作假的行为如果足以严重危害人体健康，则可能构成妨害药品管理罪。② 关于药品申请注册中提供虚假的证明、数据、资料、样品或者采取其他欺骗手段，《解释》作了限缩规定，仅规定了两种认定情形，涉及《解释》第7条第1款第6项和第7项之规定，在药物非临床研究或者药物临床试验过程中故意使用虚假试验用药品，或者瞒报与药物临床试验用药品相关的严重不良事件的；以及故意损毁原始药物非临床研究数据或者药物临床试验数据，或者编造受试动物信息、受试者信息、主要试验过程记录、研究数据、检

① 张伟珂：《论药品犯罪刑法规制的转型与司法回应》，载《中国刑事法杂志》2021年第2期。

② 谢望原：《〈药品犯罪的修改完善与合理解释〉——基于〈刑法修正案（十一）〉的解读》，载《中国法律评论》2021年第1期。

测数据等药物非临床研究数据或者药物临床试验数据，影响药品的安全性、有效性和质量可控性的。上述行为的犯罪主体主要是针对药品生产厂商及其相关责任人员。

（四）编造生产、检验记录

药品生产、检验记录是保障药品生产质量管理规范的重要环节，关系到药品质量安全。《药品管理法》第 44 条中规定，生产、检验记录应当完整准确，不得编造。同时其第 124 条对编造生产、检验记录作了相应行政处罚规定。编造生产、检验记录往往是为了掩盖药品生产过程中出现的不符合法定要求和规范之处，威胁到药品安全，因而需要《刑法》予以规制。[①]《解释》第 7 条作出了明确规定，编造生产、检验记录，影响药品的安全性、有效性和质量可控性的，作为入罪门槛。由此可见，对编造生产、检验记录作了区分评价，只有实施编造生产、检验记录行为，进而影响药品的安全性、有效性和质量可控性的，才予以《刑法》规制；反之，仍由药品管理行政法规调整。

三、无证销售药品的司法适用

药品的种类无外乎假药、劣药和真药（上市流通的药品），对于无证销售假药、劣药的行为，分别以销售假药罪和销售劣药罪等相关罪名论处，在司法适用上争议不大。对于无证销售药品行为的认定，此次修法、司法解释作了较大调整，如何准确定罪，是司法难点问题。

（一）无证销售国内上市真药的司法适用

《刑法修正案（十一）》实施之前，根据 2014 年《关于办理危害药品安全刑事案件适用法律若干问题的解释》（以下简称 2014 年《药品解释》）第 7 条中规定，违反国家药品管理法律法规，未取得或者使用伪造、变造的药品经

① 任学婧：《妨害药品管理行为刑法规制的目的与边界》，载《华北理工大学学报（社会科学版）》2022 年第 2 期。

营许可证,非法经营药品,情节严重的,依照《刑法》第 225 条的规定以非法经营罪定罪处罚。在此期间,对于无证销售国内上市的药品,销售数额较大或有其他情节严重情形的,司法实践中以非法经营罪定罪论处尚无争论。《刑法修正案(十一)》实施之后,存在妨害药品管理罪与非法经营罪的适用之争。但《解释》实施后,对无证销售药品的行为作了新规定,为此,对行为定性亦相应随之发生变化。

《解释》第 7 条第 1 款第 1 项、第 2 项规定,只是将销售国务院药品监督管理部门禁止使用的药品以及销售特定对象、特定类型的药品纳入妨害药品管理罪的规制对象。对于无证销售除了上述药品之外的其他真药则不属于妨害药品管理罪的打击半径,无法适用该罪名。对于无证销售其他类型真药能否以非法经营罪论处?答案是否定的。具体理由:一是《解释》正式实施后,2014 年《药品解释》已废止,对无证销售真药的行为评价为非法经营罪,失去了法律依据。二是非法经营罪的适用,坚持罪刑法定原则,对非法经营罪的范围有严格限制。值得注意的是,在司法实践中存在一种观点,认为不具备“足以严重危害人体健康”的妨害药品管理的行为,可以转而认定为非法经营罪。这是完全没有理论根据和法律根据的。[①] 三是从犯罪实质层面上考量,对于不具有实害后果的行为,可以作出罪处理,契合刑罚谦抑的世界立法潮流和刑罚轻缓化的趋势。

(二)无证销售国外上市药品的司法认定

根据《解释》第 7 条第 1 款第 5 项的规定,涉案药品在境外在合法上市的,不属于妨害药品管理罪的犯罪圈,排除了妨害药品管理罪的适用。退一步,该类行为能否适用非法经营罪?本文认为亦不宜适用。理由除了以非法经营罪论处失去法律依据之外,还有《解释》对该类行为作了出罪规定。《解释》第 18 条中规定,不以营利为目的实施带有自救、互助性质的生产、进口、销售药品的行为,不应当认定为犯罪。不认定为犯罪,固然不仅是不构

---

① 陈兴良:《妨害药品管理罪——从依附到独立》,载《当代法学》2022 年第 1 期。

成妨害药品管理罪，也不能认定为非法经营罪。

（三）无证收购、销售利用医保骗保药品行为的司法适用

司法实践中，经常遇到这样的案例："药贩子"通过低价回收药品，再提高价格以低于市价转售，赚取中间差价。对于该类行为的刑法规制，《解释》实施之前，如果达到一定数额或情节严重的，以非法经营罪论处。《解释》实施之后，对此类行为的刑法规制路径发生了变化，根据《解释》第13条第1款的规定，明知系利用医保骗保购买的药品而非法收购、销售，金额5万元以上的，应当依照《刑法》第312条的规定，以掩饰、隐瞒犯罪所得罪定罪处罚；指使、教唆、授意他人利用医保骗保购买药品，进而非法收购、销售，符合《刑法》第266条规定的，以诈骗罪定罪处罚。由此可见，对于收购医保骗保药品行为，以掩饰、隐瞒犯罪所得罪论处，而不以非法经营罪处理。如果事前指使、教唆、授意他人利用医保套现，根据共同犯罪原理，以诈骗罪论处。同时，非法收购、销售的药品金额规定在5万元作为掩饰、隐瞒犯罪所得罪入罪门槛，防止《刑法》打击面过宽。对于上游犯罪，用医保卡到医院或药店购买药品的行为，定性为诈骗罪；对于下游收购、销售药品行为，定性为掩饰、隐瞒赃物，符合掩饰、隐瞒犯罪所得罪的规制路径。

（四）无证销售药品明知的认定

无证销售药品要求行为人主观上是明知，如果未能证明行为人主观上的明知，即使客观上实施了相应的行为，根据主客观相统一的定罪原则，也不能认定为犯罪。明知包括知道和应当知道。知道是指行为人自认，在其口供中明确予以承认。应当知道即推定明知，是基于主观见之于客观的原则，依据经验法则和逻辑判断，从现有查证的事实推定行为人主观上的明知。司法实践中，基于趋利避害的本能，行为人往往拒不认罪或辩解主观不知情。为此，如何准确把握推定明知的认定一直以来是司法办案中的难点重点。在司法实践中，因为无法认定主观明知而不捕、不诉或建议公安机关

撤案的情况相当普遍。[①]《解释》第10条规定,明知的认定应当结合行为人的从业经历、认知能力、药品质量、进货渠道和价格、销售渠道和价格以及生产、销售方式等事实综合判断认定行为人的主观故意。具有下列情形之一的,可以认定行为人有实施相关犯罪的主观故意,但有证据证明确实不具有故意的除外:(1)药品价格明显异于市场价格的;(2)向不具有资质的生产者、销售者购买药品,且不能提供合法有效的来历证明的;(3)逃避、抗拒监督检查的;(4)转移、隐匿、销毁涉案药品、进销货记录的;(5)曾因实施危害药品安全违法犯罪行为受过处罚,又实施同类行为的;(6)其他足以认定行为人主观故意的情形。需要注意的是,推定明知的适用,应重视审查行为人的反证,如反证成立,则不能推定明知。

四、妨害药品管理行为刑法规制之配套措施

(一)健全完善行政执法和刑事司法衔接机制

药品管理需要司法、行政执法共同发力,形成保护药品安全的合力,把习近平总书记关于食品药品安全"四个最严"要求落到工作实处,落到执法、司法具体案件中。司法机关加强与药品行政执法监管机关的沟通协作,定期开展座谈交流,就涉药案件线索移送、案件信息共享、执法司法标准等统一认识,健全案件线索双向移送机制,形成严厉打击药品违法犯罪的执法、司法合力。加大对行政执法与刑事司法衔接工作的考核力度,把是否依法移送、受理、立案、办案等情况纳入政府综合考核评价体系,并作为重要考核指标,进一步强化危害药品安全犯罪的源头治理、综合治理。

(二)发挥检察机关能动履职效能

检察机关加强对行政执法机关的移案监督,切实防止和纠正有案不移、有案不立、有罪不究、以罚代刑、降格处理的现象。对于构成犯罪的,需要追究刑事犯罪的,依法监督药品执法监管机关移送公安机关立案侦查。对于

---

① 杜宇:《〈刑法修正案(十一)〉中药品犯罪修订之得失》,载《法学》2021年第3期。

进入刑事司法程序，行为人被作出相对不起诉决定的，但应当追究行政责任的，检察机关应当提出检察意见，建议药品行政执法监管机关追究其行政责任。

（三）注重结合典型案例开展普法宣传教育

认真落实"谁执法谁普法"责任制，注重运用典型案例开展普法宣传教育，创新普法宣传的方式，切实增强普法实效。加强典型案例的编发，及时收集总结司法实践中的典型案例，以生动的案例向群众进行普法宣传教育，引导广大药品生产者、经营者严格遵守药品管理相关规定，切实保障人民群众的用药安全。

关于完善监狱戒毒执法司法法律法规体系研究

北京市监狱(戒毒)管理局课题组

党的十八届四中全会作出全面推进依法治国的战略部署之后,监狱戒毒机关法治建设进入新的发展阶段。随着社会形势发展变化,要全面深入推进监狱戒毒机关法治建设,必须站在国家刑事法律体系建设的高度,统筹各层级、各方面法律法规的联结与协调,以形成统一、完善的监狱戒毒执法司法法律法规体系,更好地推进全面依法治国进程。

一、完善监狱戒毒执法司法法律法规体系的必要性

法律体系,是指由一国现行的全部法律规范按照不同的法律部门分类组合,而形成的呈体系化的有机联系的统一整体。我国是成文法国家,《监狱法》《禁毒法》是监狱戒毒法律体系最重要的组成部分,并同时和其他与监狱戒毒相关的宪法性法律、基本法律、行政法规等共同组成监狱戒毒法律法规体系。1994 年颁布的《监狱法》和 2007 年颁布的《禁毒法》在有力推进我国监狱和戒毒工作快速、规范发展的同时,囿于内外部运行环境的深刻变化和自身立法过程中存在的缺陷等因素,在实际运行过程中逐渐显露出诸多局限和不足,对监狱戒毒执法工作造成了一定的限制和困扰,监狱戒毒执法司法法律体系需要在执法实践发展中不断完善和调整。

（一）完善监狱戒毒执法司法法律法规体系是坚持全面依法治国、推进监所治理体系现代化的必然要求

刑罚执行机关担负着对罪犯进行惩罚与改造的职责，戒毒机关依法依规收治戒治强制隔离戒毒人员，是直接体现国家威严、法律权威、践行国家法治精神的重要领域，是维护社会安全稳定的关键，理应在实施全面依法治国战略中发挥积极而重要的作用。监狱既肩负着惩罚犯罪的执法职能，也承担着预防犯罪、维护社会利益的社会治理职能。戒毒所既需要依法严格文明科学管理强制隔离戒毒人员，开展戒毒治疗、身体康复，也需要发挥戒毒服务社会的职能。运用法治思维完善法律法规体系，不断丰富监狱刑罚执行和戒毒管理戒治的内涵和外延，不断完善立法体系、执行体系、监督体系和社会支持体系，做到有法可依、执法必严、违法必究，使刑罚执行工作的每一项执法环节和执法环节中的每一个执法活动有规可循、依规追责，是推进全面依法治国的必然要求，更是提升监狱戒毒工作治理水平、推进国家治理现代化、维护国家安全和社会稳定的现实需要。

（二）完善监狱戒毒执法司法法律法规体系是监狱戒毒执法环境变化的必然要求

新时代监狱戒毒工作随着国家法治化进程的加快，出现了很多新情况、新问题，监狱戒毒工作也日益受到社会公众的关注，内外部执法环境发生重大变化。

一是罪犯及家属维权意识增强，对公正文明执法的要求越来越高。罪犯在服刑中，已经不再是单纯机械听从监狱的安排和民警的指令，而往往要求民警出示执法依据，或者对监狱的相关制度作出规范解释。同时，面对监狱管理制度和民警执法行为，罪犯经常提出质疑，如“确有悔改表现”的标准认定、计分考核的设计、罪犯处遇标准等。罪犯法律意识的增强是社会进步的表现，同时倒逼法律法规体系的调整和完善，以规范民警执法、维护法律权威。罪犯亲属对罪犯狱内生活、监狱管理、减刑假释等越来越关注，对监

狱管理及民警执法提出了更高的期望,客观上要求必须尽快完善相关法规,回应合法合理诉求。

二是刑事政策调整带来押犯结构日益复杂,维护监所安全稳定压力增加。近年来,在"刑罚适用宽缓化、刑罚执行严格化"理念主导下,《刑法》和《刑事诉讼法》的修改、中央政法委 5 号文的出台,都体现了立法从严、司法宽严相济、执法从严的趋势。在刑期设定上,进一步增加了长刑期的适用,完善了死缓、无期徒刑罪犯减刑假释的规定,提高实际执行刑期,死缓罪犯减刑后的刑期延长,不得假释罪犯、限制减刑罪犯数量明显增多。《刑事诉讼法》修改后,有严重疾病罪犯转到监狱关押。特别是在长期监禁情况下,长刑犯、老年犯、病犯数量呈增长趋势,罪犯在希望中改造导向性丧失,给监狱管理、改造、医疗等工作带来严重冲击和挑战。特别是女犯、涉毒犯出现增多趋势,跟毒品相关患病罪犯数量增多,监狱医疗工作压力将异常突出。截至 2022 年 9 月底,在押罪犯 9306 人。押犯中原判 10 年以上有期徒刑、无期徒刑、死缓罪犯 4659 人,占比 50.1%;有前科罪犯 2066 人,占比 44.3%;老病残罪犯 1268 人,占比 13.6%。全局共有极高危罪犯 235 人,高危罪犯 328 人。高度危险以上罪犯中,暴力极高危 143 人,高危 147 人;自杀极高危 156 人,高危 143 人;脱逃极高危 66 人,高危 158 人。罪重、刑长、恶习深的罪犯占了押犯中的大多数,其危险性、暴力性、纠合性、难改性十分突出,加之"减假暂"形势政策收紧,改造难度增大。同时,原判无期徒刑、死缓罪犯 1472 人中,仍未减为有期徒刑的 585 人,占比 39.7%。其中还有部分罪犯自 2010 年前已入监,至今 10 余年仍未减为有期徒刑。随着时间积淀,此类罪犯数量仍将继续增加,由于活着出狱的希望渺茫,悲观绝望,随时都有可能铤而走险。极个别罪犯在通过自杀等方式毁灭自己的同时,也会带着极端的畸形心理,疯狂报复他犯和狱警,狱内发生自杀、脱逃、袭警、暴狱的风险将会不断增加。

三是社会公众对监狱戒毒工作的关注度明显提升。近年来,随着互联网自媒体的发展和监狱戒毒机关对外宣传工作的深入开展,监狱戒毒场所逐步走出封闭、神秘的圈子,日益走向公众视野:有关罪犯服刑生活的相关报道频见报端,网上有关监狱内容的新闻点击率较高,部分省市监狱戒毒系统微信公众号、微博等关注人数较多。这表明监狱戒毒机关已经成为社会关注的焦点之一,在媒体的聚光灯和放大镜下,任何风吹草动都会引爆舆情,引起社会公众和媒体的高度关注,需要我们尽快完善相关法律法规体系,积极做好舆情应对,展示良好的执法形象。

(三)完善监狱戒毒执法司法法律法规体系是监狱戒毒执法司法经验固化升华的必然要求

监狱戒毒执法实践中形成了很多成功做法,积累了宝贵经验,为完善法律法规体系提供了实践依据。各省市监狱戒毒机关以《监狱法》《禁毒法》《戒毒条例》为依据,结合当地执法地域性差异,制定了很多适合当地情况的规范性文件,较好地解决了执法过程中的部分问题。例如,许多省份司法行政机关与当地高级人民法院、人民检察院就监狱对罪犯考核奖惩、提请减刑幅度等方面,共同会签出台文件,使一定行政区划范围内罪犯减刑假释保持了相对统一。在完善监狱戒毒执法司法法律法规体系过程中,应当将这些成功做法和宝贵经验予以提炼、升华,从普适性角度予以规范,构建科学规范的法律体系。

二、当前监狱戒毒执法司法法律法规体系存在的问题

改革开放以来,我国刑罚执行和戒毒执法体制经过一系列改革,如将监狱行刑由公安机关剥离出划归司法行政部门,将社区矫正明确归为司法行政部门主管等,形成了现行的执法司法体制,在保障刑事司法和戒毒执法活动顺利进行、保障刑罚目的实现等方面起到了重要的推动作用。但近年来,随着国家经济、政治、文化、社会等领域的深刻变革,执法司法环境也随之发生了重大变化,在这种背景和环境下,现行体制的缺陷也日益显现,主要体现在:

(一)监狱执法方面

1.《监狱法》亟须修订。“法与时转则治,治与世宜则有功”,法律必须适

应社会的发展而变化。《监狱法》作为我国唯一一部专门规定刑罚执行工作的法律,自1994年颁布至今,只在2012年进行了小范围修正。囿于立法条件和立法技术,《监狱法》在具体实施中问题日渐凸显,既有外部的宏观定位、微观衔接问题,也有内部层面架构、具体实施问题。例如,宏观层面,《监狱法》应当属于刑事法律体系还是行政法律体系,还存在一定争议。法律衔接层面,《监狱法》与《宪法》在罪犯通信权、特赦等内容上存在矛盾或无法衔接,与《刑法》中"依法从重处罚"、限制减刑、终身监禁等内容缺少衔接,与《反恐怖主义法》《人民警察法》等涉及监狱执法工作的内容缺少衔接。微观层面,《监狱法》中对智慧监狱建设、罪犯心理咨询、改造质量评估等内容没有涉及,罪犯劳动改造、医疗、死亡处理等内容需要完善。特别是与其他刑事司法机关之间的配合缺少约束条款,《监狱法》在具体实施中更像"监狱的法"或"管监狱的法"的行政法规,甚至面临实施难和行刑公正受影响的后果。如《监狱法》第30条、第32条规定,人民法院应当自收到减刑假释建议书之日起1个月内予以审核裁定,案情复杂或情况特殊的,可以延长1个月。实践中,监狱提交了建议书,法院往往根据自身实际决定是否马上立案,"收到减刑假释建议书之日起1个月内予以审核裁定"的规定难以真正落实。

2. 刑罚执行权力配置分散。党的十八届四中全会提出,要"完善刑罚执行制度,统一刑罚执行体制,推进刑罚执行一体化建设"。刑罚执行权是国家事权,应当"政出一门"、标准一致。但从实际情况看,我国的刑罚执行权分别由人民法院、公安机关、司法行政机关、监狱机关行使,不同主体的执行标准不同,导致同罪(同案)不同罚(奖励时的不同奖),罪犯管理教育、减刑假释暂予监外执行等工作依据和标准都不相同。以减刑为例,同等条件下不同法院之间的裁量标准差异明显。另外,存在决定或批准机关不同而法律后果迥异的现象。以暂予监外执行为例,依据《刑事诉讼法》,暂予监外执行的决定或批准机关有三个,即法院、监狱和公安机关。三个批准机关的层级完全不同,各级法院均可直接决定是否暂予监外执行,公安机关只需报经市一级公安机关便可决定,监狱机关则需要省一级监狱管理机关统一审批。执行主体多元化既不利于权力的相互监督制约,又不利于保护罪犯的合法权益，同时降低了执法的公正性和实际效率。

3. 执法监督体系不健全。一是检察机关监督脱节。在实际执法活动中，检察机关专责监督没有形成完善的监督格局，特别是对减刑、假释、监外执行等刑罚变更执行缺乏有效可操作的规定，明显缺失对法院承担的罪犯减刑、假释进行审理和裁定的环节的监督，使检察机关的诉讼监督不能贯穿执行活动始终，难以发挥应有作用。二是自我监督力度缺乏。监狱系统内部上级对下级的监督以及职能部门间的监督缺乏健全、完善的监督机制，在机构设置、人员配备等方面与被监督对象均存在千丝万缕的联系，很难规避人情关系。同时，同级监督难度大，监督力度和效果受到影响。三是社会监督参与有限。受监狱工作特殊性、保密性等因素制约，接受监督的内容基本属于法律早已明确规定的内容，社会监督尚需深化拓展。而且，随着社会发展，网络监督成为新的监督载体，监狱机关缺乏集内容、方式、渠道为一体的专门监督平台，不利于外部监督的有效开展。

4. “确有悔改表现”缺乏统一的制度规定。近几年监狱系统个别减刑案件引发社会广泛关注，罪犯“确有悔改表现”缺乏全国统一的认定标准。最高人民法院的司法解释虽然从“认罪悔罪；认真遵守法律法规及监规，接受教育改造；积极参加思想、文化、职业技术教育；积极参加劳动，努力完成劳动任务”四个方面给出了认定标准，但该标准表述笼统，实际操作性不强。目前各省市区都在研究自己的“确有悔改表现”认定标准，押犯实际不同、对法律法规的理解不同、工作实践情况不同，认定标准五花八门。特别是认定标准没有经过社会评估和专家论证，是否科学规范、是否符合法理精神、是否能够得到社会公众的认同都不能确定，导致再发生减刑舆情案件，公众依然会质疑监狱工作。

5. 罪犯死亡处理执行难。司法部联合相关部门下发了《监狱罪犯死亡处理规定》，对罪犯和戒毒人员死亡处置工作予以了规范，但实践中执行落实难。一方面，法律规定过于原则，如《监狱罪犯死亡处理规定》第 17 条规定：“……对经上一级人民检察院复核后，死亡罪犯的近亲属仍不同意火化尸体的，监狱可以按照国家有关规定火化尸体。”但对于其中的“国家有关规定”并未明确,实际执行中无法律法规可以依据。另一方面,有的罪犯家属漫天要价、索要赔偿,提出各种无理要求,甚至以上访闹访等方式企图胁迫监所,容易造成较大的舆情风险和政治安全隐患。

6. 罪犯医疗保障亟待改革。对于罪犯服刑期间的医疗保障全国没有统一的制度规定,各省市都是结合实际采取社会医疗保险、新农合等方式。在执法实践中,有的省市对罪犯医疗实行财政全额保障,有的省市将罪犯医疗纳入城镇或城乡居民医保体系,但无论以何种方式保障罪犯医疗,都面临罪犯就医看病不计成本、经费支出巨大等问题。特别是随着刑事政策的调整,减刑假释条件越来越严格,长刑犯、老年犯、病犯数量呈增长趋势,罪犯医疗费用支出越来越大,将不断增加财政或社保的负担。

7. 外省籍罪犯遣送机制不健全。将外省籍罪犯遣送回原籍服刑是中央从维护首都安全稳定角度给予首都监狱机关的特殊政策和政治任务,十八大以来北京市监狱(戒毒)管理局累计遣送罪犯 450 余批 3 万余人行程 30 余万公里,数量大、路途远、安全风险极高。从实际情况看,外省籍罪犯遣送工作仍然按照 1998 年司法部和公安部联合下发的《关于将在北京违法犯罪的外省籍罪犯和劳教人员遣送原籍执行的通知》执行,至今 20 多年没有修订和完善,任务执行中部分工作环节和操作细节无法找到执法依据。如遣送中与铁路总公司、属地公安机关、武警等部门的协调联动机制有待进一步完善和畅通,待遣罪犯档案中的法律文书材料、待遣罪犯的病犯费等具体内容,各省市区执行标准不一等问题,需要深入研究推进。

8. 罪犯释放“无缝衔接”机制不完善。总体上能够落实司法部相关工作要求,做到应送必送、应接必接、无缝衔接。但在“三无人员”、特殊罪犯特别是外国籍、我国港澳台地区罪犯以及外省籍戒毒人员释放衔接上还存在落实难的问题。如“危害国家安全、涉黑涉恶类罪犯、暴恐类罪犯以及具有明显重新违法犯罪倾向的罪犯,刑满释放时由监狱负责送至户籍所在地、居住地或过渡性安置帮教基地”,但是罪犯释放后即为普遍公民,送交过程中,如发生刑释人员滋事、闹事等突发状况,监狱民警无狱外执法处置权,存在较大安全风险。再如,未附加驱逐出境、释放时公安机关又不作出强制遣返出境的外国籍以及我国港澳台地区罪犯刑满释放后无部门衔接，极易引发社会舆情。

（二）戒毒执法方面

1. 戒毒管理主体权责配置不合理。根据《禁毒法》《戒毒条例》的规定，我国目前的戒毒工作处于“多头管理”的状态，强制隔离戒毒、社区康复、社区戒毒的决定权统一为公安部门，执行权却分割于公安部门、司法行政部门、乡镇人民政府、街道办事处等多个部门。公安机关在戒毒工作中既是裁判员又是运动员，实践中形成了公安机关与司法行政机关分段执行的工作机制，全国大部分地区包括北京在内均采取此种模式。分段执行的工作机制容易造成衔接上的冲突，同为强制隔离戒毒，因公安机关和司法行政机关在执行上的诸多差异，强戒人员在管理、戒治等方面衔接不统一。

2. 审批与执行造成资源内耗。《禁毒法》第38条将决定强制隔离戒毒的权限赋予县级以上人民政府公安机关。实践中，这一规定直接导致诊断评估工作效率低下、资源浪费、差别执法。[①] 以北京为例，一个强制隔离戒毒所报批诊断评估材料，需要向不同区县16个公安机关报送材料，由此造成审批成本增高，行政支出加大，同时因为各区县公安机关的执法差异，同一批强戒人员审批时间和结果可能都不同，造成执法不统一，降低了法律的权威性和政府的公信力，造成管理对象对执法产生质疑。

3. 戒毒执法检察监督存在立法空白。强制隔离戒毒虽是行政执法，但涉及限制人身自由，既关系到戒毒人员权益保障，也事关执法形象。目前，《禁毒法》《戒毒条例》《人民检察院组织法》等相关法律法规均没有赋予检察机关对强制隔离戒毒的呈批、决定、诊断评估、复查、复议等环节的监督权，戒毒执法主要依靠内部监督和社会监督，检察机关的专门监督始终缺

---

① 林立志：《关于禁毒法律制度实施与完善的思考》，载《2013年度全国司法行政戒毒系统优秀理论调研论文集》，法律出版社2014年版，第17页。该文章提到：广东司法戒毒场所强戒人员的诊断评估材料经省戒毒局审批后，又要送所在地公安机关批准，一个戒毒所要应对几十个县（区）公关机关跨地区报送材料，如三水所需要送57个县区公安部门，南丰所由于收治全省除广州市以外的男性艾滋病病毒感染人员，需送105个公安机关。

位。《司法部关于加快推进司法行政改革的意见》(司发〔2018〕1号)中明确“推动建立检察机关驻所监督制度”,北京市监狱(戒毒)管理局就此事也积极与上级机关和检察部门沟通联系,北京市人民检察院专门请示最高人民检察院,回复戒毒执法既不是诉讼活动,也不属于监狱、看守所的执法活动,没有上位法依据,不属于检察机关法律监督范围。

4. 戒毒人员死亡处理难。关于强戒人员死亡问题处理,《禁毒法》和《戒毒条例》均未涉及,无法可依。目前国家禁毒委、公安部、司法部、国家卫计委、民政部联合下发了《强制隔离戒毒人员死亡处理规定》,但因缺乏相关配套细则,很多工作仍无法落实。戒毒人员死亡后,家属往往不采取诉讼等正常渠道解决问题,而是无原则地提出高额赔偿,特别是如果家属不同意火化,尸体就无法处理,给戒毒执法工作带来干扰。

5. 强制隔离解除衔接不畅。虽然《禁毒法》规定强制隔离戒毒所提前通知当地公安机关、家属和工作单位来所接人,但由于缺乏具体的操作性规定,很多戒毒人员解除时无人来接,戒毒所也不能超期收治,只能让其自行离所,如遇上患有严重疾病的戒毒人员解除工作更是困难重重。目前,北京市出台了本市户籍戒毒人员的解除安置规定,能够做到解除安置无缝衔接,但在外省市强戒人员解除时衔接不顺畅,特别是新冠疫情以来,司法部要求“手递手”完成戒毒人员解除安置工作,即使送到当地也存在无人接管的情况,另外,在送往当地的过程中有戒毒人员不想回原籍地,“手递手”工作面临执法风险。

三、完善监狱戒毒执法司法法律法规体系的路径建议

党的十八届四中全会通过的《中共中央关于全面推进依法治国若干重大问题的决定》,作出了“完善刑罚执行制度,统一刑罚执行体制”的战略部署。在建立统一刑罚执行体制的背景下,完善监狱戒毒执法司法法律法规体系是一个系统工程,需要上下左右联动,更需要监狱戒毒机关抓住机遇、创新实践、主动出击。在此就监狱戒毒执法司法法律法规体系的完善提出如下路径建议。

一是制定出台刑事执行法。刑事执行所具有的惩治、教育、改造的独立价值,已成为当今刑事法治建设的共识。刑事执行领域的立法必须始终贯彻党的绝对领导,通过立法的高度,确保党的路线方针政策成为刑事执行工作的价值取向和基本遵循。现有的刑事法律建设格局,已无法有效承载刑事执行的价值实现与实践要求。《刑法》《刑事诉讼法》虽然在修订调整中日趋成熟,但很难弥补现有刑事执行立法的诸多问题。建议站在完善我国刑事法律体系的高度,以制定基本法的规格,由全国人民代表大会制定涵盖死刑执行、财产执行、缓刑执行、剥夺政治权利执行等一体化的刑事执行法,通过立法解决行刑权的重新配置,推进刑罚执行一体化建设,对现行刑罚种类中部分剥夺自由刑、生命刑、财产刑判项及自由刑中的拘役执行进行整合,将刑罚执行权归口统一管辖,解决监督制约不力、刑事执行合法性等问题,确保刑事司法活动的统一性、严肃性、权威性和公信力。

二是全面修订《监狱法》,出台监狱法实施细则。科学调整《监狱法》的体例,坚持立法精细化的原则,摒弃"宜粗不宜细"的立法思维,通过制定具体、可操作的法律条文,全面提升刑罚执行的法治化、专业化、社会化、科学化水平。政治把握方面,监狱工作必须置于党的绝对领导之下,必须把党的领导明确写入法律,设定监狱制度的导向性目标,即中国共产党领导下的中国特色社会主义现代监狱制度。体例方面,现行《监狱法》主体结构是"总则—分则"式,以监狱管理为视角分块形成章节。建议在保持主体结构不作大改动情况下,以刑罚执行过程顺序为依据编排章节结构,如取消"刑罚的执行""狱政管理""对罪犯的教育改造"等章节名称,避免将"刑罚执行"大概念与"狱政管理""教育改造"子概念混同并列,统一设置"刑罚执行"大章节,在"章"中具体设置"节",明确各小节标题,使法律结构更为清晰。与相关法律协同方面,遵守《宪法》规定,修正《监狱法》第47条"监狱有权检查罪犯来往信件"的良性违宪规定,将特赦的相关内容特别是具体程序增补进《监狱法》。依据《刑法》《刑事诉讼法》的调整及时主动进行连接,畅通定罪、量刑和行刑之间的法律连接,确保生效判决正确有效执行。对于限制减刑、终身监禁,《监狱法》应在减刑、假释章节作出特殊规定,予以细化落实。

同时应当将立法视野扩大,吸收国际上可借鉴的理论与制度,增补外国籍罪犯管理相关内容,并对接我国已签署的双边或多边司法协助条约,将外国籍罪犯遣送、移管等内容增补进来,为全球刑事执行提供中国经验、中国方案。具体内容方面,对智慧监狱建设、罪犯心理咨询、劳动改造、医疗、死亡处理、改造质量评估、监狱机关及监狱警察的法定职责、监狱企业的法律地位等内容予以明确。

在完成《监狱法》的修改后,一方面要梳理现有的部门规章,废除或者修改与新法不一致的规章或者条文;另一方面在汇编部门规章的基础上制定体系化的监狱法实施细则(行政法规),解决目前部门规章过于碎片化的问题,建立以《监狱法》为主体,行政法规、部门规章相配套的刑罚执行法律体系。

三是修订《禁毒法》《戒毒条例》。打破部门壁垒,克服体制障碍,在制度框架下解决当前戒毒措施之间彼此失联的现象。一方面,实行决定权和执行权的分离。当前我国强制隔离戒毒的决定机关及执行机关同属于公安机关,与我国行政权力分配的基本原则是相违背的。应将强制隔离戒毒的执行权抽离并由司法行政机关负责,将目前由街道办事处、乡镇人民政府负责的社区戒毒工作职权统一到司法行政机关下设的司法所承担,构建层级纵向戒毒管理体系。另一方面,探索“一站式”强制隔离戒毒执行机制,即公安机关根据相关法律条例对吸毒人员作出强制隔离戒毒决定以后,交由司法行政机关来负责强制隔离戒毒措施的具体执行,不再经过公安机关 3 ~6 个月的执行期,这样不但能够让执法程序得到优化与改善,而且能有效监督与制约权力,将司法行政戒毒专业资源的优势充分发挥出来。具体来说,修改《禁毒法》第 41 条、《戒毒条例》第 27 条关于公安机关、司法行政机关分段执行的体制,撤销公安机关强制隔离戒毒机构,由司法行政机关承担全部强制戒毒执行和管理工作。将《禁毒法》第 34 条关于“城市街道办事处、乡镇人民政府负责社区戒毒工作”的规定,修改为“由司法行政机关承担强制隔离戒毒解除后的社区康复以及社区戒毒职能,区县禁毒专职干部由戒毒局统一选派”。可由戒毒管理局对区县社区戒毒康复工作进行指导,在街镇层面将社会戒毒康复的具体任务交予司法所，戒毒工作小组设在司法所，由禁毒社会工作者、志愿者、社区医务人员、戒毒司法警察等组成戒毒工作小组。[①]在此基础上，在法律条文中，对不同社会主体在戒毒工作中的法律地位、强制隔离戒毒执行过程中的死亡处理、所外就医、保护性约束措施适用、检察院对强制隔离戒毒决定、执行过程的法律监督等内容作出明确规定。

四是健全完善公、检、法、司执法实践配合。建立罪犯财产性判项函调协调机制，督促各级人民法院及时、规范回复函调情况，确保符合条件的罪犯减刑、假释能及时提请。建立落实狱内侦查权的协调配合机制，协调公安、金融、通信等有关部门建立常态化工作机制，对监狱查询涉案社会人员基本信息、财产记录、通信记录以及在狱外开展侦查取证等工作给予支持配合。建立完善收押配合机制，明确罪犯交付执行的材料标准和要求、错误交付执行的处理办法和责任划分等，减少收押风险和错误收押情况发生。

五是健全完善监狱戒毒执法监督评价体系。加快监狱戒毒执法监督立法（行政法规或部门联合规章），对执法监督工作的重点、热点和难点问题，以及监督的主体、内容、程序、方法、手段等予以明确，使执法监督有章可循、有据可查。健全内部监督，着力发挥监狱戒毒机关内设的纪检机构的监督作用，或者跨部门组建专门的监督小组，定期对各环节执法工作进行监督。探索将监督结果作为考核内容纳入目标责任制考核，切实发挥考核评价的指挥棒作用。完善现行检察监督制度，探索"派驻＋巡回"检察监督模式，强化专门的法律监督。拓宽社会监督参与范围，多渠道发挥人民群众对执法工作的批评、建议、检举等合法性、合理性监督。

"立善法于天下，则天下治；立善法于一国，则一国治。"作为国家治理体系的重要环节和全面依法治国的重要组成部分，监狱戒毒执法司法法律法规体系的完善是建设中国特色社会主义法律体系的应然目标。经过监狱戒

---

① 靳澜涛：《我国毒品治理政策的检视与进路——以毒品合法化争议为起点》，载《福建警察学院学报》2016 年第 4 期。

毒机关多年的执法司法实践,需要探索完善法律法规体系的方法路径,构建以宪法为核心的法律体系、促进刑事法治一体化建设,为推进监狱戒毒工作高质量发展、建设更高水平的平安中国、法治中国贡献法治力量。

知识产权

2022年北京市知识产权法治工作和保护状况报告

北京市知识产权局课题组

2022年，是喜迎党的二十大胜利召开之年。北京市知识产权系统坚持以习近平新时代中国特色社会主义思想为指导，深入学习贯彻党的二十大关于“加强知识产权法治保障，形成支持全面创新的基础制度”决策部署，坚决落实北京市第十三次党代会精神和市委市政府工作要求，统筹疫情防控和经济社会发展，统筹发展和安全，主动服务北京市高质量发展，积极推进知识产权强国示范城市建设，知识产权治理水平和法治建设不断提升。

一年来，北京市知识产权综合实力不断增强，全市专利授权量202，722件，同比增长1.98%，其中发明授权量88，127件，同比增长11.26%。截至2022年12月，全市有效发明专利量47.8万件，同比增长17.96%。每万人发明专利拥有量达到218.3件，稳居全国第一。全市商标注册量38.7万件，同比减少9.58%。商标有效注册量总计290.8万件，同比增长12.76%。全市共有平谷大桃、大兴西瓜等地理标志产品13件。在第23届中国专利奖评选中，北京地区共获奖165项，包括金奖9项，银奖24项，优秀奖132项。其中金奖、银奖获奖数量分别占总数的1/4和1/3，均稳居全国首位。2022年6月，国务院办公厅印发通报，北京市知识产权创造、运用、保护、管理和服务工作成效突出，获督查激励。

一、加强党的领导,牢牢把握首都知识产权发展正确方向

(一)坚决做到“两个维护”

2022年,首都知识产权战线按照党中央统一部署,以迎接党的二十大胜利召开为主题主线,持续抓好党的建设各项工作,深入学习习近平新时代中国特色社会主义思想,推进党史学习教育常态化长效化,深刻领悟“两个确立”的决定性意义,增强“四个意识”、坚定“四个自信”、做到“两个维护”。党的二十大召开后,知识产权各部门迅速掀起学习宣传贯彻热潮,认真落实党的二十大对知识产权工作的新部署新要求,细化制定任务清单,抓好工作推进落实,确保党的二十大各项工作部署在首都知识产权领域落地生根、开花结果。

(二)紧紧围绕服务首都经济社会发展大局

一年来,我们牢记“看北京首先要从政治上看”的要求,不折不扣贯彻落实习近平总书记对北京一系列重要讲话精神,认真学习贯彻北京市第十三次党代会精神,毫不动摇坚持首都城市战略定位,始终把大力加强“四个中心”功能建设、提高“四个服务”水平作为首都知识产权事业发展的定向标,更好服务首都经济社会发展大局。我们坚持把以中国式现代化推进中华民族伟大复兴的使命为己任,完整、准确、全面贯彻新发展理念,坚持将首都知识产权事业融入新发展格局,着力推动高质量发展,主动服务“两区”建设。

二、持续完善顶层设计,首都知识产权法规政策体系更加健全

(一)发挥合力效能

以市委文件形式,制定实施《北京市知识产权强国示范城市建设纲要(2021—2035年)》,面向未来十五年描绘首都知识产权事业发展蓝图;市人大常委会颁布《北京市知识产权保护条例》,进一步筑牢新时期知识产权首善之区法治根基。召开北京市知识产权工作会暨北京市知识产权办公会议

工作会，制定《2022 年北京市知识产权保护和促进工作计划》，统筹推进全市知识产权任务。与市市场监管综合执法总队完善协作机制，与市中医局联合发布《北京市中医药知识产权夯基行动计划》，与市司法局等 11 个部门联合印发《北京市关于加强知识产权纠纷多元调解工作的实施意见》。

（二）完善政策机制

市版权局印发《北京市 2022 年度软件正版化工作考核标准》。北京海关将知识产权海关保护协作机制纳入《京津冀营商环境一体化发展知识产权合作框架协议》。市高级人民法院形成《关于北京知识产权法院案件诉前及诉中财产保全委托执行工作机制（试行）》。北京知识产权法院持续探索数据权益保护规则。市人民检察院联合市五部门印发《联合开展依法惩治知识产权恶意诉讼专项工作实施方案》。

三、协调联动严格保护，首都知识产权保护水平大幅增强

（一）聚焦重大活动

市知识产权局建立冬奥会和冬残奥会市级横向协作、市区纵向联动工作机制。重大案件快速会商、线索及时移送，约谈重点互联网企业，建立线上线下一体化协同监管机制。市市场监管局开展侵犯冬奥会和冬残奥会奥林匹克标志专有权执法专项行动。市公安局开展“冰锋·2022 平安冬奥”专项行动。市文化市场综合执法总队查处首起涉冬奥会会徽侵权案件。市广电局开展涉及冬奥内容侵权排查专项行动。在冬奥主题新闻发布会上宣传介绍北京市五项举措保护冬奥知识产权的情况。自 2021 年 10 月至冬残奥会闭幕，全市冬奥知识产权侵权行政立案 110 件。北京冬奥会、冬残奥会知识产权保护工作成绩突出，受到市场监管总局、国家知识产权局通报表扬。朝阳区查处侵犯“冬奥”奥林匹克标志专有权案确定为国家知识产权局 2021 年度地理标志、奥林匹克标志和特殊标志行政保护典型案例。服贸会期间，市知识产权局联合市市场监督管理局、市文化市场行政执法总队、北京知识产权法院等十家单位，选派专业骨干力量在国家会议中心和首钢园区分别

设立服贸会知识产权保护办公室。知识产权保护办公室派出执法人员 140 余人次,巡查参展商 1242 家,实现知识产权纠纷投诉“零记录”。

(二)开展多元保护

市知识产权局高质量推进专利侵权纠纷行政裁决试点工作,制定医药领域专利侵权行政裁决案件快速处理指南,开展打击商标恶意注册专项行动,持续深化知识产权代理行业“蓝天”专项整治行动。市城管执法局下发《关于开展知识产权保护执法工作集中整治行动的通知》。市农业农村局印发《北京市 2022—2023 年种业监管执法年活动方案》,开展种子市场检查、农资打假等一系列执法行动。市市场监管局强化全链条保护,对侵权商品生产、销售及注册商标标识制造等环节开展全链条打击。市公安局开展打击侵权假冒知名品牌商品专项行动和打击侵权盗版违法犯罪专项行动。北京海关开展“龙腾行动 2022”、寄递渠道知识产权保护“蓝网”行动和出口转运渠道知识产权保护“净网”行动。市园林绿化局印发《2022 绿剑行动工作方案》。知识产权多元保护格局效用彰显。

四、大力推动先行先试,首都知识产权营商环境持续优化

(一)加大“两区”知识产权工作先行先试力度

市知识产权局统筹“两区”建设知识产权专项工作。推动出台《“两区”建设知识产权全环节改革行动方案》,中关村科学城获评首批国家知识产权服务出口基地,“知识产权保险试点”“技术转让所得税优惠政策”两项政策获评十大最具影响力政策,三个案例获评改革创新实践案例。市税务局落实技术转让所得税优惠试点政策。市商务局探索互联网、大数据、人工智能等领域的知识产权保护措施。国务院自贸区联席会简报专版刊登了《北京自贸区推进知识产权改革,提升科技创新活力》的经验做法。

(二)持续深化知识产权领域营商环境改革工作

对标国际先进做法,学习国内先进城市经验,打造优化营商环境“北京

做法”，不断提升社会满意度和群众获得感。以世行评价为引领，统筹推进营商创新试点及优化营商环境5.0改革25项任务落实落地。自2022年5月30日起，人民银行征信中心动产融资统一登记公示系统正式对外提供北京市知识产权担保信息查询服务，为全国实现动产和权利担保登记信息的统一查询提供可复制可推广的“北京经验”。市知识产权局与全市16区市场监管局（知识产权局）签订专利代理行业监管委托书，优化专利代理监管机制，强化基层监管力量，北京市专利代理监管执法量位于全国前列。相关做法被国务院《全国优化营商环境简报》转发。

五、推进运用体系建设，知识产权有效支撑首都经济高质量发展

（一）加强知识产权转化运用

市知识产权局首创企业“白名单”双向推送机制，入选国家知识产权强国示范典型案例。实施专利转化专项，投入4000余万元支持北京市百余家中小微企业购买并实施专利技术，切实助企纾困。会同市金融局为本市单项冠军企业和重点领域中小微企业提供综合性知识产权风险保障，全年支持北京市158家企业投保1452件专利，保费补贴1500万元；市知识产权局首创试点的知识产权海外纠纷法律费用保险已支持北京市人工智能、数字安全、信息技术服务等领域的7家企业，保费补贴400万元，提供风险保障4200万元。市科委、中关村管委会推动建设北京人工智能、生物医药知识产权运营中心。市卫健委设立北京市医药卫生科技促进中心，启动全球首个智能化骨折复位机器人的注册临床试验。市教委建设北京高校科技成果转移转化促进中心，建设高精尖创新中心、北京实验室等重大科研平台。

（二）推动知识产权促进产业发展

聚焦核心技术产业主体，支持产业知识产权运营中心建设，挖掘重点产业领域优势资源，引导在京央企或产业龙头企业建设知识产权运营中心，目前北京市产业知识产权运营中心达到7家，占全国22家运营中心近1/3。推动国家级专利导航机构建设工作，2家企业最终入选国家级专利导航工程

支撑服务机构名单。支持重点产业知识产权联盟建设,2022 年度共有 6 家产业知识产权联盟通过了评审备案公示,纳入北京市产业知识产权联盟备案库。加强对北京市产业(行业)知识产权联盟的监督管理和业务指导,制定联盟备案办法,推动联盟工作有序健康发展。建设绿色能源化工产业知识产权运营中心。

六、积极发挥区域优势,首都知识产权协同治理水平有效提升

(一)注重区域联动

印发《2022 年北京市区域知识产权工作方案》,开展"一区一特色"专项工程,海淀区、朝阳区入选国家知识产权强市建设示范城市,丰台区、石景山区、大兴区入选国家知识产权强市建设试点城市。京津冀协同发展 5 项任务有序落地,签订京津冀知识产权快速协同保护合作备忘录,开展京津冀地区海外纠纷监测,与河北互认海外维权专家,京津冀三地联合举办"RCEP 协定中的知识产权规则"等海外知识产权维权培训 12 期,提升了北京市企业海外维权的意识和能力。

(二)因地制宜开展工作

在建立健全区域知识产权工作机制方面,房山区建立了行政、公安、检察和审判机关多部门联动和行刑衔接机制;通州区与天津市武清、河北廊坊市签订知识产权一体化协作发展框架协议,构建京津冀知识产权一体化保护机制;顺义区印发《北京市顺义区知识产权办公会议制度》。在积极探索知识产权支撑区域经济模式方面,海淀区积极推进知识产权证券化产品发行;门头沟区近 3 年保险试点共有 10 家企业 132 项专利成功投保,惠企金额 162 万元;怀柔区出台《北京市怀柔区知识产权保护发展资金管理办法》;西城区搭建小微企业金融服务平台。在严格区域知识产权保护方面,通州区查处的侵犯"环球影城"注册商标专用权案确定为国家知识产权局 2021 年度商标行政保护十大典型案例;大兴区开展跨部门、跨地区知识产权保护合作;延庆区组织开展辖区建材市场打假专项行动,查扣"多乐士"侵权商品近

45吨。在打造知识产权特色区域方面,东城区申报“北京景泰蓝”地理标志。朝阳区支持建设三家商标品牌基地和五家特色区域品牌。昌平区完成“崔村红”7件商标拓展类别注册申请和“真顺苹果宴”服务商标的注册申请。平谷区培育金海湖大樱桃、西牛峪玉露香梨、赵家务大葱以及苏子峪蜜梨共计4个地理标志农产品。密云区有效引导市场主体加强蜂产业链商标注册、专利申请。在持续优化区域知识产权公共服务方面,丰台区设计“商标业务办理‘明白纸’”,指导和帮助不能现场办理的企业进行商标注册、续展等相关业务。经开区建设运营北京市知识产权保护中心经开区分中心,知识产权运营服务大厅挂牌知识产权法官工作站。石景山区探索“三评一补”新机制,破解小微企业知识产权质押融资难题。

七、优化服务助企纾困,切实增强创新主体获得感

(一)优化服务流程

进一步深化“一网通办”,持续推进“就近办”“掌上办”“同事同标”,实现专利权质押登记业务告知承诺制。北京、中关村两个知识产权保护中心着力提升快速预审服务质效、完善快速维权综合服务,促进创新主体发展;新增G08G交通控制系统、G16B生物信息学等55个专利预审服务分类号,以帮助更多创新主体缩短专利授权周期,加速创新成果的转化运用。市卫健委搭建市属医院与高校知识产权创造和科技合作平台。北京知识产权法院持续推进网上立案和云庭审。市投资促进服务中心利用“服务包”机制向市级服务企业宣传知识产权保护政策。市文物局颁发数字版权登记证书182件(套)。

(二)提供精准服务

制定并发布《北京市知识产权局公共服务事项清单(第一版)》,确定38个服务事项,完善重点企业知识产权“服务包”制度工作机制,积极推进61项服务措施。制定《北京市知识产权信息公共服务体系建设行动方案(2022—2024年)》,推动知识产权信息公共服务助企纾困专项工作,实施高校知识产

权信息服务共建。完善“1 + 17 + N”多层级知识产权公共服务体系,新设 7 家工作站,体系建设成效被纳入“2022 年科技体制改革案例”。在中日、中德产业园等设立首批 10 个海外维权服务联络站。在全国首次试点开展企业商业秘密管理体系建设工作,为京东、北汽福田等 8 家中关村企业提供商业秘密管理体系建设专项服务。全年各知识产权公共服务区中心、工作站共解答咨询 13,657 件,定点服务企业 5373 家次。发布“海外人才引进”和“跨境研发”知识产权指引,海外知识产权公共服务信息库数据量累计达 8.2 万条,取得了积极效果。

八、不断扩大开放合作,首都知识产权影响力进一步增强

(一)深化交流合作

强化与世界知识产权组织(World Intellectual Property Organization, WIPO)合作,WIPO GREEN 城市加速项目北京试点中的社区新能源车充电设施案例和餐厨垃圾就地处置案例,入选 WIPO GREEN 2022 年度回顾报告成功案例。推进技术与创新支持中心(Technology and Innovation Support Center,TISC)建设,北京市 3 家 TISC 案例入选 2022 年全国知识产权信息服务优秀案例。依托中国国际服务贸易交易会平台举办“工业设计与知识产权保护论坛”,推动小米等企业在海牙体系生效当日通过该途径提交 20 余件外观设计申请。举办第 25 届京台科技论坛知识产权论坛、京港洽谈会知识产权专题活动。组织国际知识产权仲裁调解业务发展研讨会,邀请 WIPO、国际商会、新加坡、韩国、我国香港特区等的国际知名仲裁和调解机构围绕北京市发展国际知识产权纠纷仲裁调解业务等话题进行交流。持续推进建设知识产权国际交流合作基地和“一带一路”首都知识产权发展联盟建设。

(二)讲好北京故事

通过《北京日报》、《中国知识产权报》、新媒体账号等宣传知识产权发展成效。在“4·26”全国知识产权宣传周期间,围绕“全面开启知识产权强国示范城市建设新征程”主题,召开新闻发布会,发布《2021 年北京市知识产权

保护状况》、2021年度知识产权行政保护十大案例，举办“北京知识产权专家云讲堂”等宣传活动121场。在《人民日报》发表署名文章《讲好中国知识产权故事》。编写出版《漫话知识产权》。

2023年是全面贯彻落实党的二十大精神的开局之年，也是实施知识产权强国建设纲要和“十四五”规划承上启下的重要一年。北京市知识产权工作坚持以习近平新时代中国特色社会主义思想为指导，深入贯彻落实党的二十大精神、市第十三次党代会精神，在市委、市政府坚强领导下，全面提升知识产权创造质量、运用效益、保护效果、管理能力和服务水平，加强知识产权保护国际合作，不断优化营商环境，服务北京市高质量发展，努力开创知识产权强国示范城市建设新局面。

一是强化知识产权法治保障。加强对在京国家实验室等科研机构知识产权运用机制、数据知识产权保护、知识产权质押融资支持等政策研究。统筹推进《北京市知识产权强国示范城市建设纲要（2021—2035年）》《北京市知识产权保护条例》《北京市“十四五”时期知识产权发展规划》的落地实施。

二是深化知识产权全环节改革。不断提高全市知识产权行政管理效能、提升司法保护水平、加强前沿科技保护、增强知识产权全球影响力。以“两区”知识产权工作为抓手，服务首都高质量发展。

三是营造国际一流知识产权营商环境。全面落实北京市优化营商改革任务，持续深化“放管服”改革，积极开展国家营商创新试点以及北京市6.0系列改革，更好满足创新主体和人民群众的服务需求。

四是着力强化全链条保护。加快完善“1+N”知识产权快速协同保护格局，统筹推进知识产权纠纷调解工作纵深发展。持续高标准建设专利行政裁决示范区，稳妥推进下放裁决权工作。做好中国国际服务贸易交易会等重要展会活动的知识产权保护。

五是提升知识产权转移转化效能。积极开展专利转化专项工作，推进专利开放许可试点，支持北京市产业知识产权促进中心建设。推进海外知识产权纠纷法律费用保险试点项目。健全完善知识产权质押融资风险补偿相关政策措施和责任共担机制。

六是提高知识产权公共服务质量。加强知识产权信息公共服务,实施高校知识产权信息服务共建。制定并推广《知识产权公共服务工作规范》团体标准。挖掘海外纠纷应对指导服务深度,建立重点企业定向服务模式。深入开展知识产权服务管家项目。

七是扩大知识产权务实合作。加强与 WIPO 等政府间国际组织和境外非政府组织的交往,利用中关村论坛、京台科技论坛等重大活动契机讲述北京知识产权故事。积极构建知识产权"大宣传"格局,提升国际影响力。

论知识产权案件互联网电子证据的认定与运用

刘 蕾*

互联网、计算机和通信技术的快速发展直接体现在技术更新和发展过程中，造成知识产权案件中互联网电子证据频繁出现和使用。现实中知识产权案件对互联网电子证据如何有效举证、合理质证和认证存在较多模糊区域，导致互联网电子证据的运用存在较多空间。本文拟对此展开探讨。

一、知识产权案件中互联网电子证据的大规模使用是不可避免的趋势

法律是对社会生活的规范，立法总要以一定的方式反映社会生活的需要。技术进步对社会生活产生的巨大影响，也必然在法律规范中有所体现，并以此推动法律规范的进步。如今人们的经济交往、社交活动、工作交流均已经离不开电子网络技术。"电子网络信息载体已经成为记录和证明人们交往活动的重要载体，是证明人与人之间社会交往行为的重要证据之一，其对社会生活的影响必然要反映在法律规范中。"①知识产权领域的各种活动，无论是知识产权的创造、运用，还是知识产权保护、管理，都处于这一大环境中。这就决定了互联网电子证据会越来越多出现于知识产权领域中，具有普遍性。

---

* 刘蕾，法学博士，北京市社会科学院法治研究所助理研究员。

① 段厚省：《作为证据方法的电子证据》，载《上海法治报》2015年2月11日，第B06版。

由于互联网的普及和无国界性,网络成为人们传播和获得信息的一个重要来源,各种电子形式存在的文件、图片、网页不断因为人们的网络交互行为而增加。对专利制度来说,在互联网技术为人们所普遍采用之前,权利人公开其智力成果的方式比较单一,智力成果的传播速度也比较缓慢,传播的范围也受到传播方式的限制。这些都使知识产权的传播处于权利人可以控制的范围之内,权利的行使和对侵权的追究与权利人举证能力大致相匹配。然而,随着数字技术的繁荣,人们已经不再像从前那样以纸和笔作为文学、艺术或设计创作的主要工具,大量的智力成果是人们借助计算机和软件完成的,有的还直接在网络上发布。这就使智力成果更容易被复制和利用,侵权的便利性增加,侵权发生的可能性随之加大,权利人对自身权利的控制转弱。要证明自己的权利被侵犯,并通过诉讼获得赔偿,就需要权利人利用各种形式的电子证据证明侵权行为的存在、损害结果的发生,同时还需要对主张的损害赔偿提出证据支持。这就导致了知识产权案件本身包含的对技术的对比、权利效力的认定和权利保护范围的比较等需要证据证明的内容,直接随着互联网技术的发展存在证据来源的扩张趋势。正是基于这样的现实,必须承认知识产权案件互联网电子证据的大规模使用是不可避免的趋势。

二、电子证据造成知识产权案件证据运用的多样性与复杂性

知识产权案件证据的复杂性由于证据形成过程的多样而产生,并已经为实务界所广泛承认。在知识产权诉讼中电子证据的个性特征表现为:(1)各类知识产权,无论是著作权还是商标权、专利权,以及商业秘密在被侵权时都有可能产生电子证据,电子证据存在多种案件中;(2)知识产权案件中的电子证据采用的保全方式多数是由公证机构提供的公证保全,案件中普遍提交有公证书作为证据;(3)每项电子证据可以证明的事实内容有限,难以对案件整体状况予以证明,需要一定的辅助证据才能把各项证据串联起来完成对相关事实的证明,因此电子证据与案件的关联性容易判定,但关联程度需要具体问题具体分析。

互联网的普及应用,使电子证据因为互联网技术的发展呈现出对证据的证据能力或证明力产生直接影响的特点,导致知识产权案件中电子证据的认定和采信广受关注。具体而言,互联网状态对知识产权案件电子证据证据能力方面的影响体现在:互联网状态下,电子证据更加容易产生,比起单机独立状态下其数量更加巨大、表现形式多样且更加容易发生存在形式的改变,也更加容易被损坏,丧失完整性。电子证据的修改在互联网状态下变得更为容易,随意改变一段程序或者修改某个字段,就会改变电子证据的内容,使其变得不可信。这些特点使知识产权案件中对电子证据的真实性判断比对传统证据的真实性认定复杂许多,除了对电子证据本身内容的判断,更多时候必须结合电子证据的来源、电子证据的提取和保存方式综合判断,导致对电子证据意图证明的案件事实认定随之产生困难。

互联网对知识产权案件电子证据的证明力影响主要在于,网络环境下产生的电子证据可以为各方持有,但各方因为不同原因容易造成同一证据形式内容各异;也因为电子证据随着网络交互过程产生,究竟是直接证据还是间接证据并不能轻易确定,这些特点加大了电子证据与案件的关联性判断的难度。电子证据与案件的关联性和关联程度直接对案件事实认定产生作用,互联网状态下可能发生电子证据在各方分别持有的情形,对案件事实的认定需要结合各方证据的内容考虑事实发生与否的可能性。各方互联网下的交互行为越多,越容易对相关事实的认定造成纷繁复杂的干扰,如何摆脱这些干扰将案件事实从众多证据中剥离出来,是证据认定的难题。

三、互联网的发展使电子证据的收集和审查判断面临新的机遇和挑战

电子证据出现之初已使传统的证据收集方式出现难题,互联网的发展则使电子证据的收集方式和程序暴露出难以适应现实需求的弱点,司法人员和普通公众在互联网上对电子证据的收集知识普遍落后于侵权、犯罪行为人的脚步,即使经过培训或从其他方面进行弥补,也总是显得“力不从心”。

知识产权案件中电子证据运用的实际情况，则直接反映出对其进行收集迫切要求实现技术性规范的法律化。“技术性规范的法律化，是指将一些纯粹基于科学技术原理或规律要求的具体步骤、方法以法律规范的形式予以规定。”①当下互联网电子证据的收集程序就是典型的技术性规范，需要遵循电子证据产生、存在和存储的规律才能保证该证据的合法性。

同时，互联网的发展引起新的电子证据形式出现和扩展，也会推动证据审查判断机制的更新。这一方面是诉讼职能分工的结果，另一方面是电子证据本身日益复杂，要求裁判者引入专家辅助者协助进行证据的审查判断。对电子证据的运用而言，计算机技术和网络技术的复杂性要求专家证人、鉴定人都有必要参与其中，对电子证据实施收集、保全行为的人员也会因为技术难点的解释说明而有必要参与诉讼。这些都会引起现有电子证据认定规则、庭审规则的细化与规范化，改变既有的诉讼程序与格局。

四、现实中电子证据收集的困难

传统证据保全的技术和方式在很大程度上不能妥善对电子证据进行收集与保全，它们之间由于工作模式和存在方式的差异会直接导致电子证据保全的及时性缺乏。原因在于，网络是不分昼夜24小时不间断运行的，网络数据也因此日夜不停息地在网络空间里产生、存续，在网络中对知识产权实施的侵权行为或犯罪行为随时有可能发生，却又不能在必然确定的时间发生。对自身知识产权寻求保护的当事人在发现侵权行为或犯罪行为时，就可能会随时提出对相关侵权行为或犯罪行为的证据进行保全的要求。传统的证据保全手段与技术的落后不能用于对电子证据完整的保全，一是会受到传统证据保全工作时间的限制，必须在相关保全主体白天办公时间进行申请，而从发现证据到申请保全期间对当事人的损害已经造成，侵权人或犯罪人很有可能在证据保全之前又将相关证据毁灭掉，使当事人无法提出有效证据来维护自身合法权益。二是传统的证据保全针对的所谓“原件”，具

---

① 陈学权:《科技证据论——以刑事诉讼为视角》，中国政法大学出版社2007年版，第127页。

有唯一性，一旦采取适当方式固定就不会发生改变和灭失。电子证据的“原件”与“复制件”却没有区别，一件被固定，仍然可以在网络空间里存在一模一样的另一件，而且还可能在不同的网站、不同的地区持续存在，而且可能发生权利人不易察觉的变化。

五、实践中电子证据认证的困难

电子证据的认证即对其证据资格和证明力予以认定，其中证明力的认定是问题较多的部分。

在司法实践中，认定电子证据证明力的问题主要集中在以下三个问题上：电子证据保全方式对证明力的影响，即经过公证的电子证据的证明力是否必然高于其他非经公证的电子证据；电子证据来源对证明力的影响，主要是如何区别为诉讼而准备的电子证据和正常业务活动中电子证据的证明力；电子证据的提出主体对证明力的影响，即不同的主体持有电子证据对电子证据证明力有无影响。

公证保全电子证据是目前较为常见的证据收集途径。之所以公证会成为重要的电子证据保全手段，与公证书在我国司法实践中的特殊法律效力有直接关系。《民事诉讼法》第72条规定：“经过法定程序公证证明的法律事实和文书，人民法院应当作为认定事实的根据，但有相反证据足以推翻公证证明的除外。”这一条之外，最高人民法院在《关于民事诉讼证据的若干规定》中又直接以司法解释的形式确定了公证证据的效力高于未经公证的证据的效力。这些规定，实际是法定证据制度的体现，既规定了证据形式也设定了证据的证明力，不仅使法院等裁判机构在面对电子证据公证书时，自然接受其较高的证明力，而且使当事人在电子证据取证出现困难时，第一时间想要利用公证保全作为确保完成己方举证责任的重要途径。基于此，知识产权的司法、行政执法部门很容易形成一定的先入为主观念，容易认为经过公证的电子证据可以直接采信，认为经过公证的电子证据证明力一定高于未经公证的电子证据。这导致目前法院和当事人都不约而同地对电子证据的公证保全采取了过分依赖的态度，许多即使公证书存在明显缺陷的电子证据仍然被予以采信。实际上,即使经过公证的电子证据也有许多存在公证书形式瑕疵,如笔误、缺页等或者公证内容明显与事实不符而不能证明案件事实。一旦有问题的公证书被裁判书予以认定,要想在后续的程序中否定其证明力,则要经过复杂的程序,不仅有不能否定的风险,也会耗费更多的司法资源与当事人的金钱、精力投入。

电子证据的认证困难部分是由其产生的源头决定的。电子证据的来源对于其证明力明显具有区别。从通常的业务活动规律而言,在开展业务活动的同时产生的电子证据,显然没有刻意去满足某些举证程序的要求,只是通过可靠的信息来源保障、可靠的软硬件系统保障及完善的规章制度保障,形成连续而稳定的业务流。电子记录的产生、存储、处理、发送、接收各环节都具有较高的可靠性与完整性,逻辑合理。为进行诉讼而专门制作的电子证据往往由于当事人在案件中存在利益牵连而可能造假,故对其可靠性提出质疑也是正常的反应。但在诉讼中,这种区分实际操作起来存有困难。一些当事人在业务活动中不注意相关证据的保存,也没有相应的制度管理体系,导致原本产生于业务活动的电子证据残缺不全,出现的漏洞也让人产生造假嫌疑。

电子证据由何人保存也是影响其证明力的一个重要因素。虽然电子证据被采信,其本身应当具有客观性和合法性,并与待证事实相关。但考虑到电子证据易被改变且不易发觉,即使能够证明电子证据是客观的,其证明力的大小仍有很多不确定因素。在这个问题上采用的通说是从证据保存者与证据的距离判断其证明力,[①]由中立第三方保存的电子证据的证明力最大,由不利方保存的电子证据的证明力次之,由有利方保存的电子证据的证明力最小。原因是从利害关系角度考虑,“中立第三方”由于其与诉讼的最终结果并无利益上的纷争关系,因此由其保存的电子证据的证明力最大。不利方虽然是欲引入某项电子证据的相对方,其保存的电子证据相对于有利方保存的电子证据具有较高的证明力,但其毕竟属于诉讼的一方当事人,其

---

① 潘伟:《知识产权诉讼中电子证据若干问题研究》,载《科技与法律》2008年第1期。

与诉讼结果尚有直接的利益关系,因此其保存的电子证据证明力居中。有利方是提出某项诉讼主张的一方,同时用以支持其诉讼主张的电子证据也在其实际控制中(或由其保存),则出于对计算机系统的熟悉及便利条件,更容易伪造或变造电子证据。故其可靠性较差,三者比较,其证明力最低。

除去上述困难,具体操作细节层面的困难也不容忽视。当前实践中普遍采用的是以公证形式保全电子证据,而且出于公证对电子证据保全作用的考虑,我国对知识产权案件电子证据公证有着极大的期望。但电子证据公证的实际适用存在许多问题,其中很多问题还是涉及公证制度根本的问题,解决起来不是单纯的证据规范予以规定即可。

六、知识产权案件电子证据适用困难的解决建议

电子证据在知识产权案件中的有效适用,是当前及未来司法实践能够有效解决纠纷、准确认定事实和适用法律的前提。结合前述各种问题,需要就知识产权案件电子证据有关规则提出一系列完善与保障措施,构建起知识产权案件的电子证据规则。具体包括:

(一)对电子证据进行分类,确定对应的取证规范

电子证据的提取是认证的基础,没有适当的电子证据提取过程,无法保证电子证据的真实性和合法性,也就无从确保其对案件的证明作用。在美国,法庭科学专门对各种证据的提取程序确立了取证规范程序,对于不符合法定取证程序、证据保存程序的证据,在庭审中会直接因为合法性缺失受到质疑而被排除。

从我国电子证据概念的发展演变过程和司法实践中的运用情况可知,电子证据在实际运用中存在区分的必要。对此,已有学者指出,“常见的电子证据主要有三种:一是封闭操作系统中的电子证据,该系统是电子证据存储的终端平台,常用系统有计算机、手机等;二是网络电子证据,是指在开放网络中存在的、由网络语言构成的证据形态,主要形式有网页、电子邮件、电子聊天记录等;三是通讯电子证据,是指在电子通讯过程中由通讯信息构成

的证据形态,主要形式有通话、短信等"。[①] 这种区分的意义在于,封闭系统与开放系统中产生的电子证据在稳定性方面存在差异,技术提取方法也小有区别,确定认证规则时需要对这些差异和区别各有侧重,才能保证各种形式的电子证据分别得到有效的质证认证,最终确保证据采信的可靠。

在取证规范的构建上,重点需要设置非法取得的电子证据的排除规则。2002 年《关于民事诉讼证据的若干规定》(已修正)第 68 条规定,"以侵害他人合法权益或者违反法律禁止性规定的方法取得的证据,不能作为认定案件事实的依据"。《关于行政诉讼证据若干问题的规定》第 58 条也规定,"以违反法律禁止性规定或者侵犯他人合法权益的方法取得的证据,不能作为认定案件事实的依据"。就电子证据的取证来说,难点在于通过非法软件得到的电子证据应否排除?对此,需要根据电子证据所要证明的案件事实的具体情况来确定。原因在于,非法软件的"非法"有两层含义:"一是违反社会公益和国家法律的软件,或未获得国家登记备案而私自向社会销售的软件。二是盗版软件。"[②]对于前一层含义中的软件,如果确属违反社会公益和国家法律,随之获得的电子证据具有违法性并无异议,但根据软件"登记备案"与否确定相关电子证据的不合法并不合理,因为软件的登记备案只是行政管理的手段,对软件本身以及软件应用中获得的电子证据不产生实质上的效力,因而并不影响通过此软件获得的电子数据证据的合法性。对于使用"盗版软件"获取电子数据证据的合法性,也不能一概而论。原因是"利用盗版软件获取的电子数据证据与使用正版软件获取的电子数据证据并没有什么差别。盗版软件侵犯的是版权人的著作权,著作权人可以诉取证人侵犯其版权。但是,被告不得以侵犯他人版权为由,主张通过盗版软件获取的电子数据证据是非法的"。"被告不具有主张排除非法证据的资格,因为盗

---

① 杨瑜娴、刘显鹏:《常见电子证据收集程序探析》,载《西南交通大学学报(社会科学版)》2014 年第 1 期。

② 高荣林:《电子数据证据与证据排除规则》,载《上海政法学院学报(法治论丛)》2014 年第 4 期。

版软件的使用并没有侵犯被告的人身权或财产权。”①

（二）规范公证保全行为

目前知识产权诉讼实践中，面临当事人提出的调查取证申请，法院出于中立地位的考量，以及由于法院时间精力的有限性，对于调查取证申请往往采取异常谨慎的态度。这显然无法满足日益增长的诉讼证据保全对司法调查取证资源的需求，尤其是在网络电子商务日渐发达的情况下，必须引导当事人选择通过外部资源进行合理的证据保全。

面对越来越多的知识产权案件当事人选择网络证据保全公证作为固定证据的手段这一现实，我国的电子证据公证保全需要尽快确定相应的规范与监管制度。具体来说，需要确立包括保全原则、保全时机、保全过程审查、保全措施在内的多项细目，但最为重要的应当是保全原则的确立。这是因为目前电子证据的公证保全尚处于不断摸索与尝试阶段，保全方式、方法可以有所创新，但这些保全原则的确立具有现实的必要性，它们能够使电子证据的公证保全有章可循，即使没有具体的操作步骤，但本着这些原则实施电子证据的公证保全，也能够防止公证员疏忽大意等导致的公证失误。

从公证活动的规律，结合互联网状态下电子证据的特征，在保全原则方面，首先要确立合法性原则。无论出于何种目的，电子证据公证不得对违反法律禁止性规定而取得的电子数据进行公证，否则会从证据来源端就造成电子证据的不合法。其次是及时性原则。这是由电子证据的网络传播特性决定的：电子证据具有易破坏性，一旦收集过慢会造成电子证据被删除、被覆盖、被破坏。及时、迅速的公证保全，能够有效避免承担因取证延时造成证据灭失的风险。及时的保全，可以为后续的鉴定赢得时间，也能够争取到弥补公证失误的时间。最后则要确立公证保全的完整性原则。既要保证电子证据所依赖的电子记录系统的完整性，也要保障电子证据的原始性。②

---

① 高荣林：《电子数据证据与证据排除规则》，载《上海政法学院学报（法治论丛）》2014年第4期。

② 何悦、刘云龙：《电子证据保全公证若干问题研究》，载《中国发展》2012年第2期。

(三)改革公证制度,加强互联网条件下的公证创新

目前电子证据保全中公证发挥的作用越来越大,而我国现行的公证制度对电子证据保全需求的不适应也越来越明显,迫切需要从制度上进行根本改革,同时采用创新的公证模式,才能适应电子证据保全需求的发展。笔者认为,这需要从以下两个方面着手:

1. 制定专门的电子证据公证规章,提升公证质量

针对目前网络公证方式的便捷性以及互联网创新思维下的多样化发展,为了保证网络公证能够继续发挥证据保全上的可靠与可信作用,有必要制定规范网络公证相关活动规则。具体设想在于依托公证协会和信息产业部门的自律和管理功能,以及公证机构本身的审查制度,制定规范网络公证具体操作的规则,使网络公证保全有专门的规范可以依循,借助规范化的流程提升整个网络公证保全的合法性和及时性。鉴于网络公证对于电子证据保全的决定性作用,该规则还应包括网络公证错证责任追究制度,对电子证据保全中发生的由于公证员方面的原因导致的保全失当追究公证员责任,希望以此来维护当事人的合法权益,并监督公证员的公证工作,使其更好地履行公证职责。

2. 确立特定条件下电子证据公证人的出庭质证制度,保证公证证据可以充分质证

按照之前的定位,公证员是公证机构的公职人员,通常不被要求直接出庭作证。但是,随着司法审判方式改革、诉讼当事人举证责任分配的落实,对于证据的审查判断也越来越强调充分辩论与审查。考虑到案件中电子证据本身的重要性,对其进行的保全活动又会直接影响电子证据的可采性与关联性,对电子证据进行充分质证成为诉讼的必然要求。近年来,对物证书证提供鉴定意见的鉴定人、侦查机关证据收集人员已经被要求出庭作证,公证人员对电子证据的保全活动作用与之类似,而且公证保全的过程也只有公证人员才具有亲历性,特殊的公证方法、特定的公证过程,都只有公证人员才能给出明确的解释。因此,坚持公证员可以不出庭作证的观点也失去

了存在的基础。让公证员出庭接受质证，一方面可以就公证员制作公证书时的直接感知和活动进行询问，了解其中的一些程序性问题和细节，方便就公证书的内容作出合理解释，帮助法官判断；另一方面对公证员的公证保全工作也是一种新形式的监督，可以让公证员通过具体案件中接受当事人质询发现自身工作的疏忽与漏洞，完善之后的工作。即使公证员出庭作证可能产生诉讼效率方面的疑问，但与鉴定人出庭作证问题相类似，也是当事人主义诉讼模式下，充分发挥当事人在诉讼中的主观能动性、承担举证责任的题中应有之义。

基于以上内容，笔者认为，在电子证据公证文书出现争议，而该争议又直接会影响裁判的时候，确立公证人员出庭质证制度，能够重现公证员在制作公证书时的直接感知和活动，对于其中的一些程序性问题作出解释，帮助法庭实现对案件事实的认定。同时，公证人员的出庭质证，也能使公证人员对自己实施的公证活动有所思考和总结，加深其对电子证据公证程序的操作与理解，为公证质量的提高起到监督和促进作用。

我国联合收割机领域的知识产权现状研究

胡建英[*]　王　辉[**]　张　虹[***]

农业现代化是指由传统农业转变为现代农业，把农业建立在现代科学的基础上，用现代科学技术和现代工业来装备农业，用现代经济科学来管理农业，创造一个高产、优质、低耗的农业生产体系和一个合理利用资源又保护环境的、有较高转化效率的农业生态系统。① 党的二十大报告提出了到2035年我国要基本实现农业现代化同时要强化农业科技和装备支撑。② 党的十九届五中全会审议通过的《中共中央关于制定国民经济和社会发展第十四个五年规划和二〇三五年远景目标的建议》（以下简称《规划和建议》），对新发展阶段优先发展农业农村、全面推进乡村振兴作出总体部署，把全面推进乡村振兴作为实现中华民族伟大复兴的一项重大任务，举全党全社会之力加快农业农村现代化。2022年4月，北京市政府印发的《北京率先基本实现农业农村现代化行动方案》中提出要开展以清洁能源和人工智能为基础的第三代农业机械研究与示范应用，建设无人化示范农场。③

---

* 胡建英，国家知识产权局审查员，工学硕士。

** 王辉，国家知识产权局审查员，工学博士。

*** 张虹，国家知识产权局审查员，工学硕士。

① 何盛明：《财经大辞典》（上），中国财政经济出版社1990年版，第880页。

② 习近平：《高举中国特色社会主义伟大旗帜　为全面建设社会主义现代化国家而团结奋斗——在中国共产党第二十次全国代表大会上的报告》，2022年10月16日。

③ 载北京市人民政府官网，http://www.beijing.gov.cn/zhengce/zhengcefagui/202205/t20220506_2702192.html。

由此可见,农业现代化已成为中央和地方未来发展的目标之一,而农业现代化必然要求农业机械的现代化,农业机械现代化就是要使用先进的农业机械设备来代替传统的手工劳动,在农业生产的各个环节,降低劳动强度,提高农业作业效率。随着农业现代化进程的不断推进,集收割、脱粒、风选、收集等功能于一体的联合收割机必将在农业生产中扮演越来越重要的角色。本文将通过对国内外联合收割机领域知识产权现状的分析,总结我国联合收割机领域知识产权方面存在的典型问题,并针对这些问题提出建议。

一、国外联合收割机领域知识产权现状

目前,国外联合收割机发展比较有代表性的地区和国家为欧美及日本等。欧美多为全喂入式联合收割机,机型大,生产率高,适合较大规模生产;日本则以中小型水稻收割机为主,多采用半喂入式,机型小,灵活性强,但是生产率相对较低。[①]。我国由于农业机械化起步较晚,耕种土地以家庭经营为主,不适合大型联合收割机作业,故联合收割机的生产主要以中小型机型为主,与日本联合收割机机型类似。图1是近二十年各国联合收割机在世

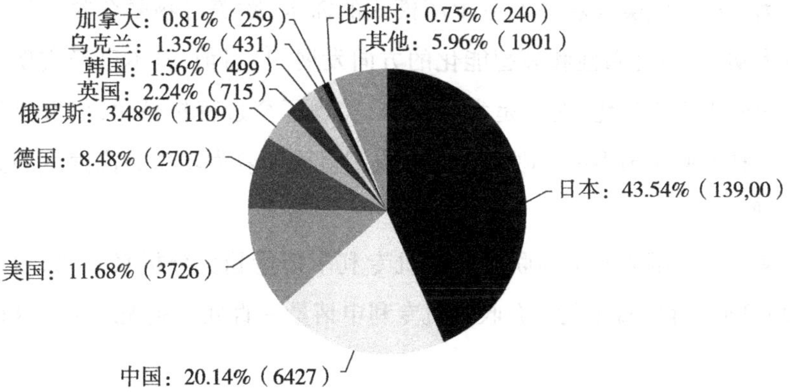

图1　世界范围内各国联合收割机专利申请量对比图[②]

---

① 吴修明等:《谷物联合收割机发展现状与展望分析》,载《南方农机》2022年第20期。

② 此数据系本文研究人员利用智慧芽数据库检索整理,检索日期:2022年11月25日。

界范围内的专利申请量对比图,从图1可以看出,除我国外,日本、美国、德国的申请量尤其突出。

欧美国家和日本不仅具有较高的农业装备水平和机械化作业水平,在农机方面的相关立法和政策上也走在前列:

日本政府先后出台了日本《农业机械化促进法》、日本《农业基本法》等4部重要的政策法规,2008年又进一步提出《研究开发应用推广高效农机具的基本指导意见》,最终建立起相对完备的法律政策体系,[①]有效地推动日本农业机械化的发展进程。美国农业法中对农业机械化发展的推广、产品质量鉴定等方面都作了相应规定,立法较为完备,同时采取了建立"赠地"大学,加强农业教学、研究与推广工作;支持农业信贷;制定向农业与农业机械化投资的税收政策等发展农业和农业机械化的主要政策和措施。[②] 德国《农业机械法》也较为详细具体,要求农机制造厂商必须保证本厂农机产品有充足的零部件供应,并保障农民操作的安全性。[③]

这些国家通过制定法律和出台相关政策对农业机械的发展提供了比较完备的保障,使联合收割机的技术得到快速发展,技术的创新也促进了农业机械知识产权制度的不断完善。

为了适应欧美大农场农业生产模式的需求,欧美谷物联合收割机正在朝着大功率、高可靠性和高智能化的方向发展。[④] 目前,日本已经实现了高度的农业生产机械化,尤其是水稻生产,实现了全过程机械化,居世界领先水平。日本使用最多的半喂入式联合收割机也朝着大功率和高速度的方向发展。[⑤]

从世界范围内各国的联合收割机专利申请量趋势分析来看,如图2所示,2012年以前,日本的联合收割机专利申请量一直处于领先地位。这说明

---

① 杨印生、陈旭:《日本农业机械化经验分析》,载《现代日本经济》2018年第2期。

② 《美国农业机械化政策》,载海南省农业农村厅网,https://agri.hainan.gov.cn/hnsnyt/hnnjhxx/njbt/gggs_64995/201801/t20180117_963880.html。

③ 夏杰:《论农机产业知识产权制度建设》,载《法制与社会》2012年第13期。

④ 李永涛:《浅谈我国水稻联合收割机的现状与发展趋势》,载《农产品加工》2017年第1期。

⑤ 慧聪:《日本农业生产已全部实现机械化》,载《农村实用技术》2010年第7期。

日本在农业机械化的过程中，将联合收割机的知识产权保护放在了比较重要的位置。美国的联合收割机专利申请量基本处于稳步增长的态势，其他国家的联合收割机专利申请量每年基本保持稳定。我国在2012年后申请量赶超日本，后来居上，故有必要对我国联合收割机领域的知识产权保护现状进行分析和探讨。

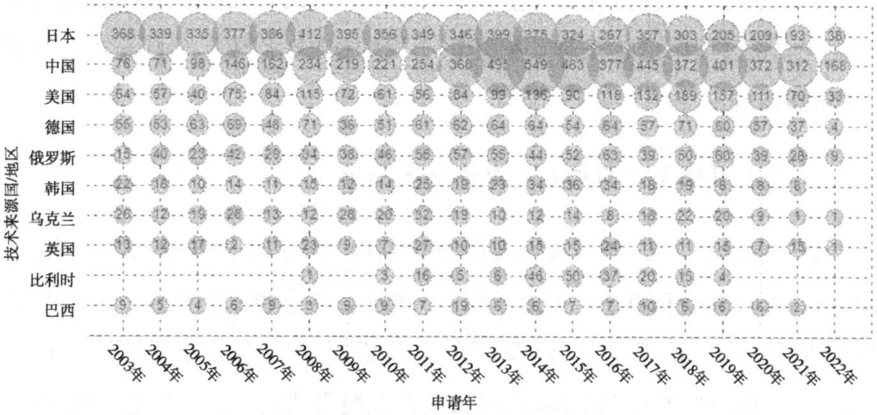

图2　世界范围内各国联合收割机专利申请量趋势分析图①

二、我国联合收割机领域知识产权现状

我国通用型联合收割机技术相比国外起步较晚，发展初期主要以仿制国外机型为主。20世纪80年代国家组织多家骨干收割机厂积极开展收割机先进技术和产品的引进，我国通用型联合收割机技术发展迅速。进入21世纪，在国家购机补贴等惠农政策的推动下，广大科研机构、企业借鉴国外先进技术，并在实践中不断改进创新，国内联合收割机在功能多样化和提高功率方面得到改进，基本实现了水稻、小麦和玉米等主要作物的机械化收获，但我国联合收割机基本上以开发中小型联合收割机为主，大型联合收割机的研究和发展水平与欧美国家相差较大，所以我国目前联合收割机在机型和功能上与日本的联合收割机具有较大重叠度。

---

① 此数据系本文研究人员利用智慧芽数据库检索整理，检索日期：2022年11月25日。

近年来,我国农机知识产权法制建设进展较快,先后制定了《中华人民共和国农业机械化促进法》《农业机械安全监督管理条例》等法律法规。为加快推进农业机械化,还陆续出台一系列优惠政策措施,例如,每年成倍增加的农机购置补贴资金,从2004年的7000万元增长到2010年的155亿元。农机补贴导向有效拉动了农机消费热,形成倍增效应。随着我国知识产权制度的不断完善和我国相关企业知识产权保护意识的逐渐增强,我国相关企业在成长过程中也越来越重视知识产权的保护,尤其是对自身核心知识产权的保护。

(一)我国联合收割机专利申请状况分析

笔者通过对2012年以来涉及联合收割机的中国专利申请进行检索,共检索到4460件专利申请。如图3所示,涉及对联合收割机整机的专利申请为2170件,占比接近一半,涉及联合收割机脱粒结构的专利申请占比在23%以上,联合收割机其他结构模块,如涉及履带式或自走式行走装置、收割部、筛选装置等单个功能模块的专利数量占比相对较少。

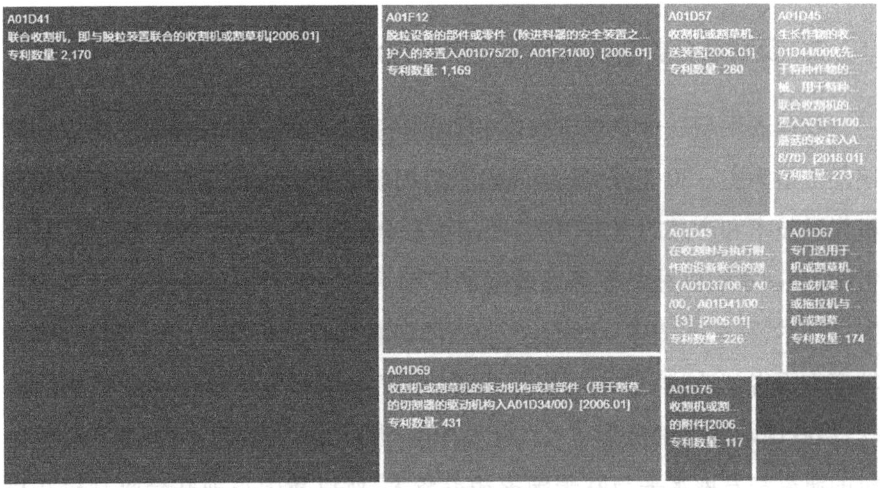

图3 联合收割机中国专利申请技术主题分析①

---

① 此数据系本文研究人员利用智慧芽数据库检索整理,检索日期:2022年11月25日。

涉及联合收割机整机的专利数量最多的主要原因是即使专利本身仅是对一个或几个功能模块的改进,但是最终要求保护的仍然是联合收割机整机。涉及脱粒装置的专利主要涉及脱粒装置的谷物清选和分离、谷物输送、脱粒滚筒、禾秆分离以及切碎装置,体现了这些产品模块中的改进空间和改进需求。另外,从图4中可以发现日本申请人在华申请的专利申请量占比15%以上,要显著多于其他国家申请人在中国的专利申请数量,可见日本企业在农机领域的实力以及对中国市场的重视。同时从图5中我们可以发现,久保田申请的联合收割机的全球专利申请的数量占有绝对优势,其专利技术分布于联合收割机的各个功能单元。通过对这些专利的来源地进行分析发现,久保田的950件全球专利申请中来源地为日本的专利申请数量为562件,来源于中国的专利申请数量为201件。久保田将我国作为其专利布局的第二重要目的地。一方面,这说明从地域的维度上讲,我国是久保田的重要市场;另一方面,从技术和产品维度上讲,我国企业是久保田的重要竞争对手。我国联合收割机专利申请数量较多的企业包括星光农机、潍柴雷沃、沃得农机、中联农机等。由于国外企业对联合收割机的技术进行了全方位的有效保护,我国联合收割机的研发目前主要基于机械结构上的调整,科技含量较低。

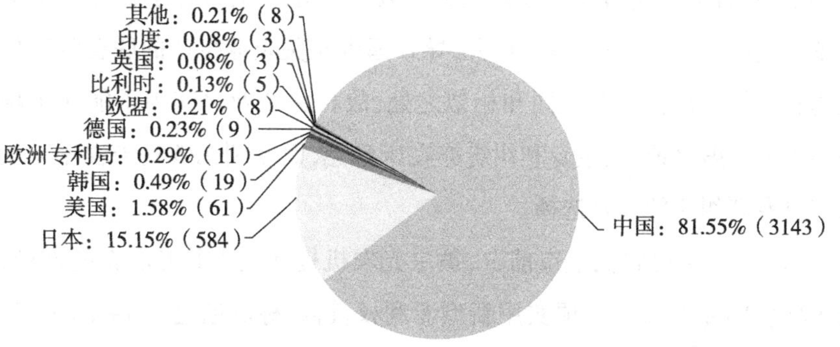

图4　联合收割机中国专利申请申请人国别分布统计①

① 此数据系本文研究人员利用智慧芽数据库检索整理,检索日期:2022年11月25日。

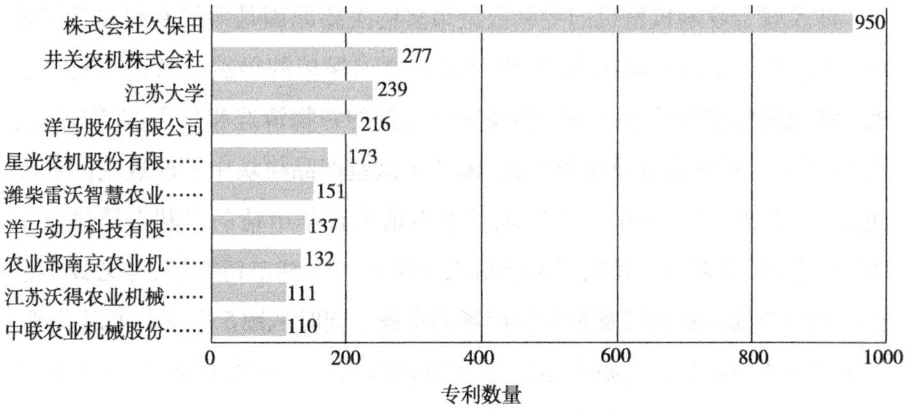

图5　联合收割机全球专利申请数量排名前十位的申请人①

(二)我国联合收割机专利纠纷案例分析

随着我国相关企业越来越重视知识产权的保护,知识产权纠纷也在呈现逐渐增多的趋势,主要原因包括企业为了维护自身合法权益、为了增加竞争对手赔偿压力、应对上市融资进程中的专利狙击和为了产品上市排除潜在的专利侵权风险等。正如上文中提到的,我国联合收割机目前主要以开发中小型联合收割机为主,在机型和功能上与日本的联合收割机具有较大重叠度,同时由于我国联合收割机的研发目前基本上只在于机械结构上的调整和改进,技术突破的难度较大,导致国内相关企业生产的联合收割机在结构和功能上存在诸多雷同和相似之处,故相关企业之间为了能在市场竞争中占据一席之地,发生专利纠纷亦在所难免,而专利无效宣告程序无疑成为解决专利纠纷的重要选择。

2021年,沃得农机上市前夕,被星光农机提起侵犯其专利权的诉讼,涉及5项发明专利权和1项实用新型专利权,诉讼标的超过3.74亿元。② 随后,沃得农机针对星光农机的9件发明专利权向国家知识产权局提出无效宣

---

① 此数据系本文研究人员利用智慧芽数据库检索整理,检索日期:2022年11月25日。

② 《星光农机PK江苏沃得,星光农机又又又败诉,专利权被宣告无效》,载农机通网站订阅号2022年2月25日。

告请求，其中7项专利权被宣告全部无效。这些专利权涉及联合收割机的拨禾轮、割台、行走装置、离合装置等，授权专利的独立权利要求对相关结构限定得较为详细，在相关发明专利权实质审查阶段没有检索到相近的现有技术。但是在专利无效宣告请求审查阶段，宣告上述7项专利权全部无效所依据的证据主要是使用公开证据，请求人对专利权人在相关专利的申请日之前销售的联合收割机进行了证据保全，同时提供了该联合收割机公开销售的相关证明文件。最终，该系列案件的无效宣告审查决定根据请求人提供的相关证据认定请求人提交的使用公开证据能够形成完整的证据链，并确定公开销售行为的完成时间在相关专利的申请日之前，同时保全的联合收割机实物中所反映的结构与这些专利权利要求中要求保护的技术方案基本一致，故最终宣告7项专利权全部无效。从该系列案件中可以看出，国内相关农机企业的知识产权保护意识不足，存在先销售后申请专利的情形，以至于无法保证专利权的稳定性。

另外，沃得农机还就日本久保田在我国的6项发明专利权提出无效宣告请求，其中4件被宣告全部无效，2件被宣告部分无效。这6项专利权均是分案，而且均是在母案发出授予专利权通知书之日起两个月内提交的。在该系列案件的无效宣告请求中，沃得农机使用的证据均是专利文献证据，从中可以看出久保田的部分专利并未涉及更先进的专利技术，而是希望通过结构上的细微改变和不同特征的排列组合来达到专利布局的目的。

从上述分析可知，我国联合收割机相关企业已具备一定的知识产权保护意识，正在利用多种途径的知识产权相关法律来解决纠纷，一方面针对上市融资期间被提出的侵权诉讼，有效地利用专利无效宣告请求程序对侵权案件釜底抽薪；另一方面为产品上市可能涉及侵犯他人专利权的情况利用专利无效宣告请求程序排除潜在的专利侵权风险。同时，企业也应当提高自身研发能力，提高知识产权保护意识，避免出现因管理失误造成专利权的稳定性降低的情形。

三、我国联合收割机领域知识产权方面存在的问题

对国内外联合收割机领域知识产权发展现状的分析中我们发现，我国

联合收割机领域知识产权发展取得了长足的进步和显著成效,专利申请数量近年来一直处于领先地位,但是专利申请集中度和专利申请质量相比国外,尤其是日本,仍然存在一定差距。究其原因,笔者认为,我国联合收割机领域知识产权发展目前仍然存在以下几方面问题。

第一,联合收割机行业复合型人才短缺,创新高度不足。正如上文中分析的,我国联合收割机的研发目前主要基于机械结构上的调整和改进,技术突破的难度较大,而联合收割机未来的发展趋势必然是走向大型化、集成化和智能化,因此,为了提高产品竞争力,必然需要紧跟技术发展前沿。然而,要想突破技术壁垒,把我国目前领先的5G、人工智能、无人驾驶等技术与传统的联合收割机各功能模块进行有效融合,必须依靠高水平复合型人才作为人才支撑和智力保障。这就要求从事农机研发的人员除了农业机械领域的知识水平过硬之外,还需要在其他相关领域有较深涉猎。比如,联合收割机的智能化离不开工业软件的支持,然而,在适用于联合收割机的工业软件开发过程中,多数软件开发人员对联合收割机生产工艺、工作原理知识储备不足。

第二,研发投入略显不足。虽然本土企业和个人申请的涉及联合收割机的专利数量占比较高,但是这些专利申请的申请人相当分散,就单个申请人来讲,专利申请数量不多、质量不高,显示出相关主体的研发投入不足,缺少高价值专利技术。企业、高校和科研院所均是技术研发的主体,联合收割机涉及机械结构、控制、液压、发动机等多门基础学科,没有充足的研发投入和激励措施很难在技术上取得较大突破。

第三,农机企业知识产权保护能力欠缺。随着我国知识产权法律体系的不断完善和知识产权大保护格局的逐渐形成,我国农机企业的知识产权保护意识也在不断增强,但是农机企业掌握和运用知识产权保护的能力和水平还不够高,对于自身的研发成果还无法做到全面高效的保护,以至于不能充分从自身研发成果中获益。如何合理有效地利用现有法律法规保护自身知识产权成为目前相关农机企业需要重点关注的问题。

第四,农机企业知识产权风险防范意识和应对能力不足。我国的农机企业大多是在遭遇知识产权风险时才想到如何去应对,没有对知识产权风险管理予以足够重视,包括农机企业在科技创新、生产经营、出口销售全过程中可能出现的法律风险和商业风险,没有针对有关风险进行预估并制定完备的防范策略,不能很好地适应国内和国际新的知识产权竞争模式,导致面对知识产权风险或纠纷往往缺乏及时有效的应对之法。

四、我国联合收割机领域知识产权发展建议

《规划和建议》中指出,要坚持农业科技自立自强,完善农业科技领域基础研究稳定支持机制,深化体制改革,布局建设一批创新基地平台,提高农机装备自主研制能力,支持高端智能农机装备研发制造。要实现农业现代化,必须要重视农业科技基础研究和装备制造,只有掌握核心技术,拥有自主知识产权,才能加快农业现代化进程。为此,笔者结合我国联合收割机领域知识产权发展中存在的问题,提出如下建议。

(一)注重农机领域复合型人才培养,探索技术引进新模式,促进技术创新

我国的联合收割机研制水平已迈出低端行列,喂入量从 1.5kg/s 发展到 12.0kg/s,动力从 37kW 发展到 162kW,技术路线从逐稿器发展到横轴流、纵轴流。我国谷物联合收割机的市场已经走过了低端产品的普及阶段,但大型多功能谷物联合收割机的行业技术发展和升级换代步伐缓慢,与发达国家相比,大型谷物联合收割机研发还处在起步阶段。另外,联合收割机的技术研发涉及多个基础学科,并且随着联合收割机智能化发展,许多前沿学科也在不断结合到联合收割机的技术研发当中,这就需要培养复合型人才才能适应技术发展的需求。在联合收割机智能化的背景下,需要将人工智能、大数据、云计算、数字孪生等技术深度融入生产工艺,急需既熟悉实际制造流程又了解相应技术理论、既了解联合收割机作业模式又兼具动手操作能力的复合型人才。

建议地方政府从解决联合收割机研发制造领域复合型人才的后顾之忧

方面来出台吸引复合型人才到当地就业的措施。农业类高校作为培养农业方面各类高级人才的基地,应当主动适应时代发展的需要,主动适应国家和社会的需要,在培养农业智能化机械复合型人才的方向、方式和方法上大胆探索,勇于创新,突出基础学科的支撑和引领作用,加强农机基础学科和前沿学科的融合,及时淘汰脱离科技发展的课程,增加适应新技术新科技需求的课程。

联合收割机领域复合型人才的培育,需要方方面面的系统性支撑,政府、高校和企业要统一思想,各自发挥优势,为农业智能化机械复合型人才的成长铺平道路,为核心技术人员能够长期稳定地留在科研岗位上创造有利条件。

此外,为了紧跟技术发展的前沿,在国内联合收割机创新能力不足的情况下,可以考虑通过技术引进的方式来促进技术创新,推动结构调整和优化,如通过专利技术购买和许可、引进国际型高端人才、加强国际间的技术交流与合作等方式来不断提高国内自主创新能力。当然,在此过程中要避免过度依赖外来技术,着力提高对外来技术的消化和吸收能力,让外来技术成为提高自主创新能力的驱动力。

(二)提高企业知识产权创新研发能力,促进产学研深度融合

在联合收割机销售方面,政府出台了强农惠农富农政策即农机补贴政策,对促进农业机械现代化具有积极的作用。但是,在联合收割机研发投入方面,不能仅依靠相关农机企业,需要政府、高校、企业以及相关科研机构协同发力。因此,建议政府部门出台相应措施鼓励企业增加研发投入,如税收减免、财政补贴和低息贷款等措施拓宽基础研究资金来源,引导国内有研发能力的农机企业与高校及农机研究院所进行深度合作,以产学研相结合的方式,集中企业、大学以及科研院所的优势资源,在政府等相关主体的协同支持下,合作完成技术开发,突破联合收割机的关键技术,使优质科研主体的优势得到充分发挥,让投入的科研资金能够有效利用。

同时,建议政府主动搭建多种渠道,为联合收割机研发和制造企业与高

校及农机科研院所的交流合作提供平台，为农机科研主体提供自由宽松的科研环境，完善科技型农机企业上市融资制度，畅通国内上市融资渠道，制定科研成果评估方法，通过专业的无形资产评估机构开展具体评价工作，获得科学公正的评价结果。

此外，建议联合收割机领域相关科研主体完善激励措施，激发科研人员创新活力，加快战略人才力量建设，注重创新人才和团队培养。对产学研合作项目的成果，根据合作主体对项目作出贡献的比例进行利益分配；明晰产学研项目风险承担责任分配机制，明确各合作主体的风险承担义务。

另外，要明确研发重点，将研发投入重点放在未来发展趋势上。正如上文中分析的，今后联合收割机必然朝着大型化、智能化和信息化方向发展。以数字化感知为例，农业传感技术和物联网技术是数字化感知的核心技术，因此，可研发可靠性和稳定性高、成本低，适用于各种农业生产环境的高精度传感器，开发集多种参数感知于一体的多用途小型化传感器，如微机电系统（MEMS）、微电子机械、仿生及生物传感器等新型传感器。又如，研发可以朝着加快实现农机装备传感器的智能化和信息监测及数据分析方面进行，实现土壤—作物—机器—环境传感器协调下的智能决策与精准作业。[①]但在进行相关技术开发之前要杜绝闭门造车，要预先对现有技术状况有比较深入的了解，避免在技术开发的过程中走弯路，可以减少不必要的研发投入，同时也可以降低后续产品发生侵权的风险。

再有，需要优化和改善土地经营模式。联合收割机作业需要种植作物的耕地具有开阔的范围，应该推动规模化土地流转和集约化土地经营模式，以提高联合收割机的终端需求数量，使相关企业能够在联合收割机的销售中获得更多利润，从而为研发资金提供来源，进一步提高相关企业研发新技术和新产品的积极性，最终形成研发、生产、销售的良性循环。

---

① 《2022年谷物联合收获机行业发展现状、市场竞争格局及重点企业分析》，载百家号网2022年12月23日，https://baijiahao.baidu.com/s?id=1752970615103937196&wfr=spider&for=pc。

(三)强化农机企业知识产权保护能力

对于农机领域的创新主体而言,首先,联合收割机相关企业要充分了解行业知识产权状况,不断增强知识产权保护意识,及时保护科研成果,杜绝先公开销售后申请专利的情况发生。其次,农机领域的创新主体要主动建立企业知识产权管理体系,运用知识产权制度将企业的研发和设计转变成受法律保护的企业资产,为企业发展和市场竞争提供助力和保障。同时农机领域的创新主体在注重技术研发和技术创新的同时要建立动态的知识产权保护策略,对核心技术进行全面专利组合布局,通过不同的申请策略,对不同的特征进行保护,在控制企业投入成本的前提下获得更加全面有效的专利保护,构建真正的自主知识产权体系。

另外,建议政府继续加大面向联合收割机行业的知识产权制度的宣传,针对不同层面的创新主体制定相应的宣传内容,使其能够真正吸收和理解。同时加大对侵犯专利权的行政裁决工作力度,增强创新主体发展的恒心和信心,促进知识产权纠纷高效、快速解决,助力创新主体降低知识产权保护成本。

(四)提高农机企业知识产权风险防范意识和应对能力

联合收割机相关企业在强化知识产权保护能力的同时,还要加强知识产权风险管理,包括在科技创新、生产经营、出口销售全过程中可能出现的法律风险和商业风险,对有关风险进行预估与控制。本土企业将产品和技术输出到其他国家时,要充分了解国外知识产权制度,要提前做好海外专利布局,尤其要善于利用各种途径维护自身知识产权和防范知识产权风险。此外,“走出去”的企业可以借助政府和行业协会对加强海外知识产权纠纷应对和维权援助的政策,以及高水平专业化公益性指导服务,降低海外知识产权维权成本,规避知识产权风险。

同时,企业应加强对农业知识产权战略的研究,积极主动适应国内和国际新的知识产权竞争模式,让知识产权保护机制在联合收割机领域充分发挥其应有的规范、指引、调节等功能。针对我国目前联合收割机在机型和功能上与日本的联合收割机具有较大重叠度的现状，相关企业在研发过程中重点关注日本企业的相关专利布局状况，通过充分检索现有专利技术并制作专利地图等方式来最大程度上争取预先规避侵权风险；在侵权诉讼阶段要充分利用好法律手段，选择专业的应对团队，充分且深入地挖掘、分析和评估构成现有技术的证据，通过和解、请求宣告对方专利权无效等方式来争取将损失降到最低。

同时，从长远来看，优化和改善土地经营模式带来的联合收割机朝着大型化方向发展，随着研发能力的增强，难免会和欧美的设备具有重合度，所以在进行联合收割机研发过程中要也要关注欧美国家的联合收割机技术发展状况，做到提前预警，防患于未然。

此外，为提高联合收割机企业知识产权风险应对能力，建议专利行政管理部门建立涉及上市融资企业专利无效案件的优先审查快速通道。对于涉及上市融资企业的专利纠纷，针对需要明确专利权效力的案件，加快审理进度，及时作出决定，为上市融资企业专利纠纷提供确定的权利基础。同时，建立专利无效专利信息平台，实现与发审委平台的联动，为发审委客观看待专利纠纷、谨慎评估专利纠纷的负面影响，推进上市融资审核更加科学化、理性化，提供相对客观准确的参考。①

---

① 王辉等：《专利无效制度在应对恶意诉讼中的作用研究》，载《中国专利与商标》2022 年第 2 期。

人工智能医疗企业专利保护策略研究

张宪锋*

随着深度学习和神经网络技术的发展,人工智能获得更强大的学习能力,打破传统的诊断模式,在辅助诊断、治疗方法选择、患病风险预测、提高医疗效率等方面发挥着一系列重要作用。例如,基于图像分析进行肿瘤检测,基于视频进行步态障碍和跌倒预测,基于语言分析进行情绪状态和精神障碍的诊断等。一种新冠肺炎人工智能(AI)诊断技术已在中国近170家医院上线,20秒即可完成一次CT诊断,帮助医生通过CT影像快速进行新冠肺炎筛查,准确率达96%。① 本文主要从知识产权角度,研究人工智能医疗企业如何更好地运用各类知识产权制度保护创新成果,获得优势市场地位和经济效益。

一、人工智能医疗产业政策及现状

国家政策层面高度关注和鼓励人工智能和健康事业。例如,2018年《国务院办公厅关于促进"互联网+医疗健康"发展的意见》指出,开展基于人工智能技术、医疗健康智能设备的移动医疗示范,实现个人健康实时监测与评估、疾病预警、慢病筛查、主动干预。在2020年国家"十四五"发展规划中,一方面人工智能和生命健康都被列为战略性国家重大科技项目,另一方面

---

* 张宪锋,国家知识产权局专利局审查业务管理部审查指南处副处长,法学硕士。

① 朱龙:《对AI医疗诊断方法进行专利保护利大于弊》,载《中国对外贸易》2020年第5期。

特别强调了加大知识产权保护。《知识产权强国建设纲要(2021—2035年)》中提出加快大数据、人工智能、基因技术等新领域新业态知识产权立法。

北京市人工智能产业发展迅猛,据2020年智源研究院发布的《2020北京人工智能发展报告》显示,全国近一半的人工智能高层次学者在北京,[①]一批国际重大原创人工智能成果相继涌现,2021年产业规模达2070亿元,人工智能专利申请量全国第一,相关企业数量超过1600家,占国内总量的28%,居全国首位。随着人工智能技术的发展,医疗领域成为其重要的技术应用分支。例如,2022年4月召开的首届中关村(京西)人工智能会客厅上就提出,紧盯人工智能领域前沿技术,聚焦人工智能+医疗等细分领域上。[②]2022年5月30日北京市经济和信息化局印发的《北京市数字经济全产业链开放发展行动方案》提出,支持医疗机构与人工智能企业、科研单位在安全合规前提下联合开展医疗数据治理和价值挖掘;支持医疗机构在诊疗、住院、巡诊、康复等场景开展数字化应用,探索将人工智能列为独立服务项目,打造数字化医疗新服务。

例如,北京高精尖企业代表科亚医疗科技的核心产品深脉分数是采用人工智能技术对冠状动脉CT造影图像进行无创FFR分析,快速评估冠脉狭窄是否会导致心肌缺血,费用从20,000多元下降到2000元以内,为医保基金节约2200万元。

二、人工智能企业创新成果的保护方式选择

在政策鼓励和支持下,北京市依靠强大的智力资源和研发实力,必然产生大量人工智能医疗创新成果。如果不能及时进行知识产权保护,则容易被他人模仿。因此人工智能企业需要综合考虑各类知识产权类型的优缺

① 《17和1500+北京人工智能产业领跑全国》,载北京市人民政府网,http://www.beijing.gov.cn/fuwu/lqfw/gggs/202106/t20210609。

② 《北京门头沟:加速推进AI产业发展,聚焦数字视听、医疗、制造等三大领域》,载新华网,http://www.bj.xinhuanet.com/2022-04/17/c_1128568048.htm。

点,制定不同的保护策略,获得尽可能大的保护力度。

(一)医疗器械产品类保护

对于产品类发明,在专利授权客体方面一般不存在争议问题。例如,一种内置了人工智能算法的表带,能够非常准确地检测出用户的异常心脏状况并提醒用户,还增加了一个电极传感器实时监测用户心率状况。该种类型的发明创造适合提出发明专利申请进行保护。

如果发明创造的改进点在于产品的形状、构造,那么可以考虑提出实用新型专利申请,在较短的时间内获得专利保护,也可以提出发明专利申请以获得更长时间的保护。如果发明创造的改进点在医疗器械的内部程序控制,则只能提出发明专利申请而不能申请实用新型。

例如,一种被配置为在睡眠过程期间向用户递送感官刺激的系统,所述系统包括:一个或多个传感器,其被配置为生成输出信号;一个或多个感官刺激器,其被配置为在所述睡眠过程期间向所述用户提供所述感官刺激;以及一个或多个硬件处理器,其耦合到所述一个或多个传感器和所述一个或多个感官刺激器,通过提供所述历史睡眠深度信息作为神经网络的输入;基于所述输出信号来使经训练的神经网络预测在所述睡眠过程期间所述用户将处于深度睡眠阶段中的将来时间,所述经训练的神经网络包括输入层、输出层以及在所述输入层与所述输出层之间的一个或多个中间层。这样的发明创造并不是针对产品的形状、构造的改进,所以只能提出发明专利申请而不能是实用新型。

(二)通用算法应用到医疗领域的发明

如果某项发明创造是将算法应用到诊断过程中,通过计算机程序实现自动诊断,此时申请人可以选择的最优保护方式是撰写为产品权利要求,以在后续的侵权诉讼中获得更为有利的地位。

算法在医疗应用中形成的人工智能医用软件产品,如提供病灶特征识别、病变性质判定的软件,可以将专利权利要求撰写为一种计算机程序产品进行保护。如果是软件和硬件结合,建议通过产品权利要求保护。例如一种小型超声设备,这套设备主要依靠软件来运行,用人工智能专家开发的技术来梳理一系列图像,从而提炼出可以自动进行诊断的过程。

(三)通用算法类发明

如果对算法本身进行了改进,从而可以在多个医疗产品应用,其保护方式就会有所不同。《专利法》第 25 条第 1 款第 2 项规定了智力活动的规则和方法不能授予专利权,一般认为通用算法属于数学规则,不属于专利保护客体,所以不适合用专利制度进行保护。对于重大通用算法发明创造,企业可以考虑商业秘密进行保护。

算法侵权判定目前仍遵循接触、实质性相同和合法来源的三原则,即接触途径的判断、实质性相同的判断和合法来源抗辩(独立研发)的例外。“接触”是指被控侵权方具有获取商业秘密的条件性或可能性,如被告曾是原告的雇员,在曾经的工作中能够接触到算法或源代码,或者被告是第三方公司具有接触到算法的可能性或源代码。由于算法是抽象的,因此主要是通过比对源代码进行判断是否实质相同,对于那些试图通过改变代码编写方式规避算法的人,可以通过算法的核心思想来判断,即算法是怎么设计处理来解决问题的。独立研发的证明一般包括企业具有这样的人员能力并且已经花费了人力物力财力,还需要提供一些独立研发过程中的数据文件和电子档案等。

当然,目前也有一些企业选择开放算法,开创一种新生态。在人工智能领域,开源同样是算法迭代的驱动力,任何人都可以在源代码的基础上进行学习和修改,这种共享能够降低研发门槛,同时将很多未来的产品聚拢到该算法技术路线中,所以企业通过开放算法也可以获得其他市场利益。

三、人工智能医疗方法保护疑难问题

人工智能医疗技术不同于传统意义上的医生自己实施的针对病人身体进行的诊断方法,而是一种信息处理方法,其能否获得专利授权,成为存在争议的疑难法律问题。《专利法》并未将医疗诊断设备排除在授权客体之外,因此申请人可以将权利要求撰写为一种设备。但是创新主体仍然存在医疗方法专利的保护需求。当构成侵权行为的功能在物理上分散配置,如分布式云服务或涉及产品之间执行交互的技术方案,难以用单独的产品的权利要求进行全面覆盖,此时优选申请方法权利要求进行保护。针对人工智能辅助医疗的情形,即使流通的产品中包含已完成学习的模型,但由于为了获得该模型的学习过程往往不在产品上实施,因此仍优选方法权利要求。在计算机辅助医疗领域,创新主体也希望通过方法和产品的双重限定圈定一个完整的权利要求的保护范围。因此研究人工智能诊断方法的可专利性很有必要。

(一)《专利法》第 25 条的法律精神

对于发明专利申请中的一项人工智能医疗方法权利要求,由于涉及疾病诊断和治疗,因此会面临能否通过《专利法》第 25 条审查的问题。

《专利法》自 1985 年实施以来,经历了四次修改,而疾病诊断和治疗方法始终属于不授权主题。对此,部门规章《专利审查指南》中记载了两个原因:一个是出于人道主义的考虑和社会伦理的原因,医生在诊断和治疗过程中应当有选择各种方法和条件的自由。这种考虑与欧洲类似,如在欧洲专利局上诉委员会判例法第 1 章第 4 节“医学方法”中 G1/04 决定认为:“上诉扩大委员会引用诊断方法,认为 1973 年欧洲专利公约第 52(4)条规定被排除在可专利性之外,看起来实际是基于社会道德和公众健康的考虑。”另一个是这类方法直接以有生命的人体或动物为实施对象,无法在产业上利用,不具备实用性。这与日本类似,日本的审查规章认为医疗业不属于产业,因此不能在产业上制造和使用,所以不能授予专利权,其是从实用性的角度进行不授权理由的论述,并未提到关于人道主义和社会伦理的描述。

总之,无论是直接从公众健康角度,还是从是否属于产业角度,对于传统的医生亲自实施的诊断方法,不能授予专利权。

（二）从人工智能医疗方法的特殊性考虑《专利法》第25条的适用

在计算机技术充分发展之前，疾病的诊断过程是医生根据自己的知识和经验，作出疾病诊断结论。病人个体存在差异，因此很多情况下需要个体判断，并非一个可以产业化的过程。基于人工智能技术的辅助诊断方法，是基于海量医疗数据构建数学模型，机器学习后可以全部代替或者部分代替医生，作出诊断结论。其核心在于数学模型和信息处理过程，执行主体仍然是计算机，而不是医生。因此，如果仍然停留在“疾病的诊断”的字面意义，而不从立法目的和本意去适用新技术下的专利申请，则犯了刻舟求剑的错误。利用了大数据、AI技术在疾病诊断方法的实现，不能仅仅因为技术方案中出现了“疾病”相关的字眼就将其归为《专利法》第25条所排除的情形。

（三）适应产业发展构建法律规则

总体来看，从2015年开始，全球人工智能医疗相关的专利申请量的增速明显加快，截至2021年9月底，全球人工智能医疗相关的专利申请总量超过13万件。飞利浦、西门子是全球申请量最大的申请人。我国是该领域专利申请的最大来源国，高校是我国最主要的专利申请人和持有人，近五年中国专利申请量排名靠前的申请人中开始出现更多的企业。从领域来看，全球和中国的专利申请更多集中在应用层和感知层。近五年国内外申请人在中国布局的热点技术分支高度重叠，虽然国外申请人更多地拥有各热点技术分支上相对基础和重要的专利，但中国申请人布局的数量占有绝对优势，并且也逐渐获得一些较为基础的专利。2015年之前，涉及感知层和应用层的中国专利申请增速明显高于数据层和技术层，进入2015年后，技术层和数据层的增速明显加快，已有接近或超过感知层和应用层之势。得益于人工智能技术的发展，近年来申请增速最快的技术分支包括运算设备及系统、医疗保健数据管理。例如，用于一体化医疗决策支持的系统和方法，获取患者信息和患者的体外测试结果，利用包含医疗信息的医疗知识数据库，自动生成医学测试的推荐。

从专利申请的分析结果来看,国内申请人在相关领域的创新和专利布局与早年相比已经取得了长足的进步,继续坚持该领域较其他局更加严苛的客体审查基准将给国内创新主体带来一定程度的负面影响。可以预见的是,适度放宽该领域的客体审查基准,将对促进国内创新主体在该领域的创新形成更加积极的作用。

《知识产权强国建设纲要(2021—2035 年)》提出,加快大数据、人工智能、基因技术等新领域新业态知识产权立法。适应科技进步和经济社会发展形势需要,依法及时推动知识产权法律法规立改废释,适时扩大保护客体范围,提高保护标准。建立健全新技术、新产业、新业态、新模式知识产权保护规则。因此,从政策导向看,需要不断完善相应规则,加强 AI 相关专利保护。

(四)保护策略建议

通过比较研究,美国通过在专利法中设置免责条款,免除了专业医疗人员在从事医疗活动时使用医疗方法专利的侵权责任,而非专业医疗人员实施诊断方法专利时,仍需要承担侵权责任。欧洲专利局认为只有包含了诊断全过程的方法权利要求才属于排除客体。日本特许厅强调了医生实施的方法权利要求才属于排除客体。韩国特许厅同样突出了医生实施并且明确规定如果诊断的步骤是在计算机上进行的信息处理步骤,则该步骤不被认为是疾病诊断。涉及 AI 的疾病诊断和治疗方法,目前存在四种观点:第一种是主要判断直接目的是否为获得疾病诊断结果或健康状况的方法,专利申请只要表明该目的,则不符合客体要求。第二种是认为计算机实现并且是中间结果无法得出疾病结论,才符合客体要求。第三种是只要是人工智能、大数据实施,则必然仅是中间结果无法得出诊断结论,符合客体要求。第四种是只要是计算机实施,则根据立法本意分析,符合客体要求。

在充分贯彻政策要求,调研产业发展状况,借鉴国外发展经验的基础上,2022 年 10 月的《专利审查指南修改草案(再次征求意见稿)》提出了人工智能医疗的客体审查标准,“全部步骤由计算机等装置实施的信息处理方法,其直接目的不是获得诊断结果或健康状况”。不属于诊断方法,对人工智能医疗方法给予了开放和积极鼓励的态度,如果真正实施后,企业可以利用好产品和方法权利要求实现全方位的保护。

例如,权利要求1:一种通过测量包括基因突变分型在内的临床数据来预测肺癌手术后生存率的方法,包括:数据获取步骤,获取肺癌手术后临床数据;预处理步骤,对所述肺癌手术后临床数据进行分类分组,得到建模组临床数据和验证组临床数据;危险因素筛选步骤,对所述建模组临床数据进行危险因素筛选,得到危险因素数据和总生存期数据;回归分析步骤,对所述危险因素数据和所述总生存期数据进行回归分析,得到回归分析后数据,所述肺癌手术后临床数据包括基因突变分型、年龄、肿瘤大小、淋巴结转移、手术方式,所述回归分析通过以下公式计算……

权利要求所限定的方法与传统的疾病诊断和治疗方法相比,其具有如下特点:(1)方法实施的主体是机器,而非医生;(2)方法是基于海量数据和数学模型的运算过程,而不是医生依据其医学知识和实践进行解释和推理的过程;(3)方法的结果是机器通过学习得到的结果,而非医生作出的疾病判断或者治疗。通过比较可以看出,其不同于传统的疾病诊断和治疗方法,由此可知权利要求的方案的实施过程不会限制医生在诊断和治疗过程中的自由,同时其也可以在产业上加以利用,因此其不属于传统意义上的疾病诊断和治疗方法,不应当依据《专利法》第25条第1款第3项规定的疾病诊断和治疗方法排除其获得专利权的可能性。对于该类权利要求,企业可以在专利申请的权利要求书中撰写一项方法权利要求进行保护。

四、人工智能医疗对于说明书充分公开的特别事项

根据《专利法》第26条第3款的规定,说明书应当对发明或者实用新型作出清楚、完整的说明,以所属技术领域的技术人员能够实现为准。对于涉及人工智能医疗的专利申请中,有一些特殊问题需要关注。

(一)涉及人工智能算法问题

涉及一种人工智能算法时,常见的错误如下:(1)训练数据缺乏。AI的

深度学习必须依赖于数据,数据是AI创造价值的基本要素。需要关注发明创造的方案是否对于训练集和测试集存在潜在要求。(2)网络结构及调整参数不完整。这些也是运行算法的必要条件。(3)硬件条件无法支撑。在一些软件和硬件结合的发明专利申请中,需要充分公开执行或实现AI的硬件,考量硬件是否能承载技术方案实现。

(二)医疗效果证明问题

为满足《专利法》第26条第3款的规定,专利申请人在撰写说明书时应当达到所属技术领域的技术人员按照说明书的记载就能够实现技术方案,解决技术问题并且产生预期技术效果。在人工智能医疗领域,经常会涉及依赖实验结果加以证实的技术方案,因此必要时申请人需要在说明书中记载效果数据来证明真正实现了声称的医疗效果,否则实用新型或者发明专利申请将被驳回。

司法改革

司法公开制度理论与实践发展研究

——以北京法院为视角

北京市海淀区人民法院立案庭课题组*

近年来,随着法治进程的推进和科技的进步,司法公开制度的规则设计与实践操作均有不同程度的提升。本文聚焦北京法院的司法公开实践,对比当前司法公开制度的现状与历史变化,梳理实践过程中的不足,探究问题背后根源,并提出相应的改进建议,以期为我国司法公开制度的发展和完善提供参考。

一、司法公开制度的发展现状与历史变迁

司法公开是指司法机关在履行司法职能过程中,将司法活动中形成的相关信息,通过规定的程序和形式,公开给诉讼参与人和社会公众的行为。随着互联网的快速发展和法治社会的建设,我国已进入全面司法公开时代,司法公开工作的质量和实效迈上新台阶。

---

* 课题组成员:刘伟,北京市海淀区人民法院审判委员会专职委员;郝蓬,北京市海淀区人民法院立案庭(诉讼服务中心)负责人;张志富,北京市海淀区人民法院立案庭(诉讼服务中心)副庭长、副主任;冯文涵,北京市海淀区人民法院法官助理;杨晴,北京市海淀区人民法院法官助理;胡佳欣,北京市海淀区人民法院法官助理。

(一)司法公开制度的发展现状

1. 规范体系

2018 年最高人民法院发布《关于进一步深化司法公开的意见》,全面拓宽了司法公开的内容和范围,规范了司法公开程序,进一步强化组织保障,加强司法公开平台建设管理。2019 年,《最高人民法院关于深化人民法院司法体制综合配套改革的意见——人民法院第五个改革纲要(2019—2023)》提出司法公开的总目标:“进一步深化司法公开,不断完善审判流程公开、庭审活动公开、裁判文书公开、执行信息公开四大平台,全面拓展司法公开的广度和深度,健全司法公开形式,畅通当事人和律师获取司法信息渠道,构建更加开放、动态、透明、便民的阳光司法制度体系。”

为推动司法公开工作向纵深发展,北京市高级人民法院近年来也相继出台了一系列规范制度。《北京市高级人民法院关于人民法院在互联网公布裁判文书规定的实施细则(试行)》进一步细化了裁判文书公开的范围与流程、部分条款的适用范围、不公开文书的范围、公开文书的补正和撤销等内容。《北京市法院审判、执行信息公开范围(试行)》结合北京法院工作实际,以列举形式分别确定向社会公众和案件当事人公开的信息范围,为北京市三级法院司法公开工作提供具体标准和操作指引。《北京市高级人民法院关于商事案件信息公开的规定》明确了商事案件信息公开网站、公开范围、公开周期等内容,从而营造更加公平透明、可预期的营商环境。

2. 实践情况

北京法院司法公开的力度、深度与广度取得了突破性进展,司法公开的规范化、制度化、信息化水平显著提升。北京法院已形成全方位、立体化的司法公开体系,裁判文书公开、庭审活动公开、审判流程公开、执行信息公开四大平台全面建成,北京法院电子诉讼平台实现全业务网上办理。2022 年 1 月至 10 月北京各法院已公开文书数量为 438, 539 件,裁判文书上网率为 98.62%,而 2018 年同期,已公开文书数量为 276, 813 件,裁判文书上网率为 97.92%;2022 年 1 月至 10 月,网上立案率为 45.92%,而 2019 年同期为

13.46%;2022年1月至10月,文书线上送达率为81.97%,而2019年同期为29.52%;2022年1月至10月执行过程视频上传率为9.45%,而2019年同期仅为4.69%。

(二)司法公开制度的演进对比

司法公开制度在形式、内容、对象方面均有不同程度的进步。

1.公开形式更合理

第一,公开平台便利化。近年来,司法公开活动已从传统意义上的卷宗查阅、旁听庭审、公开宣判等"线下公开"拓展到以包括人民法院在线服务平台、北京法院云法庭、裁判文书数据库等为依托的"线上公开",且线上已逐渐成为当今司法公开的主要形式。当前,随着网络化、信息化的发展和普及,过去的报纸、电台、公告栏等公开形式已难以满足人民群众的需求,"智慧法院"的建立和司法公开平台网络化、智能化使人民群众可以通过电脑、手机等工具随时、随地获取司法公开信息。

第二,公开渠道多样化。网络技术的发展助力了司法公开渠道的多样化,除了报纸、广播、电视等传统渠道,裁判文书网、审判流程信息公开网、庭审公开网、执行信息公开网等司法公开网站的建设也逐渐跟进。同时,随着智能手机的普及和各类即时通讯软件的开发,对具体案件和特定当事人的个性化公开渠道相继涌现,人民法院在线服务平台、北京移动微法院等大量应用程序也逐渐成为诉讼参与人获取相关司法信息的重要渠道。

第三,公开需求配置合理化,对接形式科学化。以12368热线为例,专业的司法服务热线替代传统的一对一电话联系,如今诉讼参与人可通过热线反馈问题、提出公开信息需求,由专业接线员集中处理后再进行分流。对于案件信息、承办人姓名等基本信息需求,由接线员直接完成相关信息的公开工作;对于诉讼参与人深层次公开的诉求,则由接线员以派发工单的形式分配给相应法官,由其在规定期限内自主选择电话、短信、网络留言等方式作出回复。一方面,司法服务热线将大部分简单而繁多的司法公开诉求在接线员阶段解决,实现对诉讼参与人的高效回应,既提升了群众满意度,亦能减轻法官工作量;另一方面,这种对接规则亦为法官处理案件、准备答复内容提供了充足的时间,且使法官可以自主选择合适的方式进行回复,提高工作效率。

2. 公开内容更全面

近年来,随着公开程度的深入,司法公开制度已从单一的裁判文书等实体信息公开转变为程序和实体的"双公开"。

第一,程序层面,公开范围更广。《关于司法公开的六项规定》《关于人民法院在互联网公布裁判文书的规定》《北京市法院审判、执行信息公开范围(试行)》《北京市法院执行案件办理流程与执行公开指南》等规范性文件明确了司法公开的范围和标准,细化了公开方式和操作流程,扩大了司法公开的范围,实现从立案、庭审、判决到执行的全流程公开;公开内容也不再局限于裁判文书,实现法官、书记员姓名、联系方式等各类信息全覆盖。

第二,实体层面,公开程度更深。《关于司法公开的六项规定》明确了立案、庭审、执行、听证、文书、审务六个方面全流程信息公开的发展方向,在实体公开方面取得了重大的突破,尤其是在立案和庭审方面,立案审核意见直接同步发送给当事人,便于当事人进行修改或准备下一步诉讼活动。庭审要求全流程录像并公开,使当事人及相关人员对案件的了解不仅局限于裁判结果,还可以通过庭审录像还原整个案件过程。

3. 公开对象更精准

司法公开对象的变化主要体现为普遍性公开与个性化公开的并行。普遍性公开,以"裁判文书上网"为代表,面向全社会公开。个性化公开,指向特定诉讼参与人依法公开与其个人或特定案件相关的司法信息,既包括取号排队、诉费交纳、开庭时间等程序性信息的公开,也包括法律文书等实体性信息的公开。较之面向公众的公开信息,近年来,面向诉讼参与人公开的个性化程度显著提升。依托各类司法公开平台和渠道,立案、缴费、开庭、文书送达、申请执行等活动均已实现电子化同步,诉讼参与人可以第一时间获取与个人或特定案件相关的司法信息,公开信息与个性化对象的匹配度得到较大提升。

二、司法公开制度的价值目标与实践意义

(一)司法公开制度的价值目标

习近平总书记在党的二十大报告中着重强调,“要严格公正司法”,“深化司法体制综合配套改革,全面准确落实司法责任制,加快建设公正高效权威的社会主义司法制度,努力让人民群众在每一个司法案件中感受到公平正义”。司法公开是落实宪法法律原则、保障公民诉讼权利、促进司法公正、保障司法廉洁、提升司法水平的重要手段,更是法治文明和政治文明的基本标志。司法公开制度作为深化司法体制改革的重要举措,肩负着改革成果实实在在让群众看得见、让群众深刻体会到的使命。

(二)司法公开制度的实践意义

1. 保障审判权依法独立规范运行

司法公正是维护社会公平正义的最后一道防线。在司法活动中依法有序地推进司法公开,将司法活动置于阳光下,其重大意义在于“让暗箱操作没有空间,让司法腐败无法藏身”。司法的公开、透明可以保证司法行为依法接受社会监督,审判权依法独立规范运行。全面司法公开,将案件结果以及流程中的每一个节点都予以公开,让公众了解案情,监督案件具体进展,倒逼领导干部和司法工作人员规范自身言行,排除公权力和私权利对审判权的不当干涉,保障法官审判权的依法独立行使,从而促进社会的公平正义。

2. 提高司法的公信力和权威性

司法公开能够增强公众对司法体系和司法裁判的认同感,进而提高司法的公信力和权威性。司法公信力是一个具有双重维度的概念,从权力运行角度是司法权在其运行过程中获得公众信任的资格和能力,从公众心理角度是司法行为所产生的声誉和形象在社会组织和民众中所形成的一种心

理反应。① 培育公众信任和树立司法正面形象对于提高司法公信力至关重要,司法公开将公众的知情权、参与权、监督权真正落实到审判、执行工作的每一个环节中,能够及时了解、积极回应公众对司法的需求和意见,让公众感受到人民司法为人民的真诚。通过对司法过程的公开,保障公众能够拥有获取司法信息的渠道并参与到对司法活动的讨论和监督中,提高公众对裁判的信任。借助信息技术全面推进司法公开,能够增强公众对司法、法院和法官的理解、认同和支持,司法权的正当性和权威性亦能得到充分彰显。

3. 提升公民法治素养

借助各种司法公开机制,能够发挥对社会公众良好的普法宣传教育效果,进一步提升公民的法治素养,为"全民守法"营造更加良好的社会法治氛围。例如,法院通过微信公众号、微博、短视频平台等新媒体讲解实践中的典型案例,这些公开裁判案例使公众在潜移默化中学习法律知识、了解诉讼流程、树立规则意识、提升法律素养。司法公开提升了人民法院司法活动与裁判结果的可预测性,使公众在社会生活中强化自我约束,自觉守法用法,促进法律规则与社会认知的良性互动循环,有助于维护社会的安全与稳定。

三、司法公开制度的不足与新型问题

综观近年来司法公开制度的理论发展与工作实践,当前司法公开工作在公开渠道、公开时间、公开内容等方面存在不足。随着公众个人信息保护意识的增强与社会舆论监督积极性的提高,司法公开制度与二者之间的冲突也引发了一些新型问题。

(一)司法公开制度存在的不足

1. 平台建设的智能化不足

第一,平台建设缺乏统一规划。一是当事人参与诉讼活动全流程需使用多个线上平台,但不同平台数据无法共享和自动匹配,当事人完成全部诉

① 关攻:《司法公信力初论——概念、类型与特征》,载《法制与社会发展》2005 年第 4 期。

讼活动需要在不同的App、小程序、微信公众号、PC端网站之间切换，影响公开的效率和效果。二是各地法院推出并使用自有司法建设平台，导致跨地区的法院系统之间数据无法共享，人为限制了司法公开的范围。三是平台内部信息同步性差，数据无法自动提取、更新。以北京法院“智汇云”系统为例，部分公开信息需要法院工作人员手动录入，缺乏“一键式”“流程化”公开机制，增加了信息公开难度。

第二，平台功能设计存在不足。一是线上平台存在部分功能遗漏、设计烦琐等问题。例如，立案阶段线上小程序首页没有“历史案件”或“我的案件列表”等类似功能，当事人无法直接看到审核法官的审核意见，导致当事人经常误以为法官未答复进而投诉，增加双方沟通成本。二是不同平台界面差异较大，当事人使用时容易出现混乱。如“北京移动微法院”微信小程序、北京法院电子诉讼平台、人民法院律师服务平台等均为线上立案平台，可任意选择其一进行线上立案，因平台设计缺陷，当事人无法区分是否提交材料成功，导致多平台重复操作现象普遍存在。

2. 司法公开进程滞后

对于案件信息本身而言，司法公开应当是从立案到审判再到执行全流程的公开，北京基层法院不同部门均落实了司法公开的要求，在职责范围内积极公开信息。但不同部门工作交接环节的信息存在公开滞后的现象，以立案成功后的信息公开为例，当事人立案后，可以通过立案庭得知案件名称、案号、案由等基本信息，但案件后续进展情况的更新需等待较长时间，当事人往往只能通过电话向立案法官询问案件进展，存在信息公开滞后现象。进入审判程序后，审判信息的公开往往不与操作流程同步，如向当事人双方邮寄开庭传票后，未必会及时将相关信息录入系统中，信息更新速度慢于实际审理速度。

3. 司法公开范围不足

随着当事人需求的增加及新的司法改革举措诞生，司法公开的范围并未完全跟上形势的需要。一是现有规定所涉及的公开范围已无法充分满足当事人以及社会民众的需求。以审判流程信息为例，网上立案平台、12368

诉讼服务热线等方式基本上已经覆盖了立案信息的查询,但是针对当事人进一步了解案件进展情况的需求,在公开渠道和公开内容上均存在不足。二是部分规定不够细化导致公开范围不足,且司法公开的范围与现有审判工作尚存差异。以司法鉴定为例,在互联网技术支持下依托诉服一体化建设平台,北京基层法院可以将当事人的鉴定申请、鉴定材料等直接委派至北京市高级人民法院名册中的鉴定机构,但对于何时能够鉴定、鉴定周期多久、鉴定结果何时出具等当事人较为关心的问题,当事人能够获取的公开信息却十分有限。

(二)司法公开制度导致的新型问题

1. 司法公开与个人信息保护之间的利益难平衡

司法公开有利于民众了解相关信息,增强法治意识,从公共角度讲,司法公开的范围越大越好、司法公开的内容越详细越好,但司法公开在某些情况下与信息主体的个人意愿相悖,甚至会站在个人隐私权的对立面。公共利益与个人利益冲突在司法公开中表现得尤为突出,个人作为诉讼主体时,往往出于保护隐私的考虑不希望信息被公开;但当个人作为关联性案件主体或关注者时,则又希望司法信息能够被最大化公开,以便参考借鉴或进行监督。因此,如何化解好司法公开和个人信息保护之间的冲突,是司法改革过程中面临的重要问题。

第一,司法公开范围界定不明。例如,我国《宪法》《刑事诉讼法》《民事诉讼法》等均规定以公开为基本原则,以不公开为例外。其中不公开的规定主要涉及个人隐私、商业秘密和国家秘密等情形,但"商业秘密"等定义和范围尚缺少明确界定,导致实践中司法公开尺度不一,因此在信息公开过程中认为自身利益受到了损害进而引发的投诉不断上升。

第二,公共利益与个人利益冲突明显。一方面,司法公开对社会层面而言利大于弊,更多民众能够了解到不同类型案件信息、查询到不同类型案件的裁判情况,并通过公开信息寻求自身问题最优解;同时,司法公开向社会敞开了监督之门,更多民众可以作为监督者,监督司法案件的审理,确保诉讼公平。另一方面,公民在成为诉讼主体时,出于对个人利益的保护,往往抵触信息公开。虽然现有的文书制作系统会自动将当事人姓名、家庭住址、涉案房屋地址、联系电话等信息隐去,但案件当事人仍会通过各种方式、寻找各种理由申请不公开文书。

第三,对涉案当事人信息保护的补救措施操作性不强。这项制度有利于个人信息的后续补救和保护,但在撤回的标准上缺乏具体的细则,如“其他特殊原因”在实践中难以把握和判断,导致裁判者往往迫于公开的压力而并不适用该条款。

2. 司法公开与媒体舆论监督的矛盾

舆论监督是司法公开的目标之一,司法公开工作的推进必然引发更全面、更深入的舆论关注。一方面,司法公开有利于人民群众充分行使知情权和监督权,提高其对国家大事和社会热点话题的积极性与参与感,亦能达到一定的普法效果;也有利于司法机关在社会关注和舆论环境下依法行使权力,充分了解社会现实和民意走向,同时通过网络传播等舆论渠道提升司法效能,提升司法活动对社会行为的教育和警示作用。另一方面,二者之间的限度若控制不当,亦可能对司法活动造成不当的冲击和影响。

第一,不当的舆论传播妨碍司法活动进程。在社会舆论的过分关注下,一些案件可能未进入司法程序便被广泛讨论,一些不合时宜的信息可能被提前公开,部分当事人甚至通过偷拍、偷录后剪辑、拼接,制造话题,恶意炒作,可能使办案机关迫于舆论压力而被迫调整审理流程,从而影响司法机关工作的正常开展。

第二,过度的舆论压力会给审判人员造成困扰。在互联网技术普及的当下,过分的舆论施压容易给司法机关和法官个人造成不当的压力和困扰,进而影响司法裁判的公正性与独立性。一方面,过分舆论关注之下,公众可能因为情绪冲动或猎奇心理,实施“人肉搜索”等不当行为,严重侵犯诉讼参与人甚至法院工作人员的个人信息权益,给相关人员的人身安全等造成不当风险。另一方面,纷繁复杂的舆论可能放大了“多数人的声音”而掩盖了“少数人的呐喊”,影响案件的走势,给司法机关查清事实、公正裁判造成阻碍。且一旦舆论影响过大,则可能给社会造成“信法不如信访、信访不如信网”的错误导向,让司法审判变成“舆论审判”。

第三,案件过度舆论化可能降低普法功能、损害司法权威。当司法公开信息进入社会舆论领域时,司法机关对于信息的控制程度逐渐弱化。其一,民众往往更加关注八卦新闻而忽略法院查明的事实真相,更加关注判决结果而忽略裁判观点和法律依据,而媒体制造舆论的目的更多是热点流量而非事实真相,更多是民众想要了解什么而非司法机关要表达什么,导致舆论偏离普法的轨道。其二,舆论的自由性和戏谑化可能使大量不实信息、不当观点浑水摸鱼,如“刘鑫案”中,部分网民趁机博取关注,煽动舆情,影响民众对案件的全面认知和自主判断,妨碍普法工作的开展。当判决结果与公众舆论不一致时,因前期民众的信息来源渠道更多是经过加工的舆论新闻而非原始司法公开信息,部分民众对判决结果不满,损害司法权威。

四、司法公开问题的原因剖析

司法公开制度的不足与实践中所涌现出的新型问题,与制度建设、主观认识、宣传力度等方面均存在密切关联。

(一)公开制度配套规则不健全

司法公开制度的配套法律法规不够完善、公开事项缺少可以落实的具体规定、现有规定无法满足新形势,导致公开时间滞后、公开范围不够广泛、当事人个人信息得不到有效保护。

1. 缺乏配套的细则

在司法公开的多个环节中,均存在相关规定用词较为模糊、例外情况难以穷尽式列举的现象,导致实践中操作性差。以公开时限为例,相比于2013年最高人民法院发布的《关于推进司法公开三大平台建设的若干意见》,2018年最高人民法院发布的《关于进一步深化司法公开的意见》增加了司法公开的时限要求,但仍有待进一步明确。该意见明确了司法公开应“坚持及时公开。严格遵循司法公开的时效性要求,凡属于主动公开范围的,均应及时公开,不得无故延迟。有明确公开时限规定的,严格在规定时限内公开。没有明确公开时限要求的,根据相关信息性质特点,在合理时间内公开"。司法公开的原则是坚持及时公开,针对有具体公开时限要求的,应按照规定执行,如裁判文书的公开,应根据《关于人民法院在互联网公布裁判文书的规定》,在裁判文书生效后7日内将其传送至中国裁判文书网公布。没有具体公开时限要求的则应根据具体情况在合理时间内公开,"及时""合理时间"等词本身较为模糊,缺少具体操作标准,实践中"合理时间"主要由司法工作人员结合具体情况判断并落实,往往会导致信息公开时间与当事人预期差距较大,影响公开的效果。

2. 现有司法公开制度对新形势的适应性不足

司法公开工作在取得显著成效的同时,也存在对新形势适应度不足的问题。一是司法公开工作暂无独立工作机制,目前司法公开工作仅由审判人员在工作之余完成,并无专门性的工作机制及配套人员,不利于司法公开工作深入推进;二是诸如"诉前调解"等特色制度的出现,也需要及时配套相应的司法公开规定,否则新的制度将游离在司法公开制度之外,影响司法公开的完整性,而当前的司法公开制度未能及时更新并配套新出现的规定,导致公开范围受限。

(二)工作人员主动性有待提升

法院案件量逐年增多,在案多人少的情况下,法官往往忙于结案、疏于信息公开。但当事人乃至社会公众对于司法公开的需求与日俱增,部分工作人员对于司法公开,尤其是审判流程公开的重视程度不够,认为案件只要公正审理、程序和适用法律合法即可,司法公开只是锦上添花而非必须。另外,舆论监督给审判活动带来的压力也使部分司法工作人员对司法公开工作产生排斥心理,为防止不当舆论炒作,可能出现拖延公开或以不宜公开为由申请裁判文书不上网等回避公开的情形,如仅选取案情简单、事实清楚的案件进行庭审直播,而未充分、及时跟进具有典型性、新颖性、社会关注度高的案件的司法公开工作。

(三)公开平台的宣传力度不足

新型公开平台主要以网站、小程序、应用软件等形式呈现,但因对系统使用方式的宣传、推广力度不足,导致当事人在自主摸索或学习掌握这些平台的正确操作方式上存在困难。以群体性案件为例,有群众自发在网上发布“立案攻略”等信息,若此类“立案攻略”等帖子中存在疏漏或错误,大量当事人在具体操作过程中则会出现相同的错误,立案法官们只能逐一审核并提示当事人补充材料后再次提交,增加了当事人和法官的沟通负担。若此类问题由法院以《立案须知》等形式通过诉讼宣传手册、公众号推送、官网通知等形式及时公布,则可有效避免发生此类群体性错误。

五、司法公开制度的改进路径

针对当前司法公开制度的问题及其根源,应从制度与规则、考核与监督、技术与反馈、宣传与指导四个方面进行改进。

(一)完善制度建设,细化公开规则

1. 细化公开标准,明确信息公开边界

进一步明确和细化各类信息的公开标准,如法院领导、审判人员、行政人员等司法审判相关人员的信息需要公开到何种程度,可以参考政务公开清单管理模式,结合司法活动现状,每年对司法公开清单进行更新,明确公开要素、公开方式、公开主体、公开时限等。

2. 进一步完善司法公开制度下的信息保护制度

第一,进一步细化《北京市高级人民法院关于人民法院在互联网公布裁判文书规定的实施细则(试行)》《北京市高级人民法院审判流程管理办法(试行)》《北京市法院审判、执行信息公开范围(试行)》等制度,将保守国家秘密、个人信息保护等内容纳入其中,规范司法公开工作。

第二,细化对文书公开后撤回的评估标准,建立法定的公开后果预先考察流程,即法官在决定案件是否公开前,应主动依职权预先考察案件公开对

于各方当事人的影响，赋予当事人申请不公开的权利，明确可以撤回相关文书的具体标准。

第三，针对人民法院的庭审网络直播，可以出台统一、规范的规定，对各地庭审网络直播进行统一管理，避免出现各地法院庭审直播质量参差不齐等现象。

第四，建立健全数据反馈及分析机制，定期对公开信息进行数据分析，跟踪信息公开后的效果，根据实际情况灵活调整信息保护的力度，形成司法公开与信息保护之间的良性促进式发展。

3. 完善部门间司法公开工作的合作机制

针对不同部门间的工作交接环节，可以根据不同部门特点，明确权责划分、方便信息互通，促进司法公开工作与当事人需求的深度对接。例如，建立统一的信息平台，提供进度条式的查询服务，使当事人能够随时了解自己案件的信息。

细化内部分工，使技术问题归技术人员处理、法律问题归审判人员解决，将法官从事务性工作中剥离，由专门人员负责司法公开工作。通过在小程序中设置人工客服、在 12368 热线中开辟技术指导服务板块等方式，让具有专业知识储备或熟练使用各类线上平台的技术人员直接与当事人沟通、专门解决诉讼参与人的问题，从而减轻审判人员司法公开工作的负担，提升司法公开的效率和专业性。

（二）完善监督机制，纳入考核体系

将司法公开纳入法院绩效考核体系。细化考核指标，将文书的公开率和及时率纳入考核范围。对于审判流程的公开，立案阶段应注意立案材料准备指南、诉讼费缴纳方式和标准、立案审查意见、案件流转信息等内容的公开，审判阶段应注意开庭公告、庭审直播信息、承办法官联系方式等内容的公开，执行阶段应注意执行标的、执行进展、失信被执行人信息等内容的公开。以此为基础，将公开责任落实到个人，对裁判文书和审判流程信息公开进行考核，并建立个案公开考察标准，将相关公开内容纳入到法院和法官个人绩效考核体系中。

(三)设置专项资金,跟进技术支持

1. 统一平台建设

第一,划拨司法公开建设专项资金,统筹规划,科学分配资源,裁撤重复、不兼容的跨地区、跨部门平台,提供简约、高效、专业的“一站式”诉讼服务平台。

第二,继续加大资金投入、加强平台对接,打破现有平台之间的技术壁垒,打通信息共享渠道,实现“1+1>2”的技术效果。例如,增设各平台之间跳转链接,全面联通诉前调解、诉讼服务、文书公开、庭审公开、审判流程公开、执行信息公开等平台,使当事人点击链接即可实现平台跳转,无须互联网多次检索。

第三,加强内外网衔接,保障信息更新与同步的时效性。及时全面地将各项审判流程节点信息录入案件信息管理系统,强化法院内部系统与司法公开平台的对接,提前设置公开的范围与标准,实现内外网数据同步更新,确保信息公开准确、及时。

2. 完善平台建设

第一,加强平台建设,持续更新平台功能。开通反馈渠道、建立反馈机制,定期收集当事人、法官、其他诉讼参与人以及社会公众对平台的需求和建议,及时完善现有平台的功能,优化交互系统,修补程序漏洞,增强平台信息承载能力,建成稳定可靠、功能完备、操作便捷、设计人性化的司法公开平台。

第二,优化数据利用机制,加大资金投入、充分挖掘数据价值。借助区块链、大数据、云计算等技术存储、挖掘、分析、整理、加工司法数据,不断提高信息公开的精细化程度,形成兼顾质量和效率的智能化公开机制。

(四)加大宣传力度,优化在线指导

第一,完善司法公开制度的宣传机制。在各项司法程序开始之前即向

诉讼参与人告知相应的司法公开制度规定,充分保障当事人知情权。注意宣传时效,除了对于具体案件和特定当事人的事前告知,同时跟进面向社会的普遍性公开制度宣传工作,尤其注重所宣传内容的时效性和准确性。第二,提高线上操作系统的宣传力度。更新、完善《立案须知》等书面指导材料,在小程序、网站等平台的显要位置进行公告,实现"让数据多跑路,让群众少跑腿"的司法服务新理念。

已终本执行案件后续办理规范化研究

高　明*

引　言

由于社会经济发展的不平衡，市场交易风险的客观存在以及被执行人失去履行能力等原因，申请执行人（债权人）的债权无法得到清偿，司法实践中产生了大量无财产可供执行案件。这类案件如果无法退出法院的执行程序，就会带来严重的执行积案问题，耗用大量执行资源。终结本次执行程序（以下简称终本）就是中央政法委、最高人民法院在各地方法院不断摸索的基础上总结创造出来的一种解决上述问题的制度安排。① 但终本只是一种对于暂时"执行不能"案件的程序性结案，申请执行人的胜诉权益并没有得到兑现，所以"终本"不是终局实体结案。因此，对于执行案件什么情况符合"执行不能"可以终本，以及终本后如何恢复执行是终本案件的两个重要节点，即终本结案和终本后续办理。由于结案标准过于宽泛，执行案件终本结案被滥用情况很普遍，这一问题一直被社会各界诟病。最高人民法院于2016年颁布了《关于严格规范终结本次执行程序的规定（试行）》（以下简称《终本规定》）对规范终本提出了明确的要求，为终本结案规定了严格的程序要件和实质要件，基本从源头遏制了过去长期存在的"终本结案不规范"问

---

* 高明，中央司法警官学院讲师，法学博士，管理学博士后。

① 详见《中央政法委、最高人民法院关于规范集中清理执行积案结案标准的通知》（法发〔2009〕15号），2009年3月19日发布。

题，但对于执行案件终本后的办理并没有十分明确的规定。实践中执行案件终本后的办理仍存在诸多问题，严重影响了执行工作整体的规范化发展和法院的司法形象和公信力。

一、终本案件后续办理实践中存在的问题

目前实践中，大多数法院对执行案件终本后续办理没有进行专项管理，执行案件终本后包括恢复执行在内的工作仍由原承办法官负责，我们可以把这种办理模式定义为“分散管理式办理”。在案件量不是很大的情况下，本着“谁的孩子谁抱走”的原则，倒逼承办人审慎终本结案，这种对本人承办的案子负责到底的做法有一定的合理性。但面对不断上涨的首执案件数量和日益增长的执行终本案件恢复执行需求，这种“分散管理”模式在执行案件终本后的办理中的不规范问题就凸显出来。其主要体现在：

（一）法官办案指导思想不够端正，办案效果与人民群众的期待有很大距离

终本的案件一旦有财产线索就需要恢复执行，如前文所述，“分散式管理”模式下终本案件的恢复执行仍是原承办法官负责，而部分执行法官仅以首执案件结案指标为指挥棒，缺乏切实为民实现权利的宗旨意识，天然地对于终本恢复案件有排斥情绪。甚至有些承办法官错误地认为终本案件恢复工作是“额外”工作，只有首执案件办理是“分内事”，对于当事人提出的终本恢复申请，想干就干一点，不想干就放着。即使很多承办法官能够认识到终本恢复是“分内事”，实践中也常为了考核需要，一般是先办“首执”后办“恢复”，而且“恢复”案件在前期办理差不多的情况下或被执行财产司法拍卖前才正式立“执恢”案号，以确保恢复案件进入执行办案系统后能及时结案。但这种“司空见惯”的“弹性”操作本身就存在一个大的问题，因为新收的首执案件在系统中是有登记的，承办人面临新收案件结案和审限的压力，会本能地把还没有恢复的终本案件的恢复工作缓办。这就造成了没有“执恢”案号的需要恢复的终本案件大量囤积在承办法官手中，不立“恢复”案号，体外

循环,不受监督,承办法官办理终本案件恢复的随意性较大,容易形成权力寻租的空间;另外,如果原承办法官调离执行或离职,申请执行人提出恢复执行申请后没有法官来办理,即使分配新的承办法官,由于新承办法官对过去案件情况不熟悉且没有案号,也会造成迟迟不立案等拖延情况。这会给当事人造成“终本后就很难再恢复执行”的观感,致使申请执行人非常被动和无奈,往往谈“终本”变色。

(二)管理秩序不够健全,无法满足现代化执行管理的需求

2021 年 1 月 1 日至 11 月 15 日,全国法院执行结案 613.7 万件,终本案件占结案数比例为 43.71%,[①]这样计算,2021 年前 11 个月全国新增终本案件就有 268.24 万件。最高人民法院曾有统计,法院每年新收执行案件的 40% 会以终本方式结案。这也就意味着终本案件的数量以几何级方式增长,仅凭每个承办法官的“分散式”管理必定难以适应如此庞大的新增终本案件。但很多法院对于终本案件的管理尤其是终本恢复案件的管理工作重视程度远不如首执案件,虽然最高人民法院和各省高级人民法院都建立有终本案件库,但终本案件仍存在底数不清的问题,尤其是已执行金额、已查控未处置财产等关键信息缺失。另外,终本案件恢复后的执行到位率不高,很多终本案件恢复后无法一次性实际执结,案件不得不再次终本。这种不断终本与恢复执行会导致案件信息“碎片化”。一个执行案件经过多次执行,尽管每次执行到部分财物,由于未能完全执行到位,还得以终本方式程序结案,而每次终本后恢复都是一个新的案号案件,导致同一案件的碎片化越来越多,再叠加承办人更替等因素,后续的执行案件承办人对于该案究竟经过几次执行、已经执行到多少款项,是否有减免等情况都不是很清楚。尤其是同一个当事人存在多个执行案件的情况下,更容易出错。目前,已有部分法院尝试建立对终本后续办理的专门管理工作,但也都处于探索阶段,做法不一、标准不同。

---

① 2021 年 11 月 23 日,最高人民法院介绍全国法院整治年底不立案新闻发布会上的数据。

二、终本后续办理不规范的原因剖析

(一)终本制度的先天不足使终本后续管理缺乏明确依据

作为一种程序性结案方式,“终本”既考虑到被执行人的确无执行能力的实际情况,还能给申请人以恢复执行的希望,缓解申请执行人的不满情绪,同时一定程度减轻法院执行工作的压力,具有一定的积极意义。虽然有专家认为从《民事诉讼法》关于终结执行的规定中可以推出终结本次执行程序制度,将《民事诉讼法》中“人民法院认为应当终结执行的其他情形”视为终结本次执行程序在立法上的依据。① 但这种扩大化解释还是比较牵强,“终本”无法包括于“终结执行”中,其仅终结“本次”执行程序,终结的是一个执行案件的其中一次程序。目前,关于“终结本次执行程序”最高位阶的法律渊源是《最高人民法院关于适用〈中华人民共和国民事诉讼法〉的解释》,而《民事诉讼法》规定的结案方式中并没有“终结本次执行程序”,严格意义上讲,“终结本次执行程序”并非严格意义上法定的结案方式。因此有学者对“终本”的正当性提出质疑,认为终本使原生效法律文书确定的履行义务成为纸上的义务,当事人的合法权益没有得到真正意义上的保护,有损法律的尊严。② 还有的学者指出,《民事诉讼法》没有规定终结执行的案件可以恢复执行,适用终结本次执行程序的案件可以恢复执行,与立法不合。③

过去,“违规终本”的大量存在使“终本”制度一直被当事人误认为是法院为了结案而甩案子的做法。由于缺乏上位法的支撑和“前瞻性”考量,就只能采取“头痛医头,脚痛医脚”的“补救式”规范。为了解决“终本结案”的规范性问题,防止不当适用、扩大适用、随意适用等滥用终本结案问题,最高人民法院先是出台了《终本规定》,后又发布了《关于进一步规范近期执行工作相关问题的通知》,对“终本结案”这一关键节点进行监管。但对于“终本

---

① 黄金龙:《终结本次执行程序的理解与适用》,载《人民法院报》2009 年 4 月 24 日,第 6 版。

② 谢辉:《用好“终结本次执行程序”》,载《人民法院报》2012 年 8 月 7 日,第 2 版。

③ 百晓锋:《程序变革视角下的终结本次执行程序制度——以〈民诉法解释〉第 519 条为中心》,载《华东政法大学学报》2015 年第 6 期。

结案的后续办理”这一节点,因没有明确的规范,无章可循,不同法院甚至同一法院的不同法官对于终本结案的后续办理都会有不同的做法,就产生了诸多不规范的问题。

(二)拟终本案件的结案管理的落实还不是很到位

2018年“基本解决执行难”提出的四个目标中有一个目标就是无财产可供执行案件的结案合格率达到90%,通过执行办案系统节点管控可以实现对终本合格率的考核,过去违规终本的情况得到了很大的改善。虽然执行办案系统已经可以实现案件流程节点信息化管理,一定程度上实现了终本案件结案的事前管理,但该系统仅限于对程序要件即节点程序的管理,有些程序要件仍无法核实,所以仍有大量“符合流程节点监控”但仍然属于违规终本的案件。另外,流程节点管理无法触及实质要件,因为实质要件的认定具有一定的主观性。例如,《终本规定》中要求“穷尽财产调查措施,未发现被执行人有可供执行的财产或者发现的财产不能处置”,节点管理只能获取是否进行了网络财产统查,而无法就是否针对其他财产进行了查找工作进行核实,导致执行当事人和执行法院对是否有可供执行财产的认定产生分歧,而就“发现的财产能否处置”的认定更是导致部分案件带财产终本。这就给终本案件后续规范化办理留下了隐患。

(三)终本案件的事后管理机制没有建立

这是执行终本案件后续办理不规范的“核心”原因。从以下几个方面详细阐述:

1. 没有形成终本管理需要的终本案件库

虽然按照《终本规定》第12条,“执行法院应当在七日内将相关案件信息录入最高人民法院建立的终结本次执行程序案件信息库,并通过该信息库统一向社会公布”,但这一规定的目的主要是供对外简单查询和公示使用,并不能完全适应终本后续管理的需要。例如,在现有录入模式下,有财产暂时不能处置而终本的案件和无财产终本的案件并不能在目前的信息系统中得到区分，这就无法实现终本案件后续的分类办理。

2. 终本案件恢复执行适用标准不明

恢复执行是终本程序的特色设计，《终本规定》第9条规定了依申请和依职权两种启动方式。一种是由申请执行人向法院提供被执行人的财产线索来启动；另一种是在终本裁定作出后的5年之内，网络查控系统每6个月会自动查询一次债务人的财产状况，如果从6个月一次的查控活动中发现被执行人财产达到恢复执行条件的，可以由人民法院依职权恢复执行。但启动恢复执行程序需要由申请执行人提供财产线索的标准以及法院启动恢复执行程序的条件等问题，相关条文并未明确，这对恢复执行的实践操作造成困难。适用标准不明一方面会导致前述的消极"恢复"问题，另一方面会导致"恢复"被"滥用"。例如，实践中有些申请执行人作为信访人的执行案件并无新的财产线索，明显不符合恢复执行条件，法官仍立"恢复"案件进行一次财产统查后，将再次统查无财产的情况告知信访人，以此方式化解信访。

综上，恢复执行的标准一旦缺失就会导致难以统一适用、尺度不一，恢复执行的制度设计不仅难以发挥作用，还可能会造成司法实践的混乱、降低工作效率。

3. 缺乏与当事人的有效沟通机制

虽然《终本规定》第9条第2款规定，"终结本次执行程序后的五年内，执行法院应当每六个月通过网络执行查控系统查询一次被执行人的财产，并将查询结果告知申请执行人。符合恢复执行条件的，执行法院应当及时恢复执行"。但据了解，这一项制度落实得并不是很好，案件一旦终本原承办人在执行办案系统中看不到案件的信息，也不清楚后续统查情况，申请执行人更是不知道是否有查询以及查询结果，法院告知其结果更是无从谈起。申请执行人问原承办法官，法官答复其也不知道统查结果。这更是加深了申请执行人对法院"一终了事"的感受。

（四）现行执行质效体系没有形成正向激励

执行案件终本后，会有一部分案件以恢复案件的形式重新启动执行程序,在现行执行考核指标中,目前有两项指标与其直接相关,分别是执恢案件执行完毕率和执行到位率。从数据层面来看,这种考核标准符合实际需求,但在实际操作中并未形成正向激励。例如,临近考核周期结束时,执恢案件的立案和必要的办案周期会明显拉低两项指标的得分,为将这种影响降到最低,在临近考核的时间点上就可能出现为了指标而暂缓立案的情况,考核指标的"非正向激励"是产生前述"终本案件恢复体外循环问题"的一个重要原因。

这对普通民众而言,最直观的感受即为恢复执行立案难,使当事人误以为法院和法官是怠于为自己解决问题,对法院的社会形象以及舆论导向都有消极影响,也是执行的信访隐患点。

(五)执行救济无法替代执行管理

执行分权改革的一个重要目的是通过执行审查权对执行实施权进行监督,以实现执行行为的规范化。目前,通过执行行为异议等执行救济途径可以一定程度实现对违规终本的救济。但是执行救济有其局限性。首先,以执行异议为代表的执行救济路径具有被动性,只能通过当事人或利害关系人的申请发起,如通过对终本结案的方式提出异议。如果当事人超过了期限没有提出异议,则无法启动救济程序。其次,执行救济属于"事后监督",本身就有一定的滞后性,只能在相关执行行为侵害到当事人或利害关系人利益时才能介入。最后,执行救济属于个案监督,即使一个执行行为被撤销,也很难对这一类行为起到规范作用。因此,执行救济并不能实现全程、主动、系统地对终本案件后续办理进行规范化的管理。终本案件后续办理应属于执行管理的一个重要内容,执行管理和执行救济既相互独立又相互关联,二者在规范执行行为的功能上是重合的,但执行管理多在于事前,更有效率,可以克服执行救济的局限性。

(六)终本案件没有一个明确的永久退出机制

终本制度建立的初衷就是解决无财产可供执行或者发现的财产不能处

置案件退出执行程序的问题,是给执行法官减负。但实际上,终本案件一直是执行法官背着的巨大包袱。据了解,每个在执行一线工作5年以上的承办人,都背了很多已报结但实际未实结的案件,其中主要是终本案件。终本制度实质上并未实现对执行法官的减负,反而让这个包袱变得越来越大。

根据《终本规定》,法院每半年一次的网络查控只持续5年时间,仅仅依靠申请执行人查找财产线索恐怕也是比较困难的。目前执行转破产制度的衔接一定程度上给了被执行人是公司的终本案件一个退出机制,但实际运行效果并不理想。另外,个人破产制度的缺失导致现有终本制度不足以应对数量庞大的以自然人为被执行人的终本案件。终本案件如果既不能通过恢复执行制度解决也难以在破产制度中得到解决,就没有了任何出口,将一直以终本案件的形式存在。如果终本案件无期限地积压在法院,无论是“分散式管理”还是“集中式管理”都难以得到解决,则将产生很多不利的后果。一方面,终本程序需要遵循执行效率的原则,如果一个案子的执行期限不定,过多的执行案件会占用大量的司法资源;另一方面,对于申请执行人而言,如果许多已经确权的裁判文书无法得到强制执行,即使在往后拖延的漫长不确定期间内最终实现了债权,由于没有及时实现权益,对于当事人来说也是不公平的。

三、终本案件后续办理规范化的思考与建议

终本案件后续办理不规范问题的原因归纳起来就是传统办案模式和管理方式不能满足执行工作现代化发展的需要。想要走出困境,一是要变革传统办案模式,以集约化替代分散式作业,向新执行办案模式要效率。二是创新执行工作管理方式,以精细化替代粗放式管理,向新执行管理方式要效果。笔者尝试从以下几个方面提出完善意见:

(一)通过立法完善终结本次执行程序

目前,《民事强制执行法》已列入全国人大常委会审议日程,《民事强制执行法(草案)》(以下简称《草案》)已向社会公开征求意见,《草案》第80条

已明确规定了“终结本次执行程序”。建议以此为契机,在《民事强制执行法》中明确“终结本次执行程序”是“执行不能”案件的法定处理程序的法律地位。

《终本规定》对于终本结案已建立了比较完备的标准,《草案》中对《终本规定》确定的结案标准进行了吸收并保留了“已依法采取法律规定应当采取的其他执行行为”的立法空间。建议在此基础上针对实践运行中的一些新问题新情况对相关标准进行修订,对实践中的经验做法进行总结。例如,《草案》中将已在多地实践并取得一定实效的“律师调查令”制度作为一种法定的财产调查手段,未来就可以充分发挥其在调动申请执行人参与财产调查的积极作用。又如,对于“被执行人下落不明的,已依法予以查找”要件的落实,可以将目前各地法院“政法协同”的做法予以固定,发挥执行联动优势,把公安机关配合查人找物作为一项“应当采取的其他执行行为”。

(二)明确恢复执行的具体标准

终本后恢复执行的具体标准语焉不详是终本后续办理规范化的最大障碍。终本案件实质上未彻底执结,终本后再恢复执行就是为了保障当事人权利的最终实现。如果能够申请恢复执行的数额较低,最后无法执行到位却只能再次裁定回到终本程序,难免会造成司法资源的浪费;如果标准较高,要求申请人提供十分详细明确的线索,则对申请人的要求过于严格,因为申请执行人对被执行人财产的查找要受到种种条件的限制。实践中申请人自主发现被执行人拥有财产的可能性较低,即便目前执行信息化建设得到了加强,申请执行人想要深入查询依旧很难,大多数案件还是需要法院执行人员主动介入。明确的恢复执行条件可以有效地调动申请执行人的查证动力,也可以减少法院执行人员的自由操作空间,使终结本次执行程序运行规范化。在终本案件中,对于依申请、依职权恢复执行的情况,应当明确申请执行人发现的财产能够清偿债务的占比和证明程度,增强实践的可操作性,合理规定法院对当事人提供财产线索的处理方式,发挥法院在查控财产方面的积极作用,对满足相关条件的案件应明确恢复执行的时限要求。部分地方法院先行先试,制定了明确恢复执行的审查程序和标准的规范性文件。

在此基础上,结合考核指标,建议借鉴诉前调解机制,编立“预恢”案号,将终本案件的恢复工作纳入考核管理,具体模式将在第(五)部分详细阐述。

(三)加强执行案件终本结案的核查

面对案多人少压力和年底冲刺结案任务,实践中扩大化适用终本的现象仍然存在。终本结案的质量直接影响后续办理的效果,要实现终本结案的后续办理规范化,终本结案之前的管理也是非常重要的一环。因此,要严把终本结案关,让不符合终本条件的案件不能得到结案审批。这是保障终本案件质量、维护当事人权益的关键步骤。

笔者考察了多个法院对于终本结案核查的经验做法,大致分为以江苏省南京市中级人民法院为代表的上提一级审批模式、[①]以北京市东城区人民法院为代表的院内设专人核查模式两种。[②] 两种模式主要还是基于人工的手动核查模式,虽然可以提高终本结案的规范性,但无形中使本就“捉襟见肘”的执行人力资源再次分拆。在现有“案多人少”矛盾没有得到很好缓解的情况下,建议借力“智能化”,开发“终本结案智能核查”系统,构建“智能+人工”双核查模式更具有可持续性。“终本结案智能核查”系统在现有的执行办案系统的基础上要设置更加科学的核查事项,比如车辆被查封后,3日内通过政法协同申请实际扣押,否则风险提示;对执行办案系统中执行日志及电子卷宗中关键词“保险、车、房、公积金、有价证券、理财产品”进行自动检索,如有类似字样自动发起报警,对承办法官进行风险提示,最大程度地减少带财终本现象。就“人工核查”部分,笔者提出“执行团队自我核查+院庭长监督复查+审管部门执行指挥中心抽查+卷宗归档普查+上级法院督导检查”的审查方案,即每个执行团队专门设置一人作为终本结案核查员,

---

① 褚红军、夏从杰:《终结本次执行案件的管理经验》,载《人民司法(应用)》2018年第13期。

② 高明、靳欣:《实现未实际执结案件的有效管理》,载《人民法院报》2019年5月8日,第7版。

主要负责核查本团队拟报终本结案的案件。对符合条件的签字确认,对不符合终本条件的写明理由退回,由案件承办人补充采取执行措施后再次提交核查。院庭长通过对电子卷宗的审查实现对拟终本案件财产查控、被执行人查找、终本理由和终本程序等节点的监督把控。审管办或执行指挥中心对已终本案件的电子卷宗定期抽卷检查,对于经执行团队自我审核结案的终本案件,一旦"智能核查系统"发现存在不合格或瑕疵的情形,经人工核实确属终本不合规,不仅要追究承办法官的责任,还要追究院庭长监督不严格的领导责任,切实强化审批责任心,提高终本结案质量。另外,上级法院要充分发挥监督指导职能,结合执行信访线索对辖区法院的执行终本案件进行督导检察。

(四)实现终本案件的专项信息化管理

新收执行案件和终本恢复案件混合交叉弊端明显,要实现执行终本案件的后续办理规范化,应该就终本案件结案后的工作加强专项管理。笔者考察了多家法院就终本案件单独管理的做法,大多是单独成立终本执行团队专门办理终本案件后续工作。这种模式的好处是专人负责执行案件终本后续的工作,打消当事人"终本后没人管"的顾虑,同时将执行实施团队从终本案件中彻底解放出来。但很多法院在试行了一段时间后,又相继取消了单独的终本执行团队。因为这种模式一方面对于本就人数"捉襟见肘"的基层法院执行团队无异于拆东墙补西墙,另一方面单独组建终本执行团队还会面临考核难题。单独组建终本管理团队在人员充足和单独考核标准完善的前提下,无疑是解决执行终本案件后续处理规范化的最佳选项,但在现阶段条件还不是很成熟。

终本案件后续管理的要点在于抓住终本恢复工作这个核心点,应充分发挥执行指挥中心的优势和借助信息化管理手段,由执行指挥中心设专人管理终本案件。要搭建可视化"终本案件管理平台",对接现有执行案件系统,对已录入平台的案件信息进行汇总统计,按照无财产可供执行案件、发现的财产暂不能处置、部分执行后终结本次执行程序等原因分类建立数据库。按照是否恢复执行，恢复执行后是否执行完毕的标准对数据库实行动态“可视化”管理。在终本结案前由执行实施团队录入申请执行人手机号，对于查控系统反馈每6个月的查询结果，无论有无结果均应通过平台以短信方式自动告知申请执行人，以便其知晓在案件终本后法院仍继续在工作。同时，根据不同检索要求，开放“终本案件管理平台”对内对外不同权限层次端口，对内实现对全院执行队伍或者某个执行团队一定周期内的终本案件数、当日新增终本案件数等实时查询，对外开放申请执行人查询权限，实现申请执行人对其案件终本后的情况随时了解。在依职权发起财产统查的基础上，专人定期接待申请执行人的恢复申请，并就财产线索及时调查核实，如不符合恢复条件，书面告知其提出异议的救济途径。如符合恢复条件，恢复执行。

另外，推广“电子卷宗随案同步生成”的无纸化归档模式，形成单独的“电子终本库”，将同一执行依据下的执行材料全部汇入，解决因人员调换等因素致使材料“归集难”的问题，同时建立当事人登录接口，申请执行人可以通过手机端查询本人案件的相关材料。

终本案件专项信息化管理可以实现终本案件后续办理从卷宗公开、执行规范公开、日志公开到执行现场公开的全流程执行公开，对内完善了终本案件的管理，对外保障了当事人的知情权，实现以公开促规范，以规范赢公信。

（五）建立终本案件后续办理质效考核体系

业绩评价是管理学中一个重大理论与实践问题，所谓“不能评价，就不能管理”。健全终本案件后续办理的长效机制，需要通过特定的质效考核机制以持续、客观、全面地对终本执行后续工作情况进行评价，从而发现问题、纠正偏差、激励创新、引导发展。在《最高人民法院关于深化执行改革健全解决执行难长效机制的意见——人民法院执行工作纲要（2019—2023）》明确提出要建立有别于审判工作的单独执行工作考核机制的基础上，笔者建议，以“回应当事人诉求”为核心，以“终本案件恢复”的考核为重点，以“预恢”案号的编立为基础,建立关于终本案件后续办理的执行质效考核体系。

笔者调研中发现,终本案件的当事人诉求中最迫切的部分是要求对自己已经终本的案件进行再次财产查询,但执恢案件的恢复标准是确有财产可供执行方可恢复。当事人如无法提供财产线索,案件就不能恢复执行,也就无法使用网络查控系统进行财产统查。线下查找财产受限较多,且目前案多人少的矛盾较为突出,法官怠于就已终本案件再去线下核实、查找财产,大量终本案件由于无法核实查找财产而无法恢复,当事人对于法院是否确实做了相应查询也并没有行之有效的方法或途径去核实,信息的不对称会显著提升当事人的不安和不满,进而引发信访。

笔者建议,在现行考核机制外,借鉴诉前登记起诉“预字号”,编立“预恢”案号并建立一套管理考核制度,将当事人有执恢诉求的案件均予确实回应,做到“民有所求,我有所应”。将当事人希望进行执恢的案件全部进行“预恢”处置,即在接收当事人恢复执行申请材料后,形式审查符合要求的,向当事人出具《预恢案件接收确认单》,编立“预恢”案号转原承办团队办理,“预恢”案号立案后可以对接全国“总对总”或地方“点对点”系统进行财产查询,以查询结果作为是否恢复的一个判断依据。如原承办团队30日内没有立“执恢”字案号,系统自动将“预恢”字案号变更为“执恢”字案号。如查询后没有财产,在“预恢”案件立案之日起30日内将查询结果反馈申请人(信访人),告知不符合恢复执行条件,不予恢复执行;如有小额利于执行的财产,在30日内将财产执行到位并交付申请人,亦不再启动恢复执行程序。如发现房产等不易处置完毕的财产,可以转立为“执恢”案号,恢复执行程序。如原承办团队30日内没有做出相应处理意见,系统将自动把“预恢”字案号变更为“执恢”字案号。

在此基础上,建立“预恢”案件处置完毕率和“预恢”案件实际执行到位率两个考核指标,对“预恢”案件的办理进行正向引导。处置完毕率即为结案率,不论是否查询到财产,只要确实查询并结案即可,可参照财产保全案件结案标准;对于到位率指标的考核,可参照首次执行案件考核标准。“预恢”案号的编立和“预恢”案件的办理考核指标的建立,首先有利于避免因信访引发的恢复案件执行程序并没有财产而再次终本；其次将体外循环的恢复执行申请纳入系统进行统一管理；最后可以实现不需恢复执行即可执行财产，有利于提高执行效率，维护申请人合法权益。

另外，要加强将终本结案的质效考核力度，对终本核查系统复查及人工核查后仍不合格的案件给出督办案件的办理期限，如期限内仍然未能整改完毕，则将3+1核心指标中的终本合格率分数进行“一票否决”处理，即出现一件复查不合规，则指标分数尽数扣除，待确实办理完毕后再获得该项得分，具体可参考信访案件的评分标准。

（六）尝试终本案件的终极退出机制

执行依据所确定的债权能否最终顺利实现，最根本的要素仍在于被执行人有没有可供执行的财产，“巧妇难为无米之炊”，客观执行不能的案件，并不是法院执行工作不到位所致，应属于市场交易的风险。终极退出也是为了把有限的司法资源集中于可执行回款的案件。《草案》第83条提出了“自终结本次执行程序之日起满五年且未发现被执行人可供执行的财产的情形，应当裁定终结执行”的立法方案。

笔者认为，终本案件的终极退出牵涉当事人的切身利益，不能操之过急，要蹄疾步稳走好三步棋，首先要严格终本程序管理，从结案和后续管理两方面切实提高终本案件的质量，其次要用好现有的分流措施，在此基础上尝试终极退出方案。对被执行人是法人的终本案件应加强“执转破”的衔接工作，详细剖析目前“执转破”的堵点，畅通“执行不能”案件进入破产程序这种终局的解决途径，以彻底解决“终而不结”的问题；对被执行人是自然人的终本案件，在终本后续办理规范化且与当事人形成良性互动的基础上，在个人破产制度还没有建立前，可以通过试点方式，尝试设立最长执行期间等方式让穷尽手段的终本案件从终本库中剔除，彻底退出执行程序。

另外，对于《草案》中终结执行的表述，笔者认为，应加强释法说理和程序救济，明确终结执行只是案件退出执行程序，消灭的是申请执行人程序法意义上的执行请求权，其实体法意义上的请求权并未消灭，将作为普通的债权客观存在,仍有权利要求债务人清偿。对此,由于申请执行人的实体权利通过执行程序并未得以实现或只得到部分实现,在执行法院对此类案件裁定终结执行时,应当在裁定书上载明实体权利未受清偿的数额及内容等。申请执行人若对该裁定不服的,有权向上级法院申请复议,除可获得权利救济外,也可加强上级法院对执行工作的监督。

检察监督视角下的民事审判违法行为程序性责任问题研究

杨秀莉[*]　许冬莹[**]　卫　琳[***]

法律责任作为法律规则的逻辑构成是任何一部法律顺利实施所必须具备的条件，是法律权利得以实现的保障。我国《民事诉讼法》鲜有对民事审判违法行为程序性责任承担的规定。如何通过程序性责任的设置规范民事审判行为，保护当事人的诉讼权利，保证审判公正，是本课题试图解决的问题。

一、民事审判违法行为概述

（一）概念界定

民事审判违法行为的界定，需明确以下几点：

1. 违法行为主体

为保证民事诉讼活动的顺利进行，保护当事人的合法权益，维护司法权威，民事诉讼法律规定了当事人、代理人、证人、鉴定人等民事诉讼参与人相应的权利和义务。滥用诉讼权利或不履行诉讼义务，将会承担不利后果。诉讼参与人违反民事诉讼法律的行为不在本文讨论之列。

民事诉讼程序在审判人员的主导下进行，审判人员代表国家行使审判

* 杨秀莉，北京市石景山区人民检察院党组成员，副检察长，员额检察官。
** 许冬莹，北京市石景山区人民检察院第四检察部副主任，员额检察官。
*** 卫琳，北京市石景山区人民检察院第四检察部检察官助理。

权,如滥用审判权,不仅是公权力对私权利的侵犯,更有损司法权威。因此,本文将民事审判违法行为主体聚焦于审判人员。

2. 违法行为内容

民事审判违法行为以审判人员审判行为违反《民事诉讼法》、相关司法解释规定的民事诉讼活动基本原则及审判人员行使审判权应遵守规则为依据,具体包括违反民事诉讼基本原则、违反民事诉讼法律规则等样态。

3. 违法行为客体

民事审判违法行为具有实质上的侵权性,表现为对当事人实体权利的侵害和程序权利的侵害。审判人员在民事审判过程中违反民事诉讼法原则或规则,造成当事人实体权利的侵害,为民事审判违法行为实体性侵权。对当事人程序性权利的侵害,即程序性侵权。

(二)存在原因

1. "重实体、轻程序"传统观念影响

"重实体、轻程序"是我国传统法律制度的表征,加之苏联"程序工具论"的盛行,为了达到实体上的完美状态,不惜牺牲程序。反映在司法过程中,即追求所谓的"明察秋毫",使案件恢复或接近于客观真实,民事诉讼成为实现当事人实体权利的手段。这可能导致审判人员以实体结果正确与否来衡量自身的审判行为,追求案件实体处理结果的正当性成为审判的最重要目标,忽视了对当事人诉讼权利的保障。

2. 追责机制缺失

民事诉讼法律规定了当事人的诉讼权利以及滥用权利时应当承担的责任。民事诉讼法律对审判权也以"应当""必须""不得"方式等作出限制。但对违反上述规定后,对当事人的救济途径,却无全面规定。

(三)具体样态

1. 违反民事诉讼基本原则

民事诉讼基本原则贯穿于民事诉讼全过程,指导民事诉讼活动的顺利进行,反映了民事诉讼法的根本精神和价值追求。民事诉讼的基本原则包括当事人诉讼权利平等原则、辩论原则、处分原则、直接原则、不间断审理原则、法院调解原则、诚实信用原则等。对上述原则的违反,都可定性为审判违法行为。

以辩论原则为例。当事人在民事诉讼活动中,有权就案件所争议的事实和法律问题,在人民法院的主持下进行辩论,各自陈述自己的主张和根据,互相进行反驳与答辩,从而查明案件事实,以维护自身合法权益。辩论权是当事人进行民事诉讼活动最基本的权利。对辩论原则的违反,对辩论权的侵害,构成审判违法行为。如甲公司中标乙公司装饰装修工程,双方签订《建筑装饰工程施工合同》。后因工程款结算问题发生争议,诉至法院。在审理过程中,甲公司申请对工程造价进行司法鉴定。法院委托丙咨询公司进行鉴定并出具鉴定意见后,分别向双方当事人送交鉴定意见。双方当事人也向法院提交了书面异议。庭审时,法院未通知鉴定人丙咨询公司出庭作证。后丙咨询公司针对双方对鉴定意见的异议分别作出书面回复。法院未再次开庭对鉴定异议回复意见进行质证。后法院根据双方合同约定、鉴定意见及鉴定异议回复意见,作出判决。《民事诉讼法》第 81 条规定,当事人对鉴定意见有异议的,鉴定人应当出庭作证。本案中,双方当事人都对鉴定意见提出异议,鉴定人应当出庭作证。法院未通知鉴定人出庭陈述鉴定意见,鉴定人亦未接受当事人的质询和询问。在鉴定人未出庭作证的情况下,当事人作为非专业人士难以对鉴定意见进行充分质证。法院未履行通知鉴定人出庭作证的义务,违反了辩论原则。

2. 违反民事审判基本制度

民事诉讼审判基本制度有回避制度、合议制度、公开审判和两审终审制等。违反民事审判基本制度的行为主要集中在以下三个方面。

(1)违反回避制度。为了保证民事审判的公正,实现当事人对审判程序的信任,审判人员除了不能成为自己案件的法官外,也不得审理和自己有利害关系的案件。与案件有利害关系、与案件当事人、诉讼代理人有其他关系可能影响案件公正审判,接受当事人或诉讼代理人请客送礼、违规会见当事人或诉讼代理人等都是审判人员应当回避的情形。

(2)违反公开审判制度。人民法院审理民事案件的过程和结果,除法律规定的情况外,应当向社会公开。人民法院应当在开庭3日前通知当事人及其诉讼代理人,对公开审理的案件应当公告当事人姓名、案由和开庭时间、地点,对公开审理及不公开审理的案件一律公开宣告判决等规定,都是公开审判制度的体现。民事审判违反公开原则,构成典型的民事审判违法。

(3)违反合议制度。《民事诉讼法》对审判组织组成进行了详细规定,如发回重审的案件,原审人民法院应当按照第一审程序另行组成合议庭。二审案件对审判的专业性要求高,只能由审判员组成合议庭等。对于审判组织的组成不合法,如应当组成合议庭审理的案件独任审判、人民陪审员参与第二审案件审理、再审、发回重审的案件没有另行组成合议庭的、审理案件的人员不具有审判资格等情形,都涉及程序正当性价值判断。

3. 违反其他民事诉讼法律规范

民事审判违法行为除可能违反民事诉讼原则和基本制度外,还可能是对诉讼法规定的其他法律规范的违背。

(1)立案阶段。《民事诉讼法》规定符合起诉条件的,应当在7日内立案,但司法实践中法院超期立案现象较多。实践中还存在不予立案也不作出裁定的情形。如刘某某与滕某某一般人格权纠纷案,刘某某在法院审判信息网上查询到法院已对该案作不立案处理,遂要求法院出具书面裁定书,但法院未依法出具相关文书。法院的行为剥夺了当事人对不予立案裁定上诉的权利。

(2)审判阶段。如超期审判,《民事诉讼法》规定了人民法院适用普通程序审理的案件,应当在立案之日起6个月内审结,适用简易程序审理案件,应当在立案之日起3个月内审结。司法实践中,由于案多人少等原因,存在实质上超期限审理案件的情况,具体体现为审限扣除不规范。如许某某与王某某财产损害赔偿纠纷案,以“鉴定”为由扣除审限的终止日期晚于鉴定意见出具日期1个月,且该终止日期与案件宣判日期相同。某律所与刘某一、刘某二法律服务合同纠纷案,法院以三次采用公告送达为由,扣除审限共计

19个月。何某某与某公司、贾某、贾某某民间借贷纠纷案等三案中，管辖权异议扣除期间起止点与相关材料无法形成对应关系。北京甲公司与北京乙公司房屋租赁合同纠纷案，因“调卷”扣除审限13个月，且调卷期结束当日，该案宣判、结案。北京市某小区业主委员会与北京市某房地产开发有限公司所有权确认纠纷案，审限即将届满时该案中止审理，但未写明中止的具体事由。中止期间法院进行了包括开庭、宣判在内的重要诉讼活动。再如，送达程序不规范。《民事诉讼法》及其司法解释规定公告送达应当说明公告送达的原因；公告送达起诉状或者上诉状副本的，应当说明起诉或者上诉要点，受送达人答辩期限及逾期不答辩的法律后果；公告送达传票，应当说明出庭的时间和地点及逾期不出庭的法律后果；公告送达判决书、裁定书的，应当说明裁判主要内容，当事人有权上诉的，还应当说明上诉权利、上诉期限和上诉的人民法院。但在司法实践中送达程序不规范的现象仍然较多，主要表现为：公告送达内容不规范、未严格依法在其他方式无法送达时适用公告送达、经其他方式有效送达当事人后仍公告送达、未在法定期限内发送起诉状副本、电子送达不规范。如梅某某与刘某房屋买卖合同纠纷案，法院公告送达起诉状副本时，未对起诉状要点进行说明。齐某某、赵某某与杜某某等民间借贷纠纷案，谈话笔录记载法院在知悉杜某某被刑事拘留的前提下却仍向杜某某公告送达驳回起诉的民事裁定书。赵某某、付某某与于某某、柳某民间借贷纠纷案，法院在采用邮寄送达方式向于某某成功送达民事判决书后，又采用公告方式向其送达。贾某某与某公司等侵权责任纠纷案中，通过电子邮件送达民事裁定书。又如，财产保全不规范。《民事诉讼法》及相关司法解释规定，人民法院接受财产保全申请后，应当在5日内作出裁定；需要提供担保的，应当在提供担保后5日内作出裁定；裁定采取保全措施的，应当在5日内开始执行。如甲公司与乙公司、丙公司票据追索权纠纷案，法院作出冻结案涉公司银行账户民事裁定书的时间超出上述规定的期限。

二、民事审判违法行为程序性责任概述

(一)民事审判违法行为程序性责任的概念

我国法学理论界大多把法律责任分为刑事责任、民事责任、行政责任和违宪责任四大传统法律责任,但都没有超出实体责任的范畴。随着程序法相对于实体法独立存在,拥有了特定的调整对象,就应当有独立的程序性法律责任。

民事审判违法行为之程序性责任即是审判人员违反《民事诉讼法》的程序性规定或基本原则,滥用诉讼权力或违反诉讼义务,侵犯当事人的诉讼权利,应当承担的程序上的不利后果。

(二)民事审判违法行为程序性责任承担的要件

通常情况下,有违法行为就要承担法律责任,接受法律制裁。但并不是所有违法行为都一定引起法律责任,要引起法律责任还必须满足一定的条件,而这些条件的总和,就是法律责任的构成要件。同时,还要注意责任构成要件与责任承担要件的区分,简单来说,责任构成要件是承担要件的前提,责任承担要件是构成要件的可能结果,如法律规定了行为人的责任年龄,行为人的行为虽然达到了追究责任的程度,即符合责任构成要件,但由于不符合责任年龄,同样不需要承担责任,其中年龄是责任承担要件。

1. 主体要件

《民事诉讼法》规定了当事人和其他诉讼参与人的诉讼权利和义务,如当事人的辩论权、当事人在举证期限内提供证据的义务等,当事人和其他诉讼参与人滥用诉讼权利或者不依法履行诉讼义务,审判人员可以直接依据法律规定给予相应责任,但我国《民事诉讼法》却对审判人员的民事诉讼程序违法行为缺乏相应的诉讼法律责任之约束,本文所指的主体是审判人员,但是要特别强调的是程序性责任承担主体是法院而非审判人员个人。原因在于目前我国的审判人员责任追究体制实行的是针对审判人员个人,以严重的实体不利后果为前提,以实体性责任为主要方式的责任追究体制,而大

多数民事审判违法行为难以造成追究责任的实体性法律后果,反而使其违法但未造成严重后果的行为得不到追究。当事人需要的不仅仅是实体结果的公正,也是从结果获取过程中公平的对待。因此,现有的法律责任追究方式应将大部分的程序性违法的责任主体定位于法院,一方面可以使审判人员做到忠于法律而不是忠于包含自身利害的实体结果,实现审判独立;另一方面还可以使当事人的程序性权利得到救济,获得再次行使的机会。

2. 必要性要件

必要性是法律责任承担的基本原则,即责任的设定应当与其违法行为的性质和严重程度相适应。正确理解民事审判违法行为程序性责任的必要性,需明确以下两点:第一,民事审判违法行为程序性责任设定目的在于恢复被民事审判违法行为破坏的权利义务关系;第二,法律责任需要的是国家的强制力,作为强制性、补充性手段,法律责任必须具有谦抑性。法律责任存在的目的是"使正常的法律权利义务的安排得以实现,它并没有自己独立的目的,但责任制度的运作和实现却有自己的成本算计"。[①] 程序性责任的承担意味着时间和资本的再次投入,故而必须选择与民事审判违法行为相适应的责任承担方式,使某一种责任方式有其存在的必要性。

(三)程序性责任的优势

程序性责任存在目的在于宣告其诉讼行为的违法性,使那些受程序性违法影响的证据、审判、裁判及其他诉讼行为失去法律效果。程序性责任的独特方式具体体现为以下几个方面。

1. 适用范围广泛

任何一种法律制度都有自己独特的调整对象,法律责任制度同样如此。实体责任调整的主要是实体法的违法行为,但大多数民事审判违法行为无法达到实体责任适用标准,如构成犯罪、侵权、造成重大法律后果等。大多

---

① 叶传星:《论设定法律责任的一般原则》,载《法律科学(西北政法学院学报)》1999 年第 2 期。

数的民事审判违法行为属于程序违法,应有其独特的责任追究方式,即程序性责任,而程序性责任的法律后果是程序上的不利益,可以规制大多数民事审判违法行为,而且根据违法程序不同给予不同的责任承担方式。

2. 程序性责任可以保障审判独立

民事审判违法行为的程序性责任规制的是行为本身而非审判人员个人。追究审判人员的实体性责任,会使其害怕因错案被追究责任而不愿或不敢审案,使本来可以独立完成的案件提交审委会讨论决定,既造成了司法资源的浪费又违反了审判独立的原则,而追究民事审判违法行为程序性责任的标准是其诉讼行为违反了诉讼法规定的顺序、步骤、方式、时限,反而可以减少审判人员压力,保障审判独立性。

3. 兼具权利救济功能

程序性责任通过程序的重新启动可以为当事人提供再一次权利救济的机会。首先,程序性责任使已违法进行的诉讼程序归于无效,这针对的是严重的诉讼程序违法行为,如违反审判公开原则,将本该公开审理的案件秘密审判,违反辩论原则剥夺当事人的辩论权,程序性责任的直接效果就是使这些程序归于无效,视为没有发生。其次,程序性责任通过程序的无效、重做或补正兼顾了当事人的权利救济,如使归于无效的民事审判行为重新启动,诉讼程序恢复到违法行为实施前的状态。当事人因民事审判违法行为受损的权利获得再次行使的机会。

三、民事审判违法行为程序性责任的构建

(一)民事审判违法行为程序性责任现状

1. 立法现状

我国民事诉讼法律责任规则设定倾向于防止对法院权力的侵犯或者妨害法院权力的依法行使,维护国家审判权威。综观《民事诉讼法》中的责任规定,从实体性责任到程序性责任都是针对除审判人员外的当事人及其他参与人甚至是案外人。审判人员对于上述行为人的违法行为可以直接予以确认并追究责任。但是对于审判人员的民事审判违法行为,虽然通过《中华

人民共和国法官法》《人民法院审判人员违法审判责任追究办法(试行)》《人民法院审判纪律处分办法(试行)》规定了大量的实体性责任,但是对民事审判违法行为程序性责任的规定却寥寥无几。《民事诉讼法》第 211 条规定了人民法院应当再审的情形,其中属于民事审判违法行为程序性责任承担方式的包括:

(1)关于原判决、裁定认定事实的主要证据未经质证问题。质证是合议庭组织双方当事人围绕证据的“三性”发表意见的审判活动,是当事人行使诉权的重要内容。《民事诉讼法》第 71 条规定了审判主体组织质证的程序规则。通过质证活动,法官对证据的真伪、证明力有无及大小作出认定,形成对案件事实的认定。主要证据是否经过质证将直接决定案件基本事实的认定,因此,判决、裁定认定事实的主要证据未经质证的,属于违反法定的义务性程序规则。审判主体未能“公平听取所有人的陈述”,当事人的基本诉权亦未得到保障,违反最低自然正义要求。《民事诉讼法》第 211 条第 4 项规定,原判决、裁定认定事实的主要证据未经质证的,人民法院应当再审。

(2)关于对审理案件需要的主要证据,当事人因客观原因不能自行收集,书面申请法院调查收集,法院未调查收集的问题。根据《民事诉讼法》第 67 条第 2 款的规定,当事人确因客观原因不能自行收集证据而提出申请时,法院负有收集该部分证据的作为义务。依申请调查收集证据是法律赋予法院查证超出当事人举证能力范围事实的法定职责,属于义务性程序规则。审判主体不作为的,是违反最低自然正义的严重程序违法行为。司法实践中,法院依申请应当收集的证据应同时具备实质、客观和形式三个要件,即审理案件所需要且涉及案件基本事实认定所必需的证据;当事人基于客观原因不能自行收集,需由法院据以查证的证据;当事人应在举证期限届满前 7 日向法院书面申请。《民事诉讼法》第 211 条第 5 项规定对审理案件需要的主要证据,当事人因客观原因不能自行收集,书面申请人民法院调查收集,人民法院未调查收集的,应当再审。

(3)关于审判组织的组成不合法或者依法应当回避的审判人员没有回避的问题。《民事诉讼法》第三、四章以及司法解释关于审判组织和回避制度的程序规定,是对审判主体在民事审判活动中身份的约束,属于义务性程序规则,违反该规则的,应选择刚性监督方式。司法实务中,一审程序中至少应有1名审判员,组成人数是3人及以上的单数不违反法定程序,简易程序只能由审判员独任审理。但二审程序一般不涉及事实问题的审查,审判组织的专业性要求更高,只能由审判员组成合议庭,陪审员不能成为合议庭成员。设置回避制度的目的在于通过技术性措施使审判主体保持裁判者的中立立场,避免违反最低正义标准的义务性程序规则。书记员、翻译人员、鉴定人、勘验人也应参照审判主体适用。

(4)关于无诉讼行为能力人未经法定代理人代为诉讼或者应当参加诉讼的当事人,因不能归责于本人或者其诉讼代理人的事由,未参加诉讼的,违反法律规定剥夺当事人辩论权利的,未经传票传唤缺席判决的问题。参加诉讼、辩论是当事人最重要、最基本的诉讼权利,必须充分保障当事人这一基本诉权。传票传唤则是保证当事人出庭应诉或提出答辩的法定程序,是当事人诉权的程序保障,也是审判主体的职责。审判主体违反该规则的,实质上违背了最低自然正义要求,不能公正听取各方当事人陈述、辩论,属于严重程序违法行为,应当再审。

(5)关于原判决、裁定遗漏或者超出诉讼请求的问题。漏判或超出诉讼请求判决是审判主体的重大失职行为,漏判剥夺了原告就漏判事项要求司法裁判的权利,超出诉讼请求的判决剥夺了当事人就该裁判事项辩论的权利,违反了不告不理的司法原则,实质上损害了"公平听取所有人的陈述"的最低自然正义标准,属于严重程序违法行为。

以上均属于严重的民事审判违法行为,法院应该再审,对此检察机关也应该采用抗诉或再审检察建议等刚性监督方式。

(6)关于法院在审理案件时有其他违反法定程序的问题。该情形属于其他不涉及价值性判断的违反义务性审判程序规则的情形,大多为技术性程序规则,通常在诉讼中发现,也可能在诉讼后发现。依据《民事诉讼法》第219条第3款的规定,检察机关应在诉中或者诉后两个阶段,选择向同级人民法院提出检察建议或者纠正违法通知的柔性监督方式。例如,对审判人员应立案而不立案的程序违法行为，违法行为处于持续状态，旨在使违法的民事审判程序恢复正常的检察监督就应具有时效性，应在违法行为尚未被自我纠正时进行诉中监督。在诉后监督中，应尊重法院生效裁判的既判力，就程序违法行为本身纠错已无实际意义，只能通过对审判主体违法行为的确认和处理达到对之后审判行为的“警示”作用。例如，对违反送达程序的违法行为，被告已出庭应诉并答辩的，被告的答辩权、应诉权、举证权未被剥夺，不会影响诉讼结果，检察机关诉后才发现的，就不宜选择刚性监督方式，应选择类案柔性监督方式。

2. 司法现状

我国实行案件终身负责制来督促审判人员依法行使职权，但囿于这一制度本身的结果导向，可能导致审判人员在民事审判过程中以牺牲程序公正为代价来保证审判结果的正确，使民事审判违法行为程序性责任追究作为实体责任追究的附带性程序而存在。另外，为了减轻责任承担，审判人员往往将案件提交审委会决定或提前请示上级法院，避免可能存在的改判风险，违背了独立审判原则，而由于拥有“撤销原判”决定权的上级法院事先知晓判决结果甚至参与了判决的进行，反而会使程序再次启动变得相当困难。

（二）民事审判违法行为程序性责任规则的重构

1. 扩大民事审判违法行为程序性责任的适用范围

现行法律对民事审判违法行为程序性责任的适用范围规定过于狭窄，不足以规范审判人员的各种审判违法行为，当事人的权利受到侵害时也无法寻求救济。要做到在民事诉讼中对当事人程序性权利的全面保护，就要对审判人员行使审判权的所有行为进行合理规制，因此，要扩大程序性责任的适用范围，将更多的民事审判违法行为纳入程序性责任追责范围。

2. 明确民事审判程序性责任的具体责任方式

民事审判违法行为程序性责任承担方式主要有以下几种。

（1）绝对无效。绝对无效又称为“不可补正的无效”“法定无效”，是指在任何情况下都不会发生预期法律效果，具有不可补救性，绝对无效针对的往往是严重违反法律程序,违反公正的审判原则,损害当事人合法权益的诉讼行为。绝对无效法律后果的绝对性体现在以下四个方面:第一,适用绝对无效程序性责任的民事审判违法行为必须由法律明确规定。绝对无效责任针对的是严重的民事审判违法行为,其法律后果也较其他责任形式严重,对绝对无效法律责任应当持谨慎的态度,必须对这种责任适用民事审判违法行为作出明确界定。第二,绝对无效程序性责任的民事审判违法行为的效力是不可补正的。第三,绝对无效的民事审判违法行为既可以由利害关系人提出申请宣告无效,也可以由法院依职权宣告无效。第四,利害关系人在民事诉讼的任何阶段均可提出宣告无效。

(2)相对无效。相对无效又称为"可补正的无效""附条件的无效",是指审判人员的诉讼行为虽然违反了民事诉讼程序的规定,但并不必然无效。是否无效,取决于利害关系人是否在法定的有效期限内提出了无效申请,法院在综合考虑该行为给当事人的诉讼权利造成损害的程度、对公正诉讼程序的破坏程度,进而确定是否宣告该种诉讼行为无效,给予了审判人员一定的自由裁量权。

(3)程序回转。程序回转是指审判人员侵犯当事人诉讼权利的行为经认定无效被撤销后,审判人员重新作出另一新的诉讼行为。由此可知,程序回转这一程序性责任形式的承担还需满足以下条件:第一,程序回转的前提是前诉讼行为被撤销;第二,存在重新作出另一诉讼行为的必要性。

(4)责令实施、停止、补正。责令实施针对的是审判人员不作为的一种程序性责任形式,即审判人员"当为而不为",审判人员没有按照法律职责规定实施民事审判行为,有权机关应当责令其实施该诉讼行为。与此相反,责令停止针对的是法官非法作为的一种程序性责任方式,即审判人员"不应为而为之",即对禁止性规范的违反,有权机关应当在宣告该诉讼行为无效的同时责令停止继续实施该审判行为。补正针对的是审判人员存在轻微的技术性或程序性错误的审判行为的一种程序性责任形式,由于这种错误极其轻微,只需要补正错误即可使审判行为发生法律效力。

3. 民事审判违法行为与程序性责任的等级对应

对民事审判违法行为应适用何种责任形式，应与民事审判行为的情节相一致，并以能够排除民事审判违法行为为限度，这也是法律规定责任承担的“比例原则”的内在要求。

（三）民事审判违法行为责任追究程序的构建

将民事审判违法行为的程序性责任落到实处，有必要制定一套完整的程序性裁判程序，以更好保障当事人权利的救济和司法权威的确立。

1. 程序性责任裁判的启动主体

民事领域多涉及当事人的私权利，出于对当事人私权处分权的尊重，民事司法一直贯彻司法被动和不告不理的原则，诉讼程序的启动主体当然包括直接利害关系人，但是司法机关并不是对所有的民事审判违法行为都是消极被动的，对于严重的民事审判违法行为，审判机关、检察机关均可以依职权启动责任的审查确认程序。《民事诉讼法》第 211 条规定了人民法院应当再审的审判程序严重违法情形。第 212 条规定了当事人对已经发生法律效力的调解书，提出证据证明调解违反自愿原则的，可以申请再审。经人民法院审查属实的，应当再审。第 209 条规定了审判机关对本院已发生效力的判决、裁定、调解书发现确有错误的可以主动启动再审。第 219 条第 1 款、第 2 款规定，人民检察院对人民法院已经发生法律效力的判决、裁定、调解书存在的严重程序违法行为应当提出抗诉，第 3 款规定了一般审判程序违法行为，可以提出检察建议。

2. 程序性责任的审查确认主体

审判权是国家赋予法院依法行使的一项公权力，对程序性责任的审判权行使主体当然只能是法院。《民事诉讼法》规定对程序性的裁判，只有不予受理、驳回起诉和管辖权异议三种裁定是可以上诉的，对其余以裁定或决定方式作出的程序性事项裁判如有不服，只能向审理案件的本级法院提出复议。对于一般的民事审判违法行为，当事人可以向审理本案的法院审判监督部门提出申请寻求权利救济；对于严重的程序违法行为，当事人可以直接向原审法院的直接上一级法院提出申请。

3. 程序性责任裁判适用的证据规则

民事审判违法行为程序性责任证明标准依违法种类而定,对于法律明确规定绝对无效的民事审判违法行为,当事人只需证明存在此种行为即可;对于相对无效的民事审判违法行为,当事人除了证明存在此种行为之外还需证明这种行为存在被宣告无效的必要性;对于技术性违法,当事人必须证明该行为在实质上侵犯了诉讼权利并且造成实际损害。

4. 程序性责任裁判的救济

违法程序性责任裁判作为一种独立的裁判设计,必然包括当事人对裁判结果不服的救济,程序性责任裁判通常以书面形式作出并写明裁判理由,法律也要明确可以提出上诉的判决范围。

在民事审判违法行为现象屡禁不止的现实背景之下,完善程序性责任更显必要。程序性责任具有自身的独特性,且该制度是确保民事诉讼程序自治、实现诉讼公正和诉讼效率的必要保障。因此,强化程序正义理念,明确民事审判违法行为的程序性责任,使民事审判法律责任制度实现体系化并切实得到落实,是规范民事审判行为、确保民事诉讼正常施行的必要举措。